BOLETÍN DE INFORMACIÓN

RESPONSABILIDAD PENAL DE LOS MENORES

LEY ORGÁNICA 5/2000

(Actualizada y con textos complementarios)

ISBN: 0211-4267
Depósito legal: M 883-1958
NIPO: 051-01-001-6

Edita: Secretaría General Técnica. Centro de Publicaciones
San Bernardo, 62 -28015 Madrid

IMPRENTA NACIONAL DEL BOLETÍN OFICIAL DEL ESTADO

ÍNDICE

INTRODUCCIÓN

La Ley Orgánica 5/2000, de 12 de enero, establece en nuestro Derecho una nueva regulación de la responsabilidad penal de los menores de edad. Pueden destacarse en ella, como principios básicos, la preocupación por la efectiva reinserción y rehabilitación de los jóvenes, y la selección y aplicación de las medidas sancionadoras de modo flexible, valorando las circunstancias personales, familiares y sociales, y no, aisladamente de ellas, el hecho cometido por el menor.

La transcendencia de esta Ley Orgánica es manifiesta. De ahí el interés de su divulgación entre los profesionales incardinados o relacionados con la Administración de Justicia.

Respondiendo a tal interés, el *Boletín de Información* del Ministerio de Justicia publicó, en octubre de 1999, el Proyecto de la Ley Orgánica reguladora de la responsabilidad penal de los menores y su Memoria [1] y, en suplemento de enero de 2000, el texto de la Ley Orgánica [2].

En el presente volumen se actualiza y completa el contenido de dicho suplemento.

La actualización se realiza incorporando al texto original de la Ley Orgánica 5/2000 las reformas realizadas por dos Leyes Orgánicas de la misma fecha, 22 de diciembre de 2000 («Boletín Oficial del Estado» del día 23). La primera de ellas, la Ley Orgánica 5/2000, modifica tanto la Ley reguladora de la responsabilidad penal de los menores como el Código Penal. Por su parte, la Ley Orgánica 9/2000, sobre medidas urgentes para la agilización de la Administración de Justicia, al modificar la Ley Orgánica del Poder Judicial, lo hizo también con determinados preceptos de la Ley reguladora de la responsabilidad penal de los menores.

La parte inicial de este Suplemento recoge el texto actualizado de la Ley Orgánica 5/2000. Esta parte se completa con dos bloques normativos y documentales también relativos a la responsabilidad penal de los menores.

Un primer bloque comprende las directrices impartidas por la Fiscalía General del Estado para ordenar el ejercicio de las funciones del Ministerio Fiscal en relación con la Ley Orgánica 5/2000, que le atribuye la dirección personal de la investigación de los hechos. En concreto, se trata de la Circular 1/2000, de 18 de diciembre, sobre aplicación, en general, de la Ley Orgánica 5/2000; de la Instrucción 1/2000, de 26 de diciembre, sobre acomodación a la Ley Orgánica de la situación de los menores sujetos a prisión preventiva o a condena en centro penitenciario, y de la Instrucción 2/2000, de 27 de diciembre, sobre aspectos organizativos de las Secciones de Menores de las Fiscalías, ante la entrada en vigor de la Ley Orgánica 5/2000.

---

(1) Suplemento al número 1854, de 1 de octubre de 1999, páginas 18-21 y 239-280.

(2) Suplemento a los números 1860-1861, de 15 de enero de 2000.

Un segundo bloque comprende relevantes documentos internacionales sobre la materia. Destaca un tratado internacional sobre los derechos del niño, la Convención de las Naciones Unidas de 1989, ratificada por España en 1990, que cuenta con la preeminencia normativa e interpretativa que le confieren, respectivamente, los artículos 96.1 y 10.2 de nuestra Constitución. Esta Convención dedica especialmente a la justicia penal de los menores los artículos 37 y 40.

Finalmente cierran el presente suplemento tres documentos con valor de recomendación de organismos internacionales a sus Estados miembros. Dos de ellas proceden de las Naciones Unidas. Son las Reglas mínimas, para la administración de justicia de los menores, de 1985, y las Reglas mínimas para la protección de los menores privados de libertad, de 1990.

El tercer documento es del Consejo de Europa (Comité de Ministros). Se trata de la Recomendación (87) de 17 de septiembre, sobre las reacciones sociales ante la delincuencia juvenil.

La presente publicación, que ha contado con la valiosa colaboración de la Fiscalía General del Estado, pretende proporcionar a los jueces, fiscales y a cuantos desarrollan su tarea profesional en la jurisdicción de menores, un instrumento que facilite el manejo de los textos básicos en la materia. Sin duda, el conocimiento de estos textos favorecerá la adecuada aplicación de las normas reguladoras de la justicia de menores, un sistema jurídico tan novedoso como esperanzador, dada su potencialidad reinsertora y rehabilitadora.

I. LEY ORGÁNICA 5/2000, DE 12 DE ENERO, REGULADORA DE LA RESPONSABILIDAD PENAL DE LOS MENORES

Reformada por la Ley Orgánica 7/2000, de 22 de diciembre,
de modificación de la Ley Orgánica 10/1995, de 23 de noviembre,
del Código Penal, y de la ley Orgánica 5/2000, de 12 de enero,
reguladora de la Responsabilidad Penal de los Menores, en relación con los delitos
de terrorismo, y por la ley Orgánica 9/2000, de 22 de diciembre,
sobre medidas urgentes para la agilización de la Administración de Justicia,
por la que se modifica la Ley Orgánica 6/1985, de 1 de julio, del Poder Judicial.
(Publicadas en «BOE» núm. 307, de 23 de diciembre).

Ley Orgánica 5/2000, de 12 de enero, reguladora de la responsabilidad penal de los menores:

SUMARIO

Ley Orgánica 5/2000, de 12 de enero, Reguladora de la Responsabilidad Penal de los Menores

(«BOE» núm. 11, de 13 de enero de 2000) (*)

JUAN CARLOS I
REY DE ESPAÑA

A todos los que la presente vieren y entendieren.

Sabed: Que las Cortes Generales han aprobado y Yo vengo en sancionar la siguiente Ley.

EXPOSICIÓN DE MOTIVOS

I

1. La promulgación de la presente Ley Orgánica reguladora de la responsabilidad penal de los menores era una necesidad impuesta por lo establecido en la Ley Orgánica 4/1992, de 5 de ju-

(*) El presente texto incluye las modificaciones realizadas por el artículo 2.º de la Ley Orgánica 7/2000, de 22 de diciembre, de modificación de la Ley Orgánica 10/1995, de 23 de noviembre, del Código Penal, y de la Ley Orgánica 5/2000, de 12 de enero, reguladora de la Responsabilidad Penal de los Menores, en relación con los delitos de terrorismo, y por el artículo 6.º, Disposiciones adicionales segunda, tercera y cuarta y Disposición transitoria única de la Ley Orgánica 9/2000, de 22 de diciembre, sobre medidas urgentes para la agilización de la Administración de Justicia, por la que se modifica la Ley Orgánica 6/1985, de 1 de julio, del Poder Judicial (ambas Leyes Orgánicas publicadas en «BOE» número 307, de 23 de diciembre de 2000).

La Ley Orgánica 7/2000, en relación a las modificaciones que realiza en la Ley Orgánica 5/2000, Reguladora de la Responsabilidad Penal de los Menores, expresa en el apartado V de su Exposición de Motivos lo siguiente:

Finalmente, en el artículo segundo de esta Ley, se introduce una modificación en la Ley Orgánica 5/2000, de 12 de enero, de responsabilidad penal de los menores, que se traduce en la incorporación de una nueva disposición adicional -y en la consecuente modificación técnica de algunos preceptos afectados por dicha disposición-, que tiene por finalidad reforzar la aplicación de los principios inspiradores de la citada Ley a los menores implicados en delitos de terrorismo, así como conciliar tales principios con otros bienes constitucionalmente protegidos a los que ya se ha hecho reiterada alusión en esta exposición y que aquí se ven particularmente afectados por la creciente participación de menores, no sólo en las acciones de terrorismo urbano, sino en el resto de las actividades terroristas.

No se trata, en consecuencia, de excepcionar de la aplicación de la Ley 5/2000 a estos menores, ni tampoco de aplazar o graduar la entrada en vigor de la misma, prevista para el próximo 13 de enero de 2001, sino de establecer las mínimas especialidades necesarias para que el enjuiciamiento de las conductas de los menores responsables de delitos terroristas se realice en las condiciones más adecuadas a la naturaleza de los supuestos que se enjuician y a la trascendencia de los mismos para el conjunto de la sociedad, manteniendo sin excepción todas las especiales garantías procesales que, para los menores, ha establecido la Ley 5/2000, y para que la aplicación de las medidas rehabilitadoras, especialmente valiosas y complejas respecto de conductas que ponen radicalmente en cuestión los valores más elementales de la convivencia, pueda desarrollarse en condiciones ambientales favorables, con apoyos técnicos especializados, y por un tiempo suficiente para hacer eficaz el proceso rehabilitador.

A ello responden la articulación en la Audiencia Nacional de un Juez Central de Menores [apartados a) y b)], la posible prolongación de los plazos de internamiento [apartado c)] y la previsión de la ejecución de las medidas de internamiento que la Audiencia acuerde con el apoyo y control del personal especializado que el Gobierno ponga a disposición y bajo dirección de la propia Audiencia Nacional [apartados c) y d)]. Todo ello, sin mayores modificaciones de las facultades que la Ley 5/2000 atribuye en estos procedimientos a Jueces y Fiscales, quienes mantienen un amplio margen para discriminar de acuerdo con la diferente gravedad de las conductas el tiempo de duración del internamiento, y para flexibilizar el régimen del menor, mediante modificación, suspensión o sustitución de la medida impuesta, especialmente en lo que se refiere a los menores de dieciséis años.

Del mismo modo que, según acaba de señalarse, se considera conveniente establecer un tratamiento diferenciado entre los menores de dieciséis años y los de edades comprendidas entre los dieciséis y los dieciocho años, se consolida lo que, por otra parte se deduce ya de lo dispuesto en el artículo 4 de la Ley reguladora de la responsabilidad penal de los menores, como es que no procede aplicar dicha norma a los jóvenes mayores de dieciocho años.

nio, sobre reforma de la Ley reguladora de la competencia y el procedimiento de los Juzgados de Menores; en la moción aprobada por el Congreso de los Diputados el 10 de mayo de 1994, y en el artículo 19 de la vigente Ley Orgánica 10/1995, de 23 de noviembre, del Código Penal.

2. La Ley Orgánica 4/1992, promulgada como consecuencia de la sentencia del Tribunal Constitucional 36/1991, de 14 de febrero, que declaró inconstitucional el artículo 15 de la Ley de Tribunales Tutelares de Menores, texto refundido de 11 de junio de 1948, establece un marco flexible para que los Juzgados de Menores puedan determinar las medidas aplicables a éstos en cuanto infractores penales, sobre la base de valorar especialmente el interés del menor, entendiendo por menores a tales efectos a las personas comprendidas entre los doce y los dieciséis años. Simultáneamente, encomienda al Ministerio Fiscal la iniciativa procesal, y le concede amplias facultades para acordar la terminación del proceso con la intención de evitar, dentro de lo posible, los efectos aflictivos que el mismo pudiera llegar a producir. Asimismo, configura al equipo técnico como instrumento imprescindible para alcanzar el objetivo que persiguen las medidas y termina estableciendo un procedimiento de naturaleza sancionadora-educativa, al que otorga todas las garantías derivadas de nuestro ordenamiento constitucional, en sintonía con lo establecido en la aludida sentencia del Tribunal Constitucional y lo dispuesto en el artículo 40 de la Convención de los Derechos del Niño de 20 de noviembre de 1989.

Dado que la expresada Ley Orgánica se reconocía a sí misma expresamente «el carácter de una reforma urgente, que adelanta parte de una renovada legislación sobre reforma de menores, que será objeto de medidas legislativas posteriores», es evidente la oportunidad de la presente Ley Orgánica, que constituye esa necesaria reforma legislativa, partiendo de los principios básicos que ya guiaron la redacción de aquélla (especialmente, el principio del superior interés del menor), de las garantías de nuestro ordenamiento constitucional, y de las normas de Derecho internacional, con particular atención a la citada Convención de los Derechos del Niño de 20 de noviembre de 1989, y esperando responder de este modo a las expectativas creadas en la sociedad española, por razones en parte coyunturales y en parte permanentes, sobre este tema concreto.

3. Los principios expuestos en la moción aprobada unánimemente por el Congreso de los Diputados el día 10 de mayo de 1994, sobre medidas para mejorar el marco jurídico vigente de protección del menor, se refieren esencialmente al establecimiento de la mayoría de edad penal en los dieciocho años y a la promulgación de «una ley penal del menor y juvenil que contemple la exigencia de responsabilidad para los jóvenes infractores que no hayan alcanzado la mayoría de edad penal, fundamentada en principios orientados hacia la reeducación de los menores de edad infractores, en base a las circunstancias personales, familiares y sociales, y que tenga especialmente en cuenta las competencias de las Comunidades Autónomas en esta materia...».

4. El artículo 19 del vigente Código Penal, aprobado por la Ley Orgánica 10/1995, de 23 de noviembre, fija efectivamente la mayoría de edad penal en los dieciocho años y exige la regulación expresa de la responsabilidad penal de los menores de dicha edad en una Ley independiente. También para responder a esta exigencia se aprueba la presente Ley Orgánica, si bien lo dispuesto en este punto en el Código Penal debe ser complementado en un doble sentido. En primer lugar, asentando firmemente el principio de que la responsabilidad penal de los menores presenta frente a la de los adultos un carácter primordial de intervención educativa que trasciende a todos los aspectos de su regulación jurídica y que determina considerables diferencias entre el sentido y el procedimiento de las sanciones en uno y otro sector, sin perjuicio de las garantías comunes a todo justiciable. En segundo término, la edad límite de

dieciocho años establecida por el Código Penal para referirse a la responsabilidad penal de los menores precisa de otro límite mínimo a partir del cual comience la posibilidad de exigir esa responsabilidad y que se ha concretado en los catorce años, con base en la convicción de que las infracciones cometidas por los niños menores de esta edad son en general irrelevantes y que, en los escasos supuestos en que aquéllas pueden producir alarma social, son suficientes para darles una respuesta igualmente adecuada los ámbitos familiar y asistencial civil, sin necesidad de la intervención del aparato judicial sancionador del Estado.

5. Asimismo, han sido criterios orientadores de la redacción de la presente Ley Orgánica, como no podía ser de otra manera, los contenidos en la doctrina del Tribunal Constitucional, singularmente en los fundamentos jurídicos de las sentencias 36/1991, de 14 de febrero, y 60/1995, de 17 de marzo, sobre las garantías y el respeto a los derechos fundamentales que necesariamente han de imperar en el procedimiento seguido ante los Juzgados de Menores, sin perjuicio de las modulaciones que, respecto del procedimiento ordinario, permiten tener en cuenta la naturaleza y finalidad de aquel tipo de proceso, encaminado a la adopción de unas medidas que, como ya se ha dicho, fundamentalmente no pueden ser represivas, sino preventivo-especiales, orientadas hacia la efectiva reinserción y el superior interés del menor, valorados con criterios que han de buscarse primordialmente en el ámbito de las ciencias no jurídicas.

II

6. Como consecuencia de los principios, criterios y orientaciones a que se acaba de hacer referencia, puede decirse que la redacción de la presente Ley Orgánica ha sido conscientemente guiada por los siguientes principios generales: naturaleza formalmente penal pero materialmente sancionadora-educativa del procedimiento y de las medidas aplicables a los infractores menores de edad, reconocimiento expreso de todas las garantías que se derivan del respeto de los derechos constitucionales y de las especiales exigencias del interés del menor, diferenciación de diversos tramos a efectos procesales y sancionadores en la categoría de infractores menores de edad, flexibilidad en la adopción y ejecución de las medidas aconsejadas por las circunstancias del caso concreto, competencia de las entidades autonómicas relacionadas con la reforma y protección de menores para la ejecución de las medidas impuestas en la sentencia y control judicial de esta ejecución.

7. La presente Ley Orgánica tiene ciertamente la naturaleza de disposición sancionadora, pues desarrolla la exigencia de una verdadera responsabilidad jurídica a los menores infractores, aunque referida específicamente a la comisión de hechos tipificados como delitos o faltas por el Código Penal y las restantes leyes penales especiales. Al pretender ser la reacción jurídica dirigida al menor infractor una intervención de naturaleza educativa, aunque desde luego de especial intensidad, rechazando expresamente otras finalidades esenciales del Derecho penal de adultos, como la proporcionalidad entre el hecho y la sanción o la intimidación de los destinatarios de la norma, se pretende impedir todo aquello que pudiera tener un efecto contraproducente para el menor, como el ejercicio de la acción por la víctima o por otros particulares.

Y es que en el Derecho penal de menores ha de primar, como elemento determinante del procedimiento y de las medidas que se adopten, el superior interés del menor. Interés que ha de ser valorado con criterios técnicos y no formalistas por equipos de profesionales especializados en el ámbito de las ciencias no jurídicas, sin perjuicio desde luego de adecuar la aplicación de las medidas a principios garantistas generales tan indiscutibles como el principio acusatorio, el principio de defensa o el principio de presunción de inocencia.

8. Sin embargo, la Ley tampoco puede olvidar el interés propio del perjudicado o víctima del hecho cometido por el menor, estableciendo un procedimiento singular, rápido y poco formalista para el resarcimiento, en su caso, de daños y perjuicios, dotando de amplias facultades al Juez de Menores para la incorporación a los autos de documentos y testimonios relevantes de la causa principal. En este ámbito de atención a los intereses y necesidades de las víctimas, la Ley introduce el principio en cierto modo revolucionario de la responsabilidad solidaria con el menor responsable de los hechos de sus padres, tutores, acogedores o guardadores, si bien permitiendo la moderación judicial de la misma y recordando expresamente la aplicabilidad en su caso de la Ley 30/1992, de 26 de noviembre, de Régimen Jurídico de las Administraciones Públicas y del Procedimiento Administrativo Común, así como de la Ley 35/1995, de 11 de diciembre, de ayudas y asistencia a las víctimas de delitos violentos y contra la libertad sexual.

Asimismo, la Ley regula, para procedimientos por delitos graves cometidos por mayores de dieciséis años, un régimen de intervención del perjudicado en orden a salvaguardar el interés de la víctima en el esclarecimiento de los hechos y su enjuiciamiento por el orden jurisdiccional competente, sin contaminar el procedimiento propiamente educativo y sancionador del menor.

Esta Ley arbitra un amplio derecho de participación a las víctimas ofreciéndoles la oportunidad de intervenir en las actuaciones procesales proponiendo y practicando prueba, formulando conclusiones e interponiendo recursos. Sin embargo, esta participación se establece de un modo limitado ya que respecto de los menores no cabe reconocer a los particulares el derecho a constituirse propiamente en parte acusadora con plenitud de derechos y cargas procesales. No existe aquí ni la acción particular de los perjudicados por el hecho criminal, ni la acción popular de los ciudadanos, porque en estos casos el interés prioritario para la sociedad y para el Estado coincide con el interés del menor.

9. Conforme a las orientaciones declaradas por el Tribunal Constitucional, anteriormente aludidas, se instaura un sistema de garantías adecuado a la pretensión procesal, asegurando que la imposición de la sanción se efectuará tras vencer la presunción de inocencia, pero sin obstaculizar los criterios educativos y de valoración del interés del menor que presiden este proceso, haciendo al mismo tiempo un uso flexible del principio de intervención mínima, en el sentido de dotar de relevancia a las posibilidades de no apertura del procedimiento o renuncia al mismo, al resarcimiento anticipado o conciliación entre el infractor y la víctima, y a los supuestos de suspensión condicional de la medida impuesta o de sustitución de la misma durante su ejecución.

La competencia corresponde a un Juez ordinario, que, con categoría de Magistrado y preferentemente especialista, garantiza la tutela judicial efectiva de los derechos en conflicto. La posición del Ministerio Fiscal es relevante, en su doble condición de institución que constitucionalmente tiene encomendada la función de promover la acción de la Justicia y la defensa de la legalidad, así como de los derechos de los menores, velando por el interés de éstos. El letrado del menor tiene participación en todas y cada una de las fases del proceso, conociendo en todo momento el contenido del expediente, pudiendo proponer pruebas e interviniendo en todos los actos que se refieren a la valoración del interés del menor y a la ejecución de la medida, de la que puede solicitar la modificación.

La adopción de medidas cautelares sigue el modelo de solicitud de parte, en audiencia contradictoria, en la que debe valorarse especialmente, una vez más, el superior interés del menor.

En defensa de la unidad de doctrina, el sistema de recursos ordinario se confía a las Salas de Menores de los Tribunales Superiores de Justicia, que habrán de crearse, las cuales, con la inclusión de Magistrados especialistas, aseguran y refuerzan la efectividad de la tutela judicial en relación con las finalidades que se propone la Ley. En el mismo sentido, procede destacar la instauración del recurso de casación para unificación de doctrina, reservado a los casos de mayor gravedad, en paralelismo con el proceso penal de adultos, reforzando la garantía de la unidad de doctrina en el ámbito del derecho sancionador de menores a través de la jurisprudencia del Tribunal Supremo.

10. Conforme a los principios señalados, se establece, inequívocamente, el límite de los catorce años de edad para exigir este tipo de responsabilidad sancionadora a los menores de edad penal y se diferencian, en el ámbito de aplicación de la Ley y de la graduación de las consecuencias por los hechos cometidos, dos tramos, de catorce a dieciséis y de diecisiete a dieciocho años, por presentar uno y otro grupo diferencias características que requieren, desde un punto de vista científico y jurídico, un tratamiento diferenciado, constituyendo una agravación específica en el tramo de los mayores de dieciséis años la comisión de delitos que se caracterizan por la violencia, intimidación o peligro para las personas.

La aplicación de la presente Ley a los mayores de dieciocho años y menores de veintiuno, prevista en el artículo 69 del Código Penal vigente, podrá ser acordada por el Juez atendiendo a las circunstancias personales y al grado de madurez del autor, y a la naturaleza y gravedad de los hechos. Estas personas reciben, a los efectos de esta Ley, la denominación genérica de «jóvenes».

Se regulan expresamente, como situaciones que requieren una respuesta específica, los supuestos en los que el menor presente síntomas de enajenación mental o la concurrencia de otras circunstancias modificativas de su responsabilidad, debiendo promover el Ministerio Fiscal, tanto la adopción de las medidas más adecuadas al interés del menor que se encuentre en tales situaciones, como la constitución de los organismos tutelares previstos por las leyes. También se establece que las acciones u omisiones imprudentes no puedan ser sancionadas con medidas de internamiento en régimen cerrado.

11. Con arreglo a las orientaciones expuestas, la Ley establece un amplio catálogo de medidas aplicables, desde la referida perspectiva sancionadora-educativa, debiendo primar nuevamente el interés del menor en la flexible adopción judicial de la medida más idónea, dadas las características del caso concreto y de la evolución personal del sancionado durante la ejecución de la medida. La concreta finalidad que las ciencias de la conducta exigen que se persiga con cada una de las medidas relacionadas, se detalla con carácter orientador en el apartado III de esta exposición de motivos.

12. La ejecución de las medidas judicialmente impuestas corresponde a las entidades públicas de protección y reforma de menores de las Comunidades Autónomas, bajo el inexcusable control del Juez de Menores. Se mantiene el criterio de que el interés del menor tiene que ser atendido por especialistas en las áreas de la educación y la formación, pertenecientes a esferas de mayor inmediación que el Estado. El Juez de Menores, a instancia de las partes y oídos los equipos técnicos del propio Juzgado y de la entidad pública de la correspondiente Comunidad Autónoma, dispone de amplias facultades para suspender o sustituir por otras las medidas impuestas, naturalmente sin mengua de las garantías procesales que constituyen otro de los objetivos primordiales de la nueva regulación, o permitir la participación de los padres del menor en la aplicación y consecuencias de aquéllas.

13. Un interés particular revisten en el contexto de la Ley los temas de la reparación del daño causado y la conciliación del delincuente con la víctima como situaciones que, en aras del principio de intervención mínima, y con el concurso mediador del equipo técnico, pueden dar lugar a la no incoación o sobreseimiento del expediente, o a la finalización del cumplimiento de la medida impuesta, en un claro predominio, una vez más, de los criterios educativos y resocializadores sobre los de una defensa social esencialmente basada en la prevención general y que pudiera resultar contraproducente para el futuro.

La reparación del daño causado y la conciliación con la víctima presentan el común denominador de que el ofensor y el perjudicado por la infracción llegan a un acuerdo, cuyo cumplimiento por parte del menor termina con el conflicto jurídico iniciado por su causa. La conciliación tiene por objeto que la víctima reciba una satisfacción psicológica a cargo del menor infractor, quien ha de arrepentirse del daño causado y estar dispuesto a disculparse. La medida se aplicará cuando el menor efectivamente se arrepienta y se disculpe, y la persona ofendida lo acepte y otorgue su perdón. En la reparación el acuerdo no se alcanza únicamente mediante la vía de la satisfacción psicológica, sino que requiere algo más: el menor ejecuta el compromiso contraído con la víctima o perjudicado de reparar el daño causado, bien mediante trabajos en beneficio de la comunidad, bien mediante acciones, adaptadas a las necesidades del sujeto, cuyo beneficiario sea la propia víctima o perjudicado.

III

14. En la medida de amonestación, el Juez, en un acto único que tiene lugar en la sede judicial, manifiesta al menor de modo concreto y claro las razones que hacen socialmente intolerables los hechos cometidos, le expone las consecuencias que para él y para la víctima han tenido o podían haber tenido tales hechos, y le formula recomendaciones para el futuro.

15. La medida de prestaciones en beneficio de la comunidad, que, en consonancia con el artículo 25.2 de nuestra Constitución, no podrá imponerse sin consentimiento del menor, consiste en realizar una actividad, durante un número de sesiones previamente fijado, bien sea en beneficio de la colectividad en su conjunto, o de personas que se encuentren en una situación de precariedad por cualquier motivo. Preferentemente, se buscará relacionar la naturaleza de la actividad en que consista esta medida con la de los bienes jurídicos afectados por los hechos cometidos por el menor.

Lo característico de esta medida es que el menor ha de comprender, durante su realización, que la colectividad o determinadas personas han sufrido de modo injustificado unas consecuencias negativas derivadas de su conducta. Se pretende que el sujeto comprenda que actuó de modo incorrecto, que merece el reproche formal de la sociedad, y que la prestación de los trabajos que se le exigen es un acto de reparación justo.

16. Las medidas de internamiento responden a una mayor peligrosidad, manifestada en la naturaleza peculiarmente grave de los hechos cometidos, caracterizados en los casos más destacados por la violencia, la intimidación o el peligro para las personas. El objetivo prioritario de la medida es disponer de un ambiente que provea de las condiciones educativas adecuadas para que el menor pueda reorientar aquellas disposiciones o deficiencias que han caracterizado su comportamiento antisocial, cuando para ello sea necesario, al menos de manera temporal, asegurar la estancia del infractor en un régimen físicamente restrictivo de su libertad. La mayor o menor intensidad de tal restricción da lugar a los diversos tipos de internamiento, a los que se va a aludir a continuación. El internamiento, en todo caso, ha de propor-

cionar un clima de seguridad personal para todos los implicados, profesionales y menores infractores, lo que hace imprescindible que las condiciones de estancia sean las correctas para el normal desarrollo psicológico de los menores.

El internamiento en régimen cerrado pretende la adquisición por parte del menor de los suficientes recursos de competencia social para permitir un comportamiento responsable en la comunidad, mediante una gestión de control en un ambiente restrictivo y progresivamente autónomo.

El internamiento en régimen semiabierto implica la existencia de un proyecto educativo en donde desde el principio los objetivos sustanciales se realizan en contacto con personas e instituciones de la comunidad, teniendo el menor su residencia en el centro, sujeto al programa y régimen interno del mismo.

El internamiento en régimen abierto implica que el menor llevará a cabo todas las actividades del proyecto educativo en los servicios normalizados del entorno, residiendo en el centro como domicilio habitual.

El internamiento terapéutico se prevé para aquellos casos en los que los menores, bien por razón de su adicción al alcohol o a otras drogas, bien por disfunciones significativas en su psiquismo, precisan de un contexto estructurado en el que poder realizar una programación terapéutica, no dándose, ni, de una parte, las condiciones idóneas en el menor o en su entorno para el tratamiento ambulatorio, ni, de otra parte, las condiciones de riesgo que exigirían la aplicación a aquél de un internamiento en régimen cerrado.

17. En la asistencia a un centro de día, el menor es derivado a un centro plenamente integrado en la comunidad, donde se realizan actividades educativas de apoyo a su competencia social. Esta medida sirve el propósito de proporcionar a un menor un ambiente estructurado durante buena parte del día, en el que se lleven a cabo actividades socio-educativas que puedan compensar las carencias del ambiente familiar de aquél. Lo característico del centro de día es que en ese lugar es donde toma cuerpo lo esencial del proyecto socio-educativo del menor, si bien éste puede asistir también a otros lugares para hacer uso de otros recursos de ocio o culturales. El sometido a esta medida puede, por lo tanto, continuar residiendo en su hogar, o en el de su familia, o en el establecimiento de acogida.

18. En la medida de libertad vigilada, el menor infractor está sometido, durante el tiempo establecido en la sentencia, a una vigilancia y supervisión a cargo de personal especializado, con el fin de que adquiera las habilidades, capacidades y actitudes necesarias para un correcto desarrollo personal y social. Durante el tiempo que dure la libertad vigilada, el menor también deberá cumplir las obligaciones y prohibiciones que, de acuerdo con esta Ley, el Juez puede imponerle.

19. La realización de tareas socio-educativas consiste en que el menor lleve a cabo actividades específicas de contenido educativo que faciliten su reinserción social. Puede ser una medida de carácter autónomo o formar parte de otra más compleja. Empleada de modo autónomo, pretende satisfacer necesidades concretas del menor percibidas como limitadoras de su desarrollo integral. Puede suponer la asistencia y participación del menor a un programa ya existente en la comunidad, o bien a uno creado «ad hoc» por los profesionales encargados de ejecutar la medida. Como ejemplos de tareas socio-educativas, se pueden mencionar las siguientes: asistir a un taller ocupacional, a un aula de educación compensatoria o a un curso de preparación para el empleo; participar en actividades estructuradas de animación sociocultural, asistir a talleres de aprendizaje para la competencia social, etc.

1 20. El tratamiento ambulatorio es una medida destinada a los menores que disponen de las condiciones adecuadas en su vida para beneficiarse de un programa terapéutico que les ayude a superar procesos adictivos o disfunciones significativas de su psiquismo. Previsto para los menores que presenten una dependencia al alcohol o las drogas, y que en su mejor interés puedan ser tratados de la misma en la comunidad, en su realización pueden combinarse diferentes tipos de asistencia médica y psicológica. Resulta muy apropiado para casos de desequilibrio psicológico o perturbaciones del psiquismo que puedan ser atendidos sin necesidad de internamiento. La diferencia más clara con la tarea socio-educativa es que ésta pretende lograr una capacitación, un logro de aprendizaje, empleando una metodología, no tanto clínica, sino de orientación psicoeducativa. El tratamiento ambulatorio también puede entenderse como una tarea socio-educativa muy específica para un problema bien definido.

21. La permanencia de fin de semana es la expresión que define la medida por la que un menor se ve obligado a permanecer en su hogar desde la tarde o noche del viernes hasta la noche del domingo, a excepción del tiempo en que realice las tareas socio-educativas asignadas por el Juez. En la práctica, combina elementos del arresto de fin de semana y de la medida de tareas socio-educativas o prestaciones en beneficio de la comunidad. Es adecuada para menores que cometen actos de vandalismo o agresiones leves en los fines de semana.

22. La convivencia con una persona, familia o grupo educativo es una medida que intenta proporcionar al menor un ambiente de socialización positivo, mediante su convivencia, durante un período determinado por el Juez, con una persona, con una familia distinta a la suya o con un grupo educativo que se ofrezca a cumplir la función de la familia en lo que respecta al desarrollo de pautas socioafectivas prosociales en el menor.

23. La privación del permiso de conducir ciclomotores o vehículos a motor, o del derecho a obtenerlo, o de licencias administrativas para caza o para el uso de cualquier tipo de armas, es una medida accesoria que se podrá imponer en aquellos casos en los que el hecho cometido tenga relación con la actividad que realiza el menor y que ésta necesite autorización administrativa.

24. Por último, procede poner de manifiesto que los principios científicos y los criterios educativos a que han de responder cada una de las medidas, aquí sucintamente expuestos, se habrán de regular más extensamente en el Reglamento que en su día se dicte en desarrollo de la presente Ley Orgánica.

TÍTULO PRELIMINAR

Artículo 1. *Declaración general.*

1. Esta Ley se aplicará para exigir la responsabilidad de las personas mayores de catorce años y menores de dieciocho por la comisión de hechos tipificados como delitos o faltas en el Código Penal o las leyes penales especiales.

2. También se aplicará lo dispuesto en esta Ley para los menores a las personas mayores de dieciocho años y menores de veintiuno, en los términos establecidos en el artículo 4 de la misma [1].

[1] La Disposición transitoria única de la ley Orgánica 9/2000, de 22 de diciembre, suspende la aplicación de la Ley Orgánica 5/2000, de 12 de enero, reguladora de la responsabilidad penal de los menores, en lo referente a los infractores de edades comprendidas entre los 18 y 21 años, por un plazo de dos años desde la entrada en vigor de la misma.

3. Las personas a las que se aplique la presente Ley gozarán de todos los derechos reconocidos en la Constitución y en el ordenamiento jurídico, particularmente en la Ley Orgánica 1/1996, de 15 de enero, de Protección Jurídica del Menor, así como en la Convención sobre los Derechos del Niño de 20 de noviembre de 1989 y en todas aquellas normas sobre protección de menores contenidas en los Tratados válidamente celebrados por España. **4**

4. Al efecto de designar a las personas a quienes se aplica esta Ley, en el articulado de la misma se utiliza el término menores para referirse a las que no han cumplido dieciocho años, y el de jóvenes para referirse a las mayores de dicha edad.

Sin perjuicio de lo anterior, cuando esta Ley se refiera genéricamente al menor o a los menores, se entenderá que lo hace a todos los incluidos en su ámbito de aplicación.

TÍTULO I

Del ámbito de aplicación de la Ley

Artículo 2. *Competencia de los Jueces de Menores.*

1. Los Jueces de Menores serán competentes para conocer de los hechos cometidos por las personas mencionadas en el artículo 1 de esta Ley, así como para hacer ejecutar sus sentencias, sin perjuicio de las facultades atribuidas por esta Ley a las Comunidades Autónomas respecto a la protección y reforma de menores.

2. Los Jueces de Menores serán asimismo competentes para resolver sobre las responsabilidades civiles derivadas de los hechos cometidos por las personas a las que resulta aplicable la presente Ley.

3. La competencia corresponde al Juez de Menores del lugar donde se haya cometido el hecho delictivo, sin perjuicio de lo establecido en el artículo 20.3 de esta Ley.

Artículo 3. *Régimen de los menores de catorce años.*

Cuando el autor de los hechos mencionados en los artículos anteriores sea menor de catorce años, no se le exigirá responsabilidad con arreglo a la presente Ley, sino que se le aplicará lo dispuesto en las normas sobre protección de menores previstas en el Código Civil y demás disposiciones vigentes. El Ministerio Fiscal deberá remitir a la entidad pública de protección de menores testimonio de los particulares que considere precisos respecto al menor, a fin de valorar su situación, y dicha entidad habrá de promover las medidas de protección adecuadas a las circunstancias de aquél conforme a lo dispuesto en la Ley Orgánica 1/1996, de 15 de enero.

Artículo 4. *Régimen de los mayores de dieciocho años* [1].

1. De conformidad con lo establecido en el artículo 69 de la Ley Orgánica 10/1995, de 23 de noviembre, del Código Penal, la presente Ley se aplicará a las personas mayores de dieciocho años y menores de veintiuno imputadas en la comisión de hechos delictivos, cuando el

[1] La Disposición transitoria única de la ley Orgánica 9/2000, de 22 de diciembre, suspende la aplicación de la Ley Orgánica 5/2000, de 12 de enero, reguladora de la responsabilidad penal de los menores, en lo referente a los infractores de edades comprendidas entre los 18 y 21 años, por un plazo de dos años desde la entrada en vigor de la misma.

5 Juez de Instrucción competente, oídos el Ministerio Fiscal, el letrado del imputado y el equipo técnico a que se refiere el artículo 27 de esta Ley, así lo declare expresamente mediante auto.

2. Serán condiciones necesarias para la aplicación de lo dispuesto en el apartado anterior las siguientes:

1.ª Que el imputado hubiere cometido una falta, o un delito menos grave sin violencia o intimidación en las personas ni grave peligro para la vida o la integridad física de las mismas, tipificados en el Código Penal o en las leyes penales especiales.

2.ª Que no haya sido condenado en sentencia firme por hechos delictivos cometidos una vez cumplidos los dieciocho años. A tal efecto no se tendrán en cuenta las anteriores condenas por delitos o faltas imprudentes ni los antecedentes penales que hayan sido cancelados, o que debieran serlo con arreglo a lo dispuesto en el artículo 136 del Código Penal.

3.ª Que las circunstancias personales del imputado y su grado de madurez aconsejen la aplicación de la presente Ley, especialmente cuando así lo haya recomendado el equipo técnico en su informe.

3. Contra el auto que resuelva lo indicado en los apartados anteriores, cabrá recurso de apelación en el plazo de tres días, del que conocerá la Audiencia Provincial correspondiente. La apelación se sustanciará conforme al régimen general establecido en la Ley de Enjuiciamiento Criminal [1].

Del mencionado auto, una vez firme, se dará traslado al Ministerio Fiscal para la tramitación del procedimiento previsto en la presente Ley.

Artículo 5. *Bases de la responsabilidad de los menores.*

1. Los menores serán responsables con arreglo a esta Ley cuando hayan cometido los hechos a los que se refiere el artículo 1 y no concurra en ellos ninguna de las causas de exención o extinción de la responsabilidad criminal previstas en el vigente Código Penal.

2. No obstante lo anterior, a los menores en quienes concurran las circunstancias previstas en los números 1.º, 2.º y 3.º del artículo 20 del vigente Código Penal les serán aplicables, en caso necesario, las medidas terapéuticas a las que se refiere el artículo 7.1, letras *d)* y *e),* de la presente Ley.

3. Las edades indicadas en el articulado de esta Ley se han de entender siempre referidas al momento de la comisión de los hechos, sin que el haberse rebasado las mismas antes del comienzo del procedimiento o durante la tramitación del mismo tenga incidencia alguna sobre la competencia atribuida por esta misma Ley a los Jueces y Fiscales de Menores.

Artículo 6. *De la intervención del Ministerio Fiscal.*

Corresponde al Ministerio Fiscal la defensa de los derechos que a los menores reconocen las leyes, así como la vigilancia de las actuaciones que deban efectuarse en su interés y la observancia de las garantías del procedimiento, para lo cual dirigirá personalmente la investigación de los hechos y ordenará que la policía judicial practique las actuaciones necesarias para

---

[1] Apartado redactado conforme a la Disposición adicional cuarta de la Ley Orgánica 9/2000.

la comprobación de aquéllos y de la participación del menor en los mismos, impulsando el procedimiento. 7

TÍTULO II

De las medidas

Artículo 7. *Enumeración de las medidas susceptibles de ser impuestas a los menores.*

1. Las medidas que pueden imponer los Jueces de Menores, ordenadas según la restricción de derechos que suponen, son las siguientes:

a) Internamiento en régimen cerrado. Las personas sometidas a esta medida residirán en el centro y desarrollarán en el mismo las actividades formativas, educativas, laborales y de ocio.

b) Internamiento en régimen semiabierto. Las personas sometidas a esta medida residirán en el centro, pero realizarán fuera del mismo actividades formativas, educativas, laborales y de ocio.

c) Internamiento en régimen abierto. Las personas sometidas a esta medida llevarán a cabo todas las actividades del proyecto educativo en los servicios normalizados del entorno, residiendo en el centro como domicilio habitual, con sujeción al programa y régimen interno del mismo.

d) Internamiento terapéutico. En los centros de esta naturaleza se realizará una atención educativa especializada o tratamiento específico dirigido a personas que padezcan anomalías o alteraciones psíquicas, un estado de dependencia de bebidas alcohólicas, drogas tóxicas o sustancias psicotrópicas, o alteraciones en la percepción que determinen una alteración grave de la conciencia de la realidad. Esta medida podrá aplicarse sola o como complemento de otra medida prevista en este artículo. Cuando el interesado rechace un tratamiento de deshabituación, el Juez habrá de aplicarle otra medida adecuada a sus circunstancias.

e) Tratamiento ambulatorio. Las personas sometidas a esta medida habrán de asistir al centro designado con la periodicidad requerida por los facultativos que las atiendan y seguir las pautas fijadas para el adecuado tratamiento de la anomalía o alteración psíquica, adicción al consumo de bebidas alcohólicas, drogas tóxicas o sustancias psicotrópicas, o alteraciones en la percepción que padezcan. Esta medida podrá aplicarse sola o como complemento de otra medida prevista en este artículo. Cuando el interesado rechace un tratamiento de deshabituación, el Juez habrá de aplicarle otra medida adecuada a sus circunstancias.

f) Asistencia a un centro de día. Las personas sometidas a esta medida residirán en su domicilio habitual y acudirán a un centro, plenamente integrado en la comunidad, a realizar actividades de apoyo, educativas, formativas, laborales o de ocio.

g) Permanencia de fin de semana. Las personas sometidas a esta medida permanecerán en su domicilio o en un centro hasta un máximo de treinta y seis horas entre la tarde o noche del viernes y la noche del domingo, a excepción del tiempo que deban dedicar a las tareas socio-educativas asignadas por el Juez.

h) Libertad vigilada. En esta medida se ha de hacer un seguimiento de la actividad de la persona sometida a la misma y de su asistencia a la escuela, al centro de formación profe-

7 sional o al lugar de trabajo, según los casos, procurando ayudar a aquélla a superar los factores que determinaron la infracción cometida. Asimismo, esta medida obliga, en su caso, a seguir las pautas socio-educativas que señale la entidad pública o el profesional encargado de su seguimiento, de acuerdo con el programa de intervención elaborado al efecto y aprobado por el Juez de Menores. La persona sometida a la medida también queda obligada a mantener con dicho profesional las entrevistas establecidas en el programa y a cumplir, en su caso, las reglas de conducta impuestas por el Juez, que podrán ser alguna o algunas de las siguientes:

1.ª Obligación de asistir con regularidad al centro docente correspondiente, si el interesado está en el período de la enseñanza básica obligatoria, y acreditar ante el Juez dicha asistencia regular o justificar en su caso las ausencias, cuantas veces fuere requerido para ello.

2.ª Obligación de someterse a programas de tipo formativo, cultural, educativo, profesional, laboral, de educación sexual, de educación vial u otros similares.

3.ª Prohibición de acudir a determinados lugares, establecimientos o espectáculos.

4.ª Prohibición de ausentarse del lugar de residencia sin autorización judicial previa.

5.ª Obligación de residir en un lugar determinado.

6.ª Obligación de comparecer personalmente ante el Juzgado de Menores o profesional que se designe, para informar de las actividades realizadas y justificarlas.

7.ª Cualesquiera otras obligaciones que el Juez, de oficio o a instancia del Ministerio Fiscal, estime convenientes para la reinserción social del sentenciado, siempre que no atenten contra su dignidad como persona.

i) Convivencia con otra persona, familia o grupo educativo. La persona sometida a esta medida debe convivir, durante el período de tiempo establecido por el Juez, con otra persona, con una familia distinta a la suya o con un grupo educativo, adecuadamente seleccionados para orientar a aquélla en su proceso de socialización.

j) Prestaciones en beneficio de la comunidad. La persona sometida a esta medida, que no podrá imponerse sin su consentimiento, ha de realizar las actividades no retribuidas que se le indiquen, de interés social o en beneficio de personas en situación de precariedad. Se buscará relacionar la naturaleza de dichas actividades con la naturaleza del bien jurídico lesionado por los hechos cometidos por el menor.

k) Realización de tareas socio-educativas. La persona sometida a esta medida ha de realizar, sin internamiento ni libertad vigilada, actividades específicas de contenido educativo encaminadas a facilitarle el desarrollo de su competencia social.

l) Amonestación. Esta medida consiste en la reprensión de la persona llevada a cabo por el Juez de Menores y dirigida a hacerle comprender la gravedad de los hechos cometidos y las consecuencias que los mismos han tenido o podrían haber tenido, instándole a no volver a cometer tales hechos en el futuro.

m) Privación del permiso de conducir ciclomotores o vehículos a motor, o del derecho a obtenerlo, o de las licencias administrativas para caza o para uso de cualquier tipo de armas. Esta medida podrá imponerse como accesoria cuando el delito o falta se hubiere cometido utilizando un ciclomotor o un vehículo a motor, o un arma, respectivamente.

n) Inhabilitación absoluta. De conformidad con lo previsto en la disposición adicional cuarta, la medida de inhabilitación absoluta produce la privación definitiva de todos los honores, empleos y cargos públicos sobre el que recayere, aunque sean electivos; así como la incapacidad para obtener los mismos o cualesquiera otros honores, cargos o empleos públicos, y la de ser elegido para cargo público, durante el tiempo de la medida [1]. 9

2. Las medidas de internamiento constarán de dos períodos: el primero se llevará a cabo en el centro correspondiente, conforme a la descripción efectuada en el apartado anterior de este artículo; el segundo se llevará a cabo en régimen de libertad vigilada, en la modalidad elegida por el Juez. La duración total no excederá del tiempo que se expresa en el artículo 9. El equipo técnico deberá informar respecto del contenido de ambos períodos, y el Juez expresará la duración de cada uno en la sentencia.

3. Para la elección de la medida o medidas adecuadas, tanto por el Ministerio Fiscal y el letrado del menor en sus postulaciones como por el Juez en la sentencia, se deberá atender de modo flexible, no sólo a la prueba y valoración jurídica de los hechos, sino especialmente a la edad, las circunstancias familiares y sociales, la personalidad y el interés del menor, puestos de manifiesto los dos últimos en los informes de los equipos técnicos y, en su caso, de las entidades públicas de protección y reforma de menores emitidos conforme a lo dispuesto en el artículo 27 de la presente Ley. El Juez deberá motivar la sentencia, expresando con detalle las razones por las que aplica una determinada medida, así como el plazo de duración de la misma, a los efectos de la valoración del mencionado interés del menor.

Artículo 8. *Principio acusatorio.*

El Juez de Menores no podrá imponer una medida que suponga una mayor restricción de derechos ni por un tiempo superior a la medida solicitada por el Ministerio Fiscal.

Tampoco podrá exceder la duración de las medidas privativas de libertad contempladas en el artículo 7.1.*a), b), c), d)* y *g),* en ningún caso, del tiempo que hubiera durado la pena privativa de libertad que se le hubiere impuesto por el mismo hecho, si el sujeto, de haber sido mayor de edad, hubiera sido declarado responsable, de acuerdo con el Código Penal.

Artículo 9. *Reglas para la aplicación de las medidas.*

No obstante lo establecido en el artículo 7.3, la aplicación de las medidas se atendrá a las siguientes reglas:

1.ª Cuando los hechos cometidos sean calificados de falta, sólo se podrán imponer las medidas de amonestación, permanencia de fin de semana hasta un máximo de cuatro fines de semana, prestaciones en beneficio de la comunidad hasta cincuenta horas, y privación del permiso de conducir o de otras licencias administrativas.

2.ª La medida de internamiento en régimen cerrado sólo podrá ser aplicable cuando en la descripción y calificación jurídica de los hechos se establezca que en su comisión se ha empleado violencia o intimidación en las personas o actuado con grave riesgo para la vida o la integridad física de las mismas.

3.ª La duración de las medidas no podrá exceder de dos años, computándose, en su caso, a estos efectos el tiempo ya cumplido por el menor en medida cautelar, conforme a lo dispuesto en el artículo 28.5 de la presente Ley. La medida de prestaciones en beneficio de la

[1] Letra añadida conforme al artículo 2.º de la Ley Orgánica 7/2000, de 22 de diciembre.

10 comunidad no podrá superar las cien horas. La medida de permanencia de fin de semana no podrá superar los ocho fines de semana.

4.ª En el caso de personas que hayan cumplido los dieciséis años en el momento de la comisión de los hechos, el plazo de duración de las medidas podrá alcanzar un máximo de cinco años, siempre que el delito haya sido cometido con violencia o intimidación en las personas o con grave riesgo para la vida o la integridad física de las mismas y el equipo técnico en su informe aconseje la prolongación de la medida. En estos supuestos, la medida de prestaciones en beneficio de la comunidad podrá alcanzar las doscientas horas, y la de permanencia de fin de semana, dieciséis fines de semana.

5.ª Excepcionalmente, cuando los supuestos previstos en la regla anterior revistieran extrema gravedad, apreciada expresamente en la sentencia, el Juez habrá de imponer una medida de internamiento de régimen cerrado de uno a cinco años de duración, complementada sucesivamente por otra medida de libertad vigilada con asistencia educativa hasta un máximo de otros cinco años. Sólo podrá hacerse uso de lo dispuesto en los artículos 14 y 51.1 de esta Ley una vez transcurrido el primer año de cumplimiento efectivo de la medida de internamiento. Todo ello sin perjuicio de lo previsto en la disposición adicional cuarta [(1)].

La medida de libertad vigilada deberá ser ratificada mediante auto motivado, previa audiencia del Ministerio Fiscal, del letrado del menor y del representante de la entidad pública de protección o reforma de menores, al finalizar el internamiento, y se llevará a cabo por las instituciones públicas encargadas del cumplimiento de las penas, conforme a lo establecido en el artículo 105.1 del vigente Código Penal.

«A los efectos de este artículo, se entenderán siempre supuestos de extrema gravedad aquellos en los que se apreciare reincidencia» [(1)].

6.ª Las acciones u omisiones imprudentes no podrán ser sancionadas con medidas de internamiento en régimen cerrado.

7.ª Cuando en la postulación del Ministerio Fiscal o en la resolución dictada en el procedimiento se aprecien algunas de las circunstancias a las que se refiere el artículo 5.2 de esta Ley, sólo podrán aplicarse las medidas terapéuticas descritas en el artículo 7.1, letras d) y e) de la misma.

Artículo 10. *De la prescripción.*

1. Los hechos delictivos cometidos por los menores prescriben:

1.º A los cinco años, cuando se trate de un delito grave sancionado en el Código Penal con pena superior a diez años.

2.º A los tres años, cuando se trate de cualquier otro delito grave.

3.º Al año, cuando se trate de un delito menos grave.

4.º A los tres meses, cuando se trate de una falta.

2. Las medidas que tengan un plazo superior a los dos años prescribirán a los tres años. Las restantes medidas prescribirán a los dos años, excepto la amonestación, las prestaciones en beneficio de la comunidad y el arresto con tareas de fin de semana, que prescribirán al año.

---

(1) Párrafo redactado conforme al artículo 2.º de la ley Orgánica 7/2000, de 22 de diciembre.

3. Los hechos delictivos cometidos por mayores de dieciocho años y menores de veintiuno prescribirán con arreglo a las normas contenidas en el Código Penal [(1)]. **15**

Artículo 11. *Concurso de infracciones.*

1. Al menor responsable de una pluralidad de hechos se le impondrá una o varias medidas, teniendo en cuenta los criterios expresados en los artículos 7.3 y 9 de la presente Ley.

2. Sin embargo, cuando una misma conducta sea constitutiva de dos o más infracciones, o una conducta sea medio necesario para la comisión de otra, se tendrá en cuenta exclusivamente la más grave de ellas para la aplicación de la medida correspondiente.

Artículo 12. *Infracción continuada o con pluralidad de víctimas.*

En los supuestos de infracción continuada o de una sola infracción con pluralidad de víctimas, el Juez impondrá a la persona sentenciada una sola medida, tomando como referencia el más grave de los hechos cometidos, en la máxima extensión de aquélla conforme a las reglas del artículo 9, salvo cuando el interés del menor aconseje la imposición de la medida en una extensión inferior.

Artículo 13. *Imposición de varias medidas.*

Cuando a la persona sentenciada se le impusieren varias medidas en el mismo procedimiento y no pudieran ser cumplidas simultáneamente, el Juez, a propuesta del Ministerio Fiscal y del letrado del menor, oídos el representante del equipo técnico y la entidad pública de protección o reforma de menores, podrá sustituir todas o alguna de ellas, o establecer su cumplimiento sucesivo, sin que en este caso el plazo total de cumplimiento pueda superar el doble del tiempo por el que se le impusiere la más grave de ellas.

Artículo 14. *Modificación de la medida impuesta.*

1. El Juez, de oficio o a instancia del Ministerio Fiscal o del letrado del menor, previa audiencia de éstos e informe del equipo técnico y, en su caso, de la entidad pública de protección o reforma de menores, podrá en cualquier momento dejar sin efecto la medida impuesta, reducir su duración o sustituirla por otra, siempre que la modificación redunde en el interés del menor y se exprese suficientemente a éste el reproche merecido por su conducta.

2. En los casos anteriores, el Juez resolverá por auto motivado, contra el cual se podrán interponer los recursos previstos en la presente Ley.

Artículo 15. *Mayoría de edad del condenado.*

Cuando el menor a quien se le hubiere impuesto una medida de las establecidas en esta Ley alcanzase la mayoría de edad, continuará el cumplimiento de la medida hasta alcanzar los objetivos propuestos en la sentencia en que se le impuso conforme a los criterios expresados en los artículos anteriores.

---

(1) La Disposición transitoria única de la ley Orgánica 9/2000, de 22 de diciembre, suspende la aplicación de la Ley Orgánica 5/2000, de 12 de enero, reguladora de la responsabilidad penal de los menores, en lo referente a los infractores de edades comprendidas entre los 18 y 21 años, por un plazo de dos años desde la entrada en vigor de la misma.

16 No obstante lo señalado en el párrafo anterior, cuando las medidas de internamiento sean impuestas a quien haya cumplido veintitrés años de edad o, habiendo sido impuestas, no haya finalizado su cumplimiento al alcanzar el joven dicha edad, el Juez de Menores, oído el Ministerio Fiscal, sin perjuicio de lo dispuesto en los artículos 14 y 51 de la presente Ley, ordenará su cumplimiento en centro penitenciario conforme al régimen ordinario previsto en la Ley Orgánica General Penitenciaria.

TÍTULO III
De la instrucción del procedimiento

CAPÍTULO I
Reglas generales

Artículo 16. *Incoación del expediente.*

1. Corresponde al Ministerio Fiscal la instrucción de los procedimientos por los hechos a los que se refiere el artículo 1 de esta Ley.

2. Quienes tuvieren noticia de algún hecho de los indicados en el apartado anterior, presuntamente cometido por un menor de dieciocho años, deberán ponerlo en conocimiento del Ministerio Fiscal, el cual admitirá o no a trámite la denuncia, según que los hechos sean o no indiciariamente constitutivos de delito; custodiará las piezas, documentos y efectos que le hayan sido remitidos, y practicará, en su caso, las diligencias que estime pertinentes para la comprobación del hecho y de la responsabilidad del menor en su comisión, pudiendo resolver el archivo de las actuaciones cuando los hechos no constituyan delito o no tengan autor conocido. La resolución recaída sobre la denuncia deberá notificarse a quienes hubieran formulado la misma.

3. Una vez efectuadas las actuaciones indicadas en el apartado anterior, el Ministerio Fiscal dará cuenta de la incoación del expediente al Juez de Menores, quien iniciará las diligencias de trámite correspondientes.

4. El Juez de Menores abrirá al propio tiempo la pieza separada de responsabilidad civil, que se tramitará conforme a lo establecido en las reglas del artículo 64 de esta Ley.

5. Cuando los hechos mencionados en el artículo 1 hubiesen sido cometidos conjuntamente por mayores de edad penal y por personas de las edades indicadas en el mismo artículo 1 y en el 4 de esta Ley, en sus respectivos casos, el Juez de Instrucción competente para el conocimiento de la causa, tan pronto como compruebe la edad de los imputados, adoptará las medidas necesarias para asegurar el éxito de la actividad investigadora respecto de los mayores de edad y ordenará remitir testimonio de los particulares precisos al Ministerio Fiscal, a los efectos prevenidos en el apartado 2 de este artículo.

Artículo 17. *Detención de los menores.*

1. Las autoridades y funcionarios que intervengan en la detención de un menor deberán practicarla en la forma que menos perjudique a éste y estarán obligados a informarle, en un lenguaje claro y comprensible y de forma inmediata, de los hechos que se le imputan, de las

razones de su detención y de los derechos que le asisten, especialmente los reconocidos en el artículo 520 de la Ley de Enjuiciamiento Criminal, así como a garantizar el respeto de los mismos. También deberán notificar inmediatamente el hecho de la detención y el lugar de la custodia a los representantes legales del menor y al Ministerio Fiscal. Si el menor detenido fuera extranjero, el hecho de la detención se notificará a las correspondientes Autoridades consulares cuando el menor tuviera su residencia habitual fuera de España o cuando así lo solicitaran el propio menor o sus representantes legales. **18**

2. Toda declaración del detenido, se llevará a cabo en presencia de su letrado y de aquéllos que ejerzan la patria potestad, tutela o guarda del menor –de hecho o de derecho–, salvo que, en este último caso, las circunstancias aconsejen lo contrario. En defecto de estos últimos la declaración se llevará a cabo en presencia del Ministerio Fiscal, representado por persona distinta del instructor del expediente.

3. Mientras dure la detención, los menores deberán hallarse custodiados en dependencias adecuadas y separadas de las que se utilicen para los mayores de edad, y recibirán los cuidados, protección y asistencia social, psicológica, médica y física que requieran, habida cuenta de su edad, sexo y características individuales.

4. La detención de un menor por funcionarios de policía no podrá durar más tiempo del estrictamente necesario para la realización de las averiguaciones tendentes al esclarecimiento de los hechos, y, en todo caso, dentro del plazo máximo de veinticuatro horas, el menor detenido deberá ser puesto en libertad o a disposición del Ministerio Fiscal. Se aplicará, en su caso, lo dispuesto en el artículo 520 bis de la Ley de Enjuiciamiento Criminal, atribuyendo la competencia para las resoluciones judiciales previstas en dicho precepto al Juez de Menores.

5. Cuando el detenido sea puesto a disposición del Ministerio Fiscal, éste habrá de resolver, dentro de las cuarenta y ocho horas a partir de la detención, sobre la puesta en libertad del menor, sobre el desistimiento al que se refiere el artículo siguiente, o sobre la incoación del expediente, poniendo a aquél a disposición del Juez de Menores competente e instando del mismo las oportunas medidas cautelares, con arreglo a lo establecido en el artículo 28.

6. El Juez competente para el procedimiento de hábeas corpus en relación a un menor será el Juez de Instrucción del lugar en el que se encuentre el menor privado de libertad; si no constare, el del lugar donde se produjo la detención, y, en defecto de los anteriores, el del lugar donde se hayan tenido las últimas noticias sobre el paradero del menor detenido.

Cuando el procedimiento de hábeas corpus sea instado por el propio menor, la fuerza pública responsable de la detención lo notificará inmediatamente al Ministerio Fiscal, además de dar curso al procedimiento conforme a la ley orgánica reguladora.

Artículo 18. *Desistimiento de la incoación del expediente por corrección en el ámbito educativo y familiar.*

El Ministerio Fiscal podrá desistir de la incoación del expediente cuando los hechos denunciados constituyan delitos menos graves sin violencia o intimidación en las personas, o faltas, tipificados en el Código Penal o en las leyes penales especiales. En tal caso, el Ministerio Fiscal dará traslado de lo actuado a la entidad pública de protección de menores para la aplicación de lo establecido en el artículo 3 de la presente Ley. Lo dispuesto en este

19 apartado se entenderá sin perjuicio de la tramitación de la correspondiente pieza de responsabilidad civil.

No obstante, cuando conste que el menor ha cometido con anterioridad otros hechos de la misma naturaleza, el Ministerio Fiscal deberá incoar el expediente y, en su caso, actuar conforme autoriza el artículo 27.4 de la presente Ley.

Artículo 19. *Sobreseimiento del expediente por conciliación o reparación entre el menor y la víctima.*

1. También podrá el Ministerio Fiscal desistir de la continuación del expediente, atendiendo a la gravedad y circunstancias de los hechos y del menor, de modo particular a la falta de violencia o intimidación graves en la comisión de los hechos, y a la circunstancia de que además el menor se haya conciliado con la víctima o haya asumido el compromiso de reparar el daño causado a la víctima o al perjudicado por el delito, o se haya comprometido a cumplir la actividad educativa propuesta por el equipo técnico en su informe.

El desistimiento en la continuación del expediente sólo será posible cuando el hecho imputado al menor constituya delito menos grave o falta.

2. A efectos de lo dispuesto en el apartado anterior, se entenderá producida la conciliación cuando el menor reconozca el daño causado y se disculpe ante la víctima, y ésta acepte sus disculpas, y se entenderá por reparación el compromiso asumido por el menor con la víctima o perjudicado de realizar determinadas acciones en beneficio de aquéllos o de la comunidad, seguido de su realización efectiva. Todo ello sin perjuicio del acuerdo al que hayan llegado las partes en relación al ejercicio de la acción por responsabilidad civil derivada del delito o falta, regulada en esta Ley.

3. El correspondiente equipo técnico realizará las funciones de mediación entre el menor y la víctima o perjudicado, a los efectos indicados en los apartados anteriores, e informará al Ministerio Fiscal de los compromisos adquiridos y de su grado de cumplimiento.

4. Una vez producida la conciliación o cumplidos los compromisos de reparación asumidos con la víctima o perjudicado por el delito o falta cometidos, o cuando una u otros no pudieran llevarse a efecto por causas ajenas a la voluntad del menor, el Ministerio Fiscal dará por concluida la instrucción y solicitará del Juez el sobreseimiento y archivo de las actuaciones, con remisión de lo actuado.

5. En el caso de que el menor no cumpliera la reparación o la actividad educativa acordada, el Ministerio Fiscal continuará la tramitación del expediente.

6. En los casos en los que la víctima del delito o falta fuere menor de edad o incapaz, el compromiso al que se refiere el presente artículo habrá de ser asumido por el representante legal de la misma, con la aprobación del Juez de Menores.

Artículo 20. *Unidad de expediente.*

1. El Ministerio Fiscal incoará un procedimiento por cada hecho delictivo, salvo cuando se trate de hechos delictivos conexos.

2. Todos los procedimientos tramitados a un mismo menor o joven se archivarán en el expediente personal que del mismo se haya abierto en la Fiscalía. De igual modo se archivarán las diligencias en el Juzgado de Menores respectivo.

3. En los casos en los que los delitos atribuidos al menor expedientado hubieran sido cometidos en diferentes territorios, la determinación del órgano judicial competente para el enjuiciamiento de todos ellos en unidad de expediente, así como de las entidades públicas competentes para la ejecución de las medidas que se apliquen, se hará teniendo en cuenta el lugar del domicilio del menor y, subsidiariamente, los criterios expresados en el artículo 18 de la Ley de Enjuiciamiento Criminal. 23

Artículo 21. *Remisión al órgano competente.*

Cuando el conocimiento de los hechos no corresponda a la competencia de los Juzgados de Menores, el Fiscal acordará la remisión de lo actuado al órgano legalmente competente.

Artículo 22. *De la incoación del expediente.*

1. Desde el mismo momento de la incoación del expediente, el menor tendrá derecho a:

a) Ser informado por el Juez, el Ministerio Fiscal, o agente de policía de los derechos que le asisten.

b) Designar abogado que le defienda, o a que le sea designado de oficio y a entrevistarse reservadamente con él, incluso antes de prestar declaración.

c) Intervenir en las diligencias que se practiquen durante la investigación preliminar y en el proceso judicial, y a proponer y solicitar, respectivamente, la práctica de diligencias.

d) Ser oído por el Juez o Tribunal antes de adoptar cualquier resolución que le concierna personalmente.

e) La asistencia afectiva y psicológica en cualquier estado y grado del procedimiento, con la presencia de los padres o de otra persona que indique el menor, si el Juez de Menores autoriza su presencia.

f) La asistencia de los servicios del equipo técnico adscrito al Juzgado de Menores.

2. El expediente será notificado al menor desde el momento mismo de su incoación, a salvo lo dispuesto en el artículo 24. A tal fin, el Secretario del Juzgado de Menores, una vez recibido del Ministerio Fiscal el parte de incoación del expediente, requerirá al menor y a sus representantes legales para que designen letrado en el plazo de tres días, advirtiéndoles que, de no hacerlo, aquél le será nombrado al menor de oficio de entre los integrantes del turno de especialistas del correspondiente Colegio de Abogados.

3. Igualmente, el Ministerio Fiscal notificará a quien aparezca como perjudicado, desde el momento en que así conste en la instrucción del expediente, la posibilidad de ejercer las acciones civiles que le puedan corresponder, personándose ante el Juez de Menores en la pieza de responsabilidad civil que se tramitará por el mismo.

Artículo 23. *Actuación instructora del Ministerio Fiscal.*

1. La actuación instructora del Ministerio Fiscal tendrá como objeto, tanto valorar la participación del menor en los hechos para expresarle el reproche que merece su conducta, como proponer las concretas medidas de contenido educativo y sancionador adecuadas a las cir-

25 cunstancias del hecho y de su autor y, sobre todo, al interés del propio menor valorado en la causa.

2. El Ministerio Fiscal deberá dar vista del expediente al letrado del menor, en un plazo no superior a veinticuatro horas, tantas veces como aquél lo solicite.

3. El Ministerio Fiscal no podrá practicar por sí mismo diligencias restrictivas de derechos fundamentales, sino que habrá de solicitar del Juzgado la práctica de las que sean precisas para el buen fin de las investigaciones. El Juez de Menores resolverá sobre esta petición por auto motivado. La práctica de tales diligencias se documentará en pieza separada.

Artículo 24. *Secreto del expediente.*

El Juez de Menores, a solicitud del Ministerio Fiscal, del menor o de su familia, y mediante auto motivado, podrá decretar el secreto del expediente, en su totalidad o parcialmente, durante toda la instrucción o durante un período limitado de ésta. No obstante, el letrado del menor deberá, en todo caso, conocer en su integridad el expediente al evacuar el trámite de alegaciones. Este incidente se tramitará por el Juzgado en pieza separada.

Artículo 25. *Participación del perjudicado e inexistencia de acción particular y popular.*

En este procedimiento no cabe en ningún caso el ejercicio de acciones por particulares, salvo lo previsto en el artículo 61.1 de esta Ley sobre ejercicio de acciones civiles.

No obstante lo anterior, cuando los hechos tipificados como delitos se atribuyan a personas que hayan cumplido los dieciséis años en el momento de la comisión de los hechos, con violencia o intimidación, o con grave riesgo para la vida o integridad física de las personas, el perjudicado podrá personarse en el procedimiento, tanto en la fase instructora como en la fase de audiencia, con las siguientes facultades:

Tener vista de lo actuado, siendo notificado de las diligencias que se soliciten y acuerden.

Proponer pruebas que versen sobre el hecho delictivo y las circunstancias de su comisión, salvo en lo referente a la situación psicológica, educativa, familiar y social del menor.

Participar en la práctica de las pruebas, ya sea en fase de instrucción, ya sea en fase de audiencia; a estos efectos el órgano actuante podrá denegar la práctica de la prueba de careo, si ésta fuera solicitada, cuando no resulte fundamental para la averiguación de los hechos o la participación del menor en los mismos.

Contra la denegación por el Fiscal de la personación del perjudicado en fase instructora, éste podrá reiterar su petición ante el Juzgado de Menores en el plazo de cinco días, y contra la denegación de la práctica de una prueba por el Fiscal no se dará recurso alguno, sin perjuicio de la posibilidad de volver a solicitarla en el escrito de alegaciones o en la fase de audiencia.

Asimismo, con carácter previo a la remisión por el Fiscal del escrito de alegaciones con el expediente al Juzgado de Menores, el Ministerio Fiscal concederá al perjudicado que se hubiera personado un plazo de cinco días para que valore el conjunto de la prueba practicada y, en su caso, proponga aquellas que debieran realizarse en la fase de audiencia.

Cuando proceda la celebración de la audiencia, el Juez invitará al perjudicado personado en la causa a que manifieste lo que tenga por conveniente sobre la práctica de nuevas pruebas, y tras ésta se le oirá en relación a los hechos probados resultantes de las mismas y a la participación del menor, sin que en ningún caso pueda realizar manifestación alguna sobre la procedencia de las medidas propuestas. 27

Contra los autos y providencias de los Jueces de Menores que afecten al ejercicio de las facultades reconocidas en este artículo, se estará a lo dispuesto en el artículo 41.2.

Contra la sentencia dictada por el Juez de Menores, el perjudicado podrá interponer recurso de apelación de acuerdo con lo establecido en el artículo 41.1, fundamentado en la incompetencia del Juzgado, la inadecuación del procedimiento, el quebrantamiento de las formas esenciales del juicio que haya producido indefensión al perjudicado o la falta de apreciación de algún elemento de prueba esencial para la calificación de los hechos, pudiendo, si fuera necesario, solicitar su práctica, igualmente en los términos prevenidos por el artículo 41.1.

Artículo 26. *Diligencias propuestas por el letrado del menor.*

1. El letrado del menor solicitará del Ministerio Fiscal la práctica de cuantas diligencias considere necesarias. El Ministerio Fiscal decidirá sobre su admisión, mediante resolución motivada que notificará al letrado y pondrá en conocimiento del Juez de Menores. Con relación a las diligencias no practicadas, el letrado podrá reproducir su petición, en cualquier momento, ante el Juzgado de Menores.

2. No obstante lo dispuesto en el apartado anterior, cuando el letrado proponga que se lleve a efecto la declaración del menor, el Ministerio Fiscal deberá recibirla en el expediente, salvo que ya hubiese concluido la instrucción y el expediente hubiese sido elevado al Juzgado de Menores.

3. Si las diligencias propuestas por el letrado del menor afectaren a derechos fundamentales de éste o de otras personas, el Ministerio Fiscal, de estimar pertinente la solicitud, se dirigirá al Juez de Menores conforme a lo dispuesto en el artículo 23.3 de la presente Ley, sin perjuicio de la facultad del letrado de reproducir su solicitud ante el Juez de Menores en las condiciones establecidas en el apartado 1 de este artículo.

Artículo 27. *Informe del equipo técnico.*

1. Durante la instrucción del expediente, el Ministerio Fiscal requerirá del equipo técnico, que a estos efectos dependerá funcionalmente de aquél sea cual fuere su dependencia orgánica, la elaboración de un informe o actualización de los anteriormente emitidos, que deberá serle entregado en el plazo máximo de diez días, prorrogable por un período no superior a un mes en casos de gran complejidad, sobre la situación psicológica, educativa y familiar del menor, así como sobre su entorno social, y en general sobre cualquier otra circunstancia relevante a los efectos de la adopción de alguna de las medidas previstas en la presente Ley.

2. El equipo técnico podrá proponer, asimismo, una intervención socio-educativa sobre el menor, poniendo de manifiesto en tal caso aquellos aspectos del mismo que considere relevantes en orden a dicha intervención.

3. De igual modo, el equipo técnico informará, si lo considera conveniente y en interés del menor, sobre la posibilidad de que éste efectúe una actividad reparadora o de conciliación con la víctima, de acuerdo con lo dispuesto en el artículo 19 de esta Ley, con indicación expresa del contenido y la finalidad de la mencionada actividad. En este caso, no será preciso elaborar un informe de las características y contenidos del apartado 1 de este artículo.

28 4. Asimismo podrá el equipo técnico proponer en su informe la conveniencia de no continuar la tramitación del expediente en interés del menor, por haber sido expresado suficientemente el reproche al mismo a través de los trámites ya practicados, o por considerar inadecuada para el interés del menor cualquier intervención, dado el tiempo transcurrido desde la comisión de los hechos. En estos casos, si se reunieran los requisitos previstos en el artículo 19.1 de esta Ley, el Ministerio Fiscal podrá remitir el expediente al Juez con propuesta de sobreseimiento, remitiendo además, en su caso, testimonio de lo actuado a la entidad pública de protección de menores que corresponda, a los efectos de que actúe en protección del menor.

5. En todo caso, una vez elaborado el informe del equipo técnico, el Ministerio Fiscal lo remitirá inmediatamente al Juez de Menores y dará copia del mismo al letrado del menor.

6. El informe al que se refiere el presente artículo podrá ser elaborado o complementado por aquellas entidades públicas o privadas que trabajen en el ámbito de la educación de menores y conozcan la situación del menor expedientado.

CAPÍTULO II

De las medidas cautelares

Artículo 28. *Reglas generales.*

1. El Ministerio Fiscal, cuando existan indicios racionales de la comisión de un delito o el riesgo de eludir u obstruir la acción de la justicia por parte del menor, podrá solicitar del Juez de Menores, en cualquier momento, la adopción de medidas cautelares para la custodia y defensa del menor expedientado. Dichas medidas podrán consistir en internamiento en centro, en el régimen adecuado, libertad vigilada o convivencia con otra persona, familia o grupo educativo. El Juez, oído el letrado del menor, así como el equipo técnico y la representación de la entidad pública de protección o reforma de menores, que informarán especialmente sobre la naturaleza de la medida cautelar, resolverá sobre lo propuesto tomando en especial consideración el interés del menor. La medida cautelar adoptada podrá mantenerse hasta el momento de la celebración de la audiencia prevista en los artículos 31 y siguientes de esta Ley o durante la sustanciación de los eventuales recursos.

2. Para la adopción de la medida cautelar de internamiento se atenderá a la gravedad de los hechos, su repercusión y la alarma social producida, valorando siempre las circunstancias personales y sociales del menor. El Juez de Menores resolverá sobre la propuesta del Ministerio Fiscal en una comparecencia a la que asistirán también el letrado del menor y el representante del equipo técnico y el de la entidad publica de protección o reforma de menores, los cuales informarán al Juez sobre la conveniencia de la adopción de la medida solicitada, desde la perspectiva del interés del menor y de su situación procesal.

En dicha comparecencia el Ministerio Fiscal y el letrado del menor podrán proponer los medios de prueba que puedan practicarse en el acto o dentro de las veinticuatro horas siguientes.

3. El tiempo máximo de duración de la medida cautelar de internamiento será de tres meses, y podrá prorrogarse, a instancia del Ministerio Fiscal y mediante auto motivado, por otros tres meses como máximo.

4. Las medidas cautelares se documentarán en el Juzgado de Menores en pieza separada del expediente. 30

5. El tiempo de cumplimiento de las medidas cautelares se abonará en su integridad para el cumplimiento de las medidas que se puedan imponer en la misma causa o, en su defecto, en otras causas que hayan tenido por objeto hechos anteriores a la adopción de aquéllas. El Juez, a propuesta del Ministerio Fiscal y oídos el letrado del menor y el equipo técnico que informó la medida cautelar, ordenará que se tenga por ejecutada la medida impuesta en aquella parte que estime razonablemente compensada por la medida cautelar.

Artículo 29. *Medidas cautelares en los casos de exención de la responsabilidad.*

Si en el transcurso de la instrucción que realice el Ministerio Fiscal quedara suficientemente acreditado que el menor se encuentra en situación de enajenación mental o en cualquiera otra de las circunstancias previstas en los apartados 1.º, 2.º ó 3.º del artículo 20 del Código Penal vigente, se adoptarán las medidas cautelares precisas para la protección y custodia del menor conforme a los preceptos civiles aplicables, instando en su caso las actuaciones para la incapacitación del menor y la constitución de los organismos tutelares conforme a derecho, sin perjuicio todo ello de concluir la instrucción y de efectuar las alegaciones previstas en esta Ley conforme a lo que establecen sus artículos 5.2 y 9, y de solicitar, por los trámites de la misma, en su caso, alguna medida terapéutica adecuada al interés del menor de entre las previstas en esta Ley.

CAPÍTULO III

De la conclusión de la instrucción

Artículo 30. *Remisión del expediente al Juez de Menores.*

1. Acabada la instrucción, el Ministerio Fiscal resolverá la conclusión del expediente, notificándosela al letrado del menor, y remitirá al Juzgado de Menores el expediente, junto con las piezas de convicción y demás efectos que pudieran existir, con un escrito de alegaciones en el que constará la descripción de los hechos, la valoración jurídica de los mismos, el grado de participación del menor, una breve reseña de las circunstancias personales y sociales de éste, y la proposición de alguna medida de las previstas en esta Ley con exposición razonada de los fundamentos jurídicos y educativos que la aconsejen.

2. En el mismo acto propondrá el Ministerio Fiscal la prueba de que intente valerse para la defensa de su pretensión procesal.

3. Asimismo, podrá proponer el Ministerio Fiscal la participación en el acto de la audiencia de aquellas personas o representantes de instituciones públicas y privadas que puedan aportar al proceso elementos valorativos del interés del menor y de la conveniencia o no de las medidas solicitadas.

4. El Ministerio Fiscal podrá también solicitar del Juez de Menores el sobreseimiento de las actuaciones por alguno de los motivos previstos en la Ley de Enjuiciamiento Criminal, así como la remisión de los particulares necesarios a la entidad pública de protección de menores en su caso.

31 TÍTULO IV

De la fase de audiencia

Artículo 31. *Apertura de la fase de audiencia.*

Recibido el escrito de alegaciones con el expediente, las piezas de convicción, los efectos y demás elementos procesales remitidos por el Ministerio Fiscal, el Juzgado de Menores los incorporará a sus diligencias, y procederá a abrir el trámite de audiencia, para lo cual dará traslado al letrado del menor del escrito de alegaciones del Ministerio Fiscal y del testimonio del expediente, a fin de que en un plazo de cinco días hábiles formule a su vez escrito de alegaciones comprensivo de los mismos extremos que el escrito del Ministerio Fiscal y proponga la prueba que considere pertinente.

Artículo 32. *Sentencia de conformidad.*

Si el escrito de alegaciones del Ministerio Fiscal solicitara la imposición de alguna o algunas de las medidas previstas en las letras *e)* a *m)* del apartado 1 del artículo 7, y hubiere conformidad del menor y de su letrado, la cual se expresará en comparecencia ante el Juez de Menores en los términos del artículo 36, éste dictará sentencia sin más trámite imponiendo la medida solicitada.

Artículo 33. *Otras decisiones del Juez de Menores.*

En los casos no previstos en el artículo anterior, a la vista de la petición del Ministerio Fiscal y del escrito de alegaciones del letrado del menor, el Juez adoptará alguna de las siguientes decisiones:

a) La celebración de la audiencia.

b) El sobreseimiento, mediante auto motivado, de las actuaciones.

c) El archivo por sobreseimiento de las actuaciones con remisión de particulares a la entidad pública de protección de menores correspondiente cuando así se haya solicitado por el Ministerio Fiscal.

d) La remisión de las actuaciones al Juez competente, cuando el Juez de Menores considere que no le corresponde el conocimiento del asunto.

e) Practicar por sí las pruebas propuestas por el letrado del menor y que hubieran sido denegadas por el Fiscal durante la instrucción, conforme a lo dispuesto en el artículo 26.1 de la presente Ley, y que no puedan celebrarse en el transcurso de la audiencia, siempre que considere que son relevantes a los efectos del proceso. Una vez practicadas, dará traslado de los resultados al Ministerio Fiscal y al letrado del menor, antes de iniciar las sesiones de la audiencia.

Contra las precedentes resoluciones cabrán los recursos previstos en esta Ley.

Artículo 34. *Pertinencia de pruebas y señalamiento de la audiencia.*

El Juez de Menores, dentro del plazo de cinco días desde la presentación del escrito de alegaciones del letrado del menor, o una vez transcurrido el plazo para la presentación sin que ésta se hubiere efectuado, acordará, en su caso, lo procedente sobre la pertinencia de las pruebas propuestas, mediante auto de apertura de la audiencia, y señalará el día y hora en que deba comenzar ésta dentro de los diez días siguientes.

Artículo 35. *Asistentes y no publicidad de la audiencia.*

1. La audiencia se celebrará con asistencia del Ministerio Fiscal, del perjudicado que, en su caso, se haya personado, del letrado del menor, de un representante del equipo técnico que haya evacuado el informe previsto en el artículo 27 de esta Ley, y del propio menor, el cual podrá estar acompañado de sus representantes legales, salvo que el Juez, oídos los citados Ministerio Fiscal, letrado del menor y representante del equipo técnico, acuerde lo contrario. También podrá asistir el representante de la entidad pública de protección o reforma de menores que haya intervenido en las actuaciones de la instrucción, cuando el Juez así lo acuerde.

2. El Juez podrá acordar, en interés de la persona imputada o de la víctima, que las sesiones no sean públicas y en ningún caso se permitirá que los medios de comunicación social obtengan o difundan imágenes del menor ni datos que permitan su identificación.

Artículo 36. *Conformidad del menor.*

1. El Juez de Menores informará al menor expedientado, en un lenguaje comprensible y adaptado a su edad, de las medidas solicitadas por el Ministerio Fiscal en su escrito de alegaciones, así como de los hechos y de la causa en que se funden.

2. El Juez seguidamente preguntará al menor si se declara autor de los hechos y si está de acuerdo con la medida solicitada por el Ministerio Fiscal. Si mostrase su conformidad con ambos extremos, oído el letrado del menor, el Juez podrá dictar resolución de conformidad. Si el letrado no estuviese de acuerdo con la conformidad prestada por el propio menor, el Juez resolverá sobre la continuación o no de la audiencia, razonando esta decisión en la sentencia.

3. Si el menor estuviere conforme con los hechos pero no con la medida solicitada, se sustanciará el trámite de la audiencia sólo en lo relativo a este último extremo, practicándose la prueba propuesta a fin de determinar la aplicación de dicha medida o su sustitución por otra más adecuada al interés del menor y que haya sido propuesta por alguna de las partes.

Artículo 37. *Celebración de la audiencia.*

1. Cuando proceda la celebración de la audiencia, el Juez invitará al Ministerio Fiscal y al letrado del menor a que manifiesten lo que tengan por conveniente sobre la práctica de nuevas pruebas o sobre la vulneración de algún derecho fundamental en la tramitación del procedimiento, o, en su caso, les pondrá de manifiesto la posibilidad de aplicar una distinta calificación o una distinta medida de las que hubieran solicitado. Seguidamente, el Juez acordará la continuación de la audiencia o la subsanación del derecho vulnerado, si así procediere. Si acordara la continuación de la audiencia, el Juez resolverá en la sentencia sobre los extremos planteados.

2. Seguidamente se iniciará la práctica de la prueba propuesta y admitida, y la que, previa declaración de su pertinencia, ofrezcan las partes para su práctica en el acto, oyéndose asimismo al equipo técnico sobre las circunstancias del menor. A continuación, el Juez oirá al Ministerio Fiscal y al letrado del menor sobre la valoración de la prueba, su calificación jurí-

 dica y la procedencia de las medidas propuestas; sobre este último punto, se oirá también al equipo técnico. Por último, el Juez oirá al menor, dejando la causa vista para sentencia.

3. En su caso, en este procedimiento se aplicará lo dispuesto en la legislación relativa a la protección de testigos y peritos en causas penales.

4. Si en el transcurso de la audiencia el Juez considerara, de oficio o a solicitud de las partes, que el interés del menor aconseja que éste abandone la sala, podrá acordarlo así motivadamente, ordenando que continúen las actuaciones hasta que el menor pueda retornar a aquélla.

TÍTULO V

De la sentencia

Artículo 38. *Plazo para dictar sentencia.*

Finalizada la audiencia, el Juez de Menores dictará sentencia sobre los hechos sometidos a debate en un plazo máximo de cinco días.

Artículo 39. *Contenido y registro de la sentencia.*

1. La sentencia contendrá todos los requisitos previstos en la vigente Ley Orgánica del Poder Judicial y en ella, valorando las pruebas practicadas, las razones expuestas por el Ministerio Fiscal y por el letrado del menor y lo manifestado en su caso por éste, tomando en consideración las circunstancias y gravedad de los hechos, así como todos los datos debatidos sobre la personalidad, situación, necesidades y entorno familiar y social del menor y la edad de éste en el momento de dictar la sentencia, resolverá sobre la medida o medidas propuestas, con indicación expresa de su contenido, duración y objetivos a alcanzar con las mismas, y será motivada, consignando expresamente los hechos que se declaren probados y los medios probatorios de los que resulte la convicción judicial. También podrá ser anticipado oralmente el fallo al término de las sesiones de la audiencia sin perjuicio de su documentación con arreglo al artículo 248.3 de la citada Ley Orgánica del Poder Judicial.

2. El Juez, al redactar la sentencia, procurará expresar sus razonamientos en un lenguaje claro y comprensible para la edad del menor.

3. Cada Juzgado de Menores llevará un registro de sentencias en el cual se extenderán y firmarán todas las definitivas.

Artículo 40. *Suspensión de la ejecución del fallo.*

1. El Juez de Menores, de oficio o a instancia del Ministerio Fiscal o del letrado del menor, y oídos en todo caso éstos, así como el representante del equipo técnico y de la entidad pública de protección o reforma de menores, podrá acordar motivadamente la suspensión de la ejecución del fallo contenido en la sentencia, cuando la medida impuesta no sea superior a dos años de duración, durante un tiempo determinado y hasta un máximo de dos años. Dicha suspensión se acordará en la propia sentencia, o por auto motivado cuando aquélla sea firme, debiendo expresar, en todo caso, las condiciones de la misma.

2. Las condiciones a las que estará sometida la suspensión de la ejecución del fallo contenido en la sentencia dictada por el Juez de Menores serán las siguientes: 41

a) No ser condenado en sentencia firme por delito cometido durante el tiempo que dure la suspensión, si ha alcanzado la mayoría de edad, o no serle aplicada medida en sentencia firme en procedimiento regulado por esta Ley durante el tiempo que dure la suspensión.

b) Que el menor asuma el compromiso de mostrar una actitud y disposición de reintegrarse a la sociedad, no incurriendo en nuevas infracciones.

c) Además, el Juez puede establecer la aplicación de un régimen de libertad vigilada durante el plazo de suspensión o la obligación de realizar una actividad socio-educativa, recomendada por el equipo técnico o la entidad pública de protección o reforma de menores en el precedente trámite de audiencia, incluso con compromiso de participación de los padres, tutores o guardadores del menor, expresando la naturaleza y el plazo en que aquella actividad deberá llevarse a cabo.

3. Si las condiciones expresadas en el apartado anterior no se cumplieran, el Juez alzará la suspensión y se procederá a ejecutar la sentencia en todos sus extremos. Contra la resolución que así lo acuerde se podrán interponer los recursos previstos en esta Ley.

TÍTULO VI

Del régimen de recursos

Artículo 41. *Recursos de apelación y reforma.*

1. Contra la sentencia dictada por el Juez de Menores en el procedimiento regulado en esta Ley cabe recurso de apelación ante la correspondiente Audiencia Provincial, que se interpondrá ante el Juez que dictó aquélla en el plazo de cinco días a contar desde su notificación, y se resolverá previa celebración de vista pública, salvo que en interés de la persona imputada o de la víctima, el Juez acuerde que se celebre a puerta cerrada. A la vista deberán asistir las partes y, si el Tribunal lo considera oportuno, el representante del equipo técnico y el representante de la entidad pública de protección o reforma de menores que hayan intervenido en el caso concreto. El recurrente podrá solicitar del Tribunal la práctica de la prueba que, propuesta y admitida en la instancia, no se hubiera celebrado, conforme a las reglas de la Ley de Enjuiciamiento Criminal [1].

2. Contra los autos y providencias de los Jueces de Menores cabe recurso de reforma ante el propio órgano, que se interpondrá en el plazo de tres días a partir de la notificación. El auto que resuelva la impugnación de la providencia será susceptible de recurso de apelación.

3. Contra los autos que pongan fin al procedimiento o resuelvan el incidente de los artículos 14, 28, 29 y 40 de esta Ley, cabe recurso de apelación ante la Audiencia Provincial por los trámites que regula la Ley de Enjuiciamiento Criminal para el procedimiento abreviado [1].

---

[1] Apartado redactado conforme al artículo sexto de la Ley Orgánica 9/2000, de 22 de diciembre.

42 Artículo 42. *Recurso de casación para unificación de doctrina.*

1. Son recurribles en casación, ante la Sala Segunda del Tribunal Supremo, las sentencias dictadas en apelación por las Audiencias Provinciales cuando se hubiere impuesto una de las medidas a las que se refieren las reglas 4.ª y 5.ª del artículo 9 de la presente Ley [(1)].

2. El recurso tendrá por objeto la unificación de doctrina con ocasión de sentencias dictadas en apelación por las mencionadas Audiencias Provinciales que fueran contradictorias entre sí, con las de otra u otras Audiencias Provinciales, o con sentencias del Tribunal Supremo, respecto de hechos y valoraciones de las circunstancias del menor que, siendo sustancialmente iguales, hayan dado lugar, sin embargo, a pronunciamientos distintos [(1)].

3. El recurso podrá prepararlo el Ministerio Fiscal o el letrado del menor que pretenda la indicada unificación de doctrina dentro de los diez días siguientes a la notificación de la sentencia de la Audiencia Provincial, en escrito dirigido a la misma [(1)].

4. El escrito de interposición deberá contener una relación precisa y circunstanciada de la contradicción alegada, con designación de las sentencias aludidas y de los informes en que se funde el interés del menor valorado en la sentencia.

5. Acreditados los requisitos a los que se refiere el apartado anterior, la Audiencia Provincial ante quien se haya interpuesto el recurso requerirá testimonio de las sentencias citadas a los Tribunales que las dictaron, y en un plazo de diez días remitirá la documentación a la Sala Segunda del Tribunal Supremo, emplazando al recurrente y al Ministerio Fiscal, si no lo fuera, ante dicha Sala [(1)].

6. Cuando la parte recurrente hubiese incumplido de modo manifiesto e insubsanable a criterio del Tribunal Supremo los requisitos establecidos para el recurso o cuando la pretensión carezca de contenido casacional, el Magistrado ponente dará cuenta a la Sala de la causa de inadmisión y aquélla acordará oír al recurrente y al Ministerio Fiscal, cuando éste no hubiera interpuesto el recurso, por plazo de tres días, dictando seguidamente auto contra el que no cabrá recurso alguno.

7. La Sala Segunda del Tribunal Supremo, constituida en forma ordinaria, convocará a la parte recurrente, y en todo caso al Ministerio Fiscal, a una vista oral, en la que oirá las alegaciones que se efectúen y podrá solicitar informe a la entidad pública de protección o reforma de menores del territorio donde ejerza su jurisdicción el Juzgado que dictó la resolución impugnada, y, en su caso, a aquella a la que corresponda la ejecución de la misma, dictando seguidamente la sentencia de casación del modo y con los efectos señalados en la Ley de Enjuiciamiento Criminal.

8. También, y en unificación de doctrina y por los mismos trámites, el Ministerio Fiscal podrá recurrir en casación, los autos definitivos dictados por las Audiencias Provinciales, al resolver los recursos contra las resoluciones de los Jueces de Instrucción dictadas en aplicación de lo dispuesto en el artículo 4 de la presente Ley Orgánica [(1)].

[(1)] Apartado redactado conforme a la Disposición adicional segunda de la Ley Orgánica 9/2000, de 22 de diciembre.

TÍTULO VII
De la ejecución de las medidas

CAPÍTULO I
Disposiciones generales

Artículo 43. *Principio de legalidad.*

1. No podrá ejecutarse ninguna de las medidas establecidas en esta Ley sino en virtud de sentencia firme dictada de acuerdo con el procedimiento regulado en la misma.

2. Tampoco podrán ejecutarse dichas medidas en otra forma que la prescrita en esta Ley y en los reglamentos que la desarrollen.

Artículo 44. *Competencia judicial.*

1. La ejecución de las medidas previstas en esta Ley se realizará bajo el control del Juez de Menores que haya dictado la sentencia correspondiente, el cual resolverá por auto motivado, oídos el Ministerio Fiscal, el letrado del menor y la representación de la entidad pública que ejecute aquélla, sobre las incidencias que se puedan producir durante su transcurso.

2. Para ejercer el control de la ejecución, corresponden especialmente al Juez de Menores, de oficio o a instancia del Ministerio Fiscal o del letrado del menor, las funciones siguientes:

a) Adoptar todas las decisiones que sean necesarias para proceder a la ejecución efectiva de las medidas impuestas.

b) Resolver las propuestas de revisión de las medidas a que se refiere el artículo 14 de esta Ley.

c) Aprobar los programas de ejecución de las medidas.

d) Conocer de la evolución de los menores durante el cumplimiento de las medidas a través de los informes de seguimiento de las mismas.

e) Resolver los recursos que se interpongan contra las resoluciones dictadas para la ejecución de las medidas, conforme establece el artículo 52 de esta Ley.

f) Acordar lo que proceda en relación a las peticiones o quejas que puedan plantear los menores sancionados sobre el régimen, el tratamiento o cualquier otra circunstancia que pueda afectar a sus derechos fundamentales.

g) Realizar regularmente visitas a los centros y entrevistas con los menores.

h) Formular a la entidad pública de protección o reforma de menores correspondiente las propuestas y recomendaciones que considere oportunas en relación con la organización y el régimen de ejecución de las medidas.

i) Adoptar las resoluciones que, en relación con el régimen disciplinario, les atribuye el artículo 60 de esta Ley.

45 Artículo 45. *Competencia administrativa.*

1. La ejecución de las medidas adoptadas por los Jueces de Menores en sus sentencias firmes es competencia de las Comunidades Autónomas y de las Ciudades de Ceuta y Melilla, con arreglo a la disposición final vigésima segunda de la Ley Orgánica 1/1996, de 15 de enero, de Protección Jurídica del Menor. Dichas entidades públicas llevarán a cabo, de acuerdo con sus respectivas normas de organización, la creación, dirección, organización y gestión de los servicios, instituciones y programas adecuados para garantizar la correcta ejecución de las medidas previstas en esta Ley.

2. La ejecución de las medidas corresponderá a las Comunidades Autónomas y Ciudades de Ceuta y Melilla, donde se ubique el Juzgado de Menores que haya dictado la sentencia, sin perjuicio de lo dispuesto en el apartado 3 del artículo siguiente.

3. Las Comunidades Autónomas y las Ciudades de Ceuta y Melilla podrán establecer los convenios o acuerdos de colaboración necesarios con otras entidades, bien sean públicas, de la Administración del Estado, Local o de otras Comunidades Autónomas, o privadas sin ánimo de lucro, para la ejecución de las medidas de su competencia, bajo su directa supervisión, sin que ello suponga en ningún caso la cesión de la titularidad y responsabilidad derivada de dicha ejecución.

CAPÍTULO II

Reglas para la ejecución de las medidas

Artículo 46. *Liquidación de la medida y traslado del menor a un centro.*

1. Una vez firme la sentencia y aprobado el programa de ejecución de la medida impuesta, el Secretario del Juzgado que la hubiere dictado practicará la liquidación de dicha medida, indicando las fechas de inicio y de terminación de la misma, con abono en su caso del tiempo cumplido por las medidas cautelares impuestas al interesado, teniendo en cuenta lo dispuesto en el artículo 28.5. Al propio tiempo, abrirá un expediente de ejecución en el que se harán constar las incidencias que se produzcan en el desarrollo de aquélla conforme a lo establecido en la presente Ley.

2. De la liquidación mencionada en el apartado anterior y del testimonio de particulares que el Juez considere necesario y que deberá incluir los informes técnicos que obren en la causa, se dará traslado a la entidad pública de protección o reforma de menores competente para el cumplimiento de las medidas acordadas en la sentencia firme. También se notificará al Ministerio Fiscal el inicio de la ejecución, y al letrado del menor si así lo solicitara del Juez de Menores.

3. Recibidos por la entidad pública el testimonio y la liquidación de la medida indicados en el apartado anterior, aquélla designará de forma inmediata un profesional que se responsabilizará de la ejecución de la medida impuesta, y, si ésta fuera de internamiento, designará el centro más adecuado para su ejecución de entre los más cercanos al domicilio del menor en los que existan plazas disponibles para la ejecución por la entidad pública competente en cada caso. El traslado a otro centro distinto de los anteriores sólo se podrá fundamentar en el interés del menor de ser alejado de su entorno familiar y social y requerirá en todo caso la aprobación del Juez de Menores que haya dictado la sentencia.

Artículo 47. *Ejecución de varias medidas.* 48

1. Cuando el menor estuviere sometido a varias medidas, el Juez que hubiere dictado la última sentencia firme ordenará el cumplimiento de aquéllas de manera simultánea.

2. Cuando todas o algunas de las medidas impuestas no puedan ser cumplidas simultáneamente, se cumplirán sucesivamente, de conformidad con las reglas siguientes, salvo que el Juez disponga un orden distinto atendiendo al interés del menor:

1.ª Las medidas de internamiento se cumplirán antes que las medidas no privativas de libertad, y, en su caso, interrumpirán las que se estuvieren ejecutando que fueran de esta última naturaleza.

2.ª Cuando concurriere el internamiento terapéutico con otra medida, se impondrá en primer término la medida de internamiento terapéutico. El Juez suspenderá, en su caso, el inicio de la ejecución de las medidas posteriormente impuestas hasta que aquélla finalice o sea alzada, salvo que se haga uso de la facultad establecida en el artículo 14 de la presente Ley.

3.ª En los supuestos previstos en la regla 5.ª del artículo 9, la medida de libertad vigilada habrá de suceder a la medida de internamiento en régimen cerrado, conforme a la dicción del mencionado precepto.

4.ª Cuando concurran varias medidas de la misma naturaleza, se cumplirán por orden cronológico de firmeza de las respectivas sentencias.

5.ª Cuando el joven cumpla medidas previstas por esta Ley y sea condenado a medidas o penas del Código Penal, el Juez o Tribunal ordenará el cumplimiento simultáneo de las mismas, si ello fuera posible. En caso contrario, la pena de prisión se cumplirá a continuación de la medida de internamiento que se esté ejecutando, salvo que el Juez o Tribunal sentenciador, tratándose de una condena por delitos graves y atendidas las circunstancias del joven, ordene la inmediata ejecución de la pena de prisión impuesta.

3. El Juez, previa audiencia de las partes e informe del equipo técnico, podrá alterar el orden de cumplimiento previsto en el apartado anterior cuando así lo hiciere aconsejable el interés del menor.

Artículo 48. *Expediente personal de la persona sometida a la ejecución de una medida.*

1. La entidad pública abrirá un expediente personal único a cada menor respecto del cual tenga encomendada la ejecución de una medida, en el que se recogerán los informes relativos a aquél, las resoluciones judiciales que le afecten y el resto de la documentación generada durante la ejecución.

2. Dicho expediente tendrá carácter reservado y solamente tendrán acceso al mismo el Defensor del Pueblo o institución análoga de la correspondiente Comunidad Autónoma, los Jueces de Menores competentes, el Ministerio Fiscal y las personas que intervengan en la ejecución y estén autorizadas por la entidad pública de acuerdo con sus normas de organización. El menor, su letrado y, en su caso, su representante legal, también tendrán acceso al expediente.

3. La recogida, cesión y tratamiento automatizado de datos de carácter personal de las personas a las que se aplique la presente Ley, sólo podrá realizarse en ficheros informáticos de titularidad pública dependientes de las entidades públicas de protección de menores, Administraciones y Juzgados de Menores competentes o del Ministerio Fiscal, y se regirá por lo dis-

49 puesto en la Ley Orgánica 15/1999, de 13 de diciembre, de Protección de Datos de Carácter Personal, y sus normas de desarrollo.

Artículo 49. *Informes sobre la ejecución.*

1. La entidad pública remitirá al Juez de Menores y al Ministerio Fiscal, con la periodicidad que se establezca reglamentariamente en cada caso y siempre que fuese requerida para ello o la misma entidad lo considerase necesario, informes sobre la ejecución de la medida y sus incidencias, y sobre la evolución personal de los menores sometidos a las mismas. Dichos informes se remitirán también al letrado del menor si así lo solicitare a la entidad pública competente.

2. En los indicados informes la entidad pública podrá solicitar del Ministerio Fiscal, cuando así lo estime procedente, la revisión judicial de las medidas en el sentido propugnado por el artículo 14.1 de la presente Ley.

Artículo 50. *Quebrantamiento de la ejecución.*

1. Cuando el menor quebrantare una medida privativa de libertad, se procederá a su reingreso en el mismo centro del que se hubiera evadido o en otro adecuado a sus condiciones, o, en caso de permanencia de fin de semana, en su domicilio, a fin de cumplir de manera ininterrumpida el tiempo pendiente.

2. Si la medida quebrantada no fuere privativa de libertad, el Ministerio Fiscal podrá instar del Juez de Menores la sustitución de aquélla por otra de la misma naturaleza. Excepcionalmente, y a propuesta del Ministerio Fiscal, oídos el letrado y el representante legal del menor, así como el equipo técnico, el Juez de Menores podrá sustituir la medida por otra de internamiento en centro semiabierto, por el tiempo que reste para su cumplimiento.

3. Asimismo, el Juez de Menores remitirá testimonio de los particulares relativos al quebrantamiento de la medida al Ministerio Fiscal, por si el hecho fuese constitutivo de alguna de las infracciones a que se refiere el artículo 1 de la presente Ley Orgánica y merecedora de reproche sancionador.

Artículo 51. *Sustitución de las medidas.*

1. Durante la ejecución de las medidas el Juez de Menores que las haya impuesto podrá, de oficio o a instancia del Ministerio Fiscal, del letrado del menor o de la Administración competente, y oídas las partes, así como el equipo técnico y la representación de la entidad pública de protección o reforma de menores, dejar sin efecto aquéllas o sustituirlas por otras que se estimen más adecuadas de entre las previstas en esta Ley, por tiempo igual o inferior al que reste para su cumplimiento. Todo ello sin perjuicio de lo dispuesto en el apartado 2 del artículo anterior y de acuerdo con el artículo 14 de la presente Ley.

2. La conciliación del menor con la víctima, en cualquier momento en que se produzca el acuerdo entre ambos a que se refiere el artículo 19 de la presente Ley, podrá dejar sin efecto la medida impuesta cuando el Juez, a propuesta del Ministerio Fiscal o del letrado del menor y oídos el equipo técnico y la representación de la entidad pública de protección o reforma de menores, juzgue que dicho acto y el tiempo de duración de la medida ya cumplido expresan suficientemente el reproche que merecen los hechos cometidos por el menor.

3. En todos los casos anteriores, el Juez resolverá por auto motivado, contra el cual se podrán interponer los recursos previstos en la presente Ley. 54

Artículo 52. *Presentación de recursos.*

1. Cuando el menor pretenda interponer ante el Juez de Menores recurso contra cualquier resolución adoptada durante la ejecución de las medidas que le hayan sido impuestas, lo presentará de forma escrita ante el Juez o Director del centro de internamiento, quien lo pondrá en conocimiento de aquél dentro del siguiente día hábil.

El menor también podrá presentar un recurso ante el Juez de forma verbal, o manifestar de forma verbal su intención de recurrir al Director del centro, quien dará traslado de esta manifestación al Juez de Menores en el plazo indicado. En este último caso, el Juez de Menores adoptará las medidas que resulten procedentes a fin de oír la alegación del menor.

El letrado del menor también podrá interponer los recursos, en forma escrita, ante las autoridades indicadas en el párrafo primero.

2. El Juez de Menores recabará informe del Ministerio Fiscal y resolverá el recurso en el plazo de dos días, mediante auto motivado. Contra este auto cabrá recurso de apelación ante la correspondiente Audiencia Provincial, conforme a lo dispuesto en el artículo 41 de la presente Ley [1].

Artículo 53. *Cumplimiento de la medida.*

1. Una vez cumplida la medida, la entidad pública remitirá a los destinatarios designados en el artículo 49.1 un informe final, y el Juez de Menores dictará auto acordando lo que proceda respecto al archivo de la causa. Dicho auto será notificado al Ministerio Fiscal y al letrado del menor.

2. El Juez, de oficio o a instancia del Ministerio Fiscal o del letrado del menor, podrá instar de la correspondiente entidad pública de protección o reforma de menores, una vez cumplida la medida impuesta, que se arbitren los mecanismos de protección del menor conforme a las normas del Código Civil, cuando el interés de aquél así lo requiera.

CAPÍTULO III

Reglas especiales para la ejecución de las medidas privativas de libertad

Artículo 54. *Centros para la ejecución de las medidas privativas de libertad.*

1. Las medidas privativas de libertad, la detención y las medidas cautelares de internamiento que se impongan de conformidad con esta Ley se ejecutarán en centros específicos para menores infractores, diferentes de los previstos en la legislación penitenciaria para la ejecución de las condenas penales y medidas cautelares privativas de libertad impuestas a los mayores de edad penal.

[1] Apartado redactado conforme a la Disposición adicional segunda de la Ley Orgánica 9/2000.

55 2. No obstante lo dispuesto en el apartado anterior, las medidas de internamiento también podrán ejecutarse en centros socio-sanitarios cuando la medida impuesta así lo requiera. En todo caso se requerirá la previa autorización del Juez de Menores.

3. Los centros estarán divididos en módulos adecuados a la edad, madurez, necesidades y habilidades sociales de los menores internados y se regirán por una normativa de funcionamiento interno cuyo cumplimiento tendrá como finalidad la consecución de una convivencia ordenada, que permita la ejecución de los diferentes programas de intervención educativa y las funciones de custodia de los menores internados.

Artículo 55. *Principio de resocialización.*

1. Toda la actividad de los centros en los que se ejecuten medidas de internamiento estará inspirada por el principio de que el menor internado es sujeto de derecho y continúa formando parte de la sociedad.

2. En consecuencia, la vida en el centro debe tomar como referencia la vida en libertad, reduciendo al máximo los efectos negativos que el internamiento pueda representar para el menor o para su familia, favoreciendo los vínculos sociales, el contacto con los familiares y allegados, y la colaboración y participación de las entidades públicas y privadas en el proceso de integración social, especialmente de las más próximas geográfica y culturalmente.

3. A tal fin se fijarán reglamentariamente los permisos ordinarios y extraordinarios de los que podrá disfrutar el menor internado, a fin de mantener contactos positivos con el exterior y preparar su futura vida en libertad.

Artículo 56. *Derechos de los menores internados.*

1. Todos los menores internados tienen derecho a que se respete su propia personalidad, su libertad ideológica y religiosa y los derechos e intereses legítimos no afectados por el contenido de la condena, especialmente los inherentes a la minoría de edad civil cuando sea el caso.

2. En consecuencia, se reconocen a los menores internados los siguientes derechos:

a) Derecho a que la entidad pública de la que depende el centro vele por su vida, su integridad física y su salud, sin que puedan, en ningún caso, ser sometidos a tratos degradantes o a malos tratos de palabra o de obra, ni ser objeto de un rigor arbitrario o innecesario en la aplicación de las normas.

b) Derecho del menor de edad civil a recibir una educación y formación integral en todos los ámbitos y a la protección específica que por su condición le dispensan las leyes.

c) Derecho a que se preserve su dignidad y su intimidad, a ser designados por su propio nombre y a que su condición de internados sea estrictamente reservada frente a terceros.

d) Derecho al ejercicio de los derechos civiles, políticos, sociales, religiosos, económicos y culturales que les correspondan, salvo cuando sean incompatibles con el objeto de la detención o el cumplimiento de la condena.

e) Derecho a estar en el centro más cercano a su domicilio, de acuerdo a su régimen de internamiento, y a no ser trasladados fuera de su Comunidad Autónoma excepto en los casos y con los requisitos previstos en esta Ley y sus normas de desarrollo. **57**

f) Derecho a la asistencia sanitaria gratuita, a recibir la enseñanza básica obligatoria que corresponda a su edad, cualquiera que sea su situación en el centro, y a recibir una formación educativa o profesional adecuada a sus circunstancias.

g) Derecho de los sentenciados a un programa de tratamiento individualizado y de todos los internados a participar en las actividades del centro.

h) Derecho a comunicarse libremente con sus padres, representantes legales, familiares u otras personas, y a disfrutar de salidas y permisos, con arreglo a lo dispuesto en esta Ley y sus normas de desarrollo.

i) Derecho a comunicarse reservadamente con sus letrados, con el Juez de Menores competente, con el Ministerio Fiscal y con los servicios de Inspección de centros de internamiento.

j) Derecho a una formación laboral adecuada, a un trabajo remunerado, dentro de las disponibilidades de la entidad pública, y a las prestaciones sociales que pudieran corresponderles, cuando alcancen la edad legalmente establecida.

k) Derecho a formular peticiones y quejas a la Dirección del centro, a la entidad pública, a las autoridades judiciales, al Ministerio Fiscal, al Defensor del Pueblo o institución análoga de su Comunidad Autónoma y a presentar todos los recursos legales que prevé esta Ley ante el Juez de Menores competente, en defensa de sus derechos e intereses legítimos.

l) Derecho a recibir información personal y actualizada de sus derechos y obligaciones, de su situación personal y judicial, de las normas de funcionamiento interno de los centros que los acojan, así como de los procedimientos concretos para hacer efectivos tales derechos, en especial para formular peticiones, quejas o recursos.

m) Derecho a que sus representantes legales sean informados sobre su situación y evolución y sobre los derechos que a ellos les corresponden, con los únicos límites previstos en esta Ley.

n) Derecho de las menores internadas a tener en su compañía a sus hijos menores de tres años, en las condiciones y con los requisitos que se establezcan reglamentariamente.

Artículo 57. *Deberes de los menores internados.*

Los menores internados estarán obligados a:

a) Permanecer en el centro a disposición de la autoridad judicial competente hasta el momento de su puesta en libertad, sin perjuicio de las salidas y actividades autorizadas que puedan realizar en el exterior.

b) Recibir la enseñanza básica obligatoria que legalmente les corresponda.

c) Respetar y cumplir las normas de funcionamiento interno del centro y las directrices o instrucciones que reciban del personal de aquél en el ejercicio legítimo de sus funciones.

58 *d)* Colaborar en la consecución de una actividad ordenada en el interior del centro y mantener una actitud de respeto y consideración hacia todos, dentro y fuera del centro, en especial hacia las autoridades, los trabajadores del centro y los demás menores internados.

e) Utilizar adecuadamente las instalaciones del centro y los medios materiales que se pongan a su disposición.

f) Observar las normas higiénicas y sanitarias, y sobre vestuario y aseo personal establecidas en el centro.

g) Realizar las prestaciones personales obligatorias previstas en las normas de funcionamiento interno del centro para mantener el buen orden y la limpieza del mismo.

h) Participar en las actividades formativas, educativas y laborales establecidas en función de su situación personal a fin de preparar su vida en libertad.

Artículo 58. *Información y reclamaciones.*

1. Los menores recibirán, a su ingreso en el centro, información escrita sobre sus derechos y obligaciones, el régimen de internamiento en el que se encuentran, las cuestiones de organización general, las normas de funcionamiento del centro, las normas disciplinarias y los medios para formular peticiones, quejas o recursos. La información se les facilitará en un idioma que entiendan. A los que tengan cualquier género de dificultad para comprender el contenido de esta información se les explicará por otro medio adecuado.

2. Todos los internados podrán formular, verbalmente o por escrito, en sobre abierto o cerrado, peticiones y quejas a la entidad pública sobre cuestiones referentes a su situación de internamiento. Dichas peticiones o quejas también podrán ser presentadas al Director del centro, el cual las atenderá si son de su competencia o las pondrá en conocimiento de la entidad pública o autoridades competentes, en caso contrario.

Artículo 59. *Medidas de vigilancia y seguridad.*

1. Las actuaciones de vigilancia y seguridad interior en los centros podrán suponer, en la forma y con la periodicidad que se establezca reglamentariamente, inspecciones de los locales y dependencias, así como registros de personas, ropas y enseres de los menores internados.

2. De igual modo se podrán utilizar exclusivamente los medios de contención que se establezcan reglamentariamente para evitar actos de violencia o lesiones de los menores, para impedir actos de fuga y daños en las instalaciones del centro o ante la resistencia activa o pasiva a las instrucciones del personal del mismo en el ejercicio legítimo de su cargo.

Artículo 60. *Régimen disciplinario.*

1. Los menores internados podrán ser corregidos disciplinariamente en los casos y de acuerdo con el procedimiento que se establezca reglamentariamente, de acuerdo con los principios de la Constitución, de esta Ley y del Título IX de la Ley 30/1992, de 26 de noviembre, de Régimen Jurídico de las Administraciones Públicas y del Procedimiento Administrativo Común, respetando en todo momento la dignidad de aquéllos y sin que en ningún caso se les pue-

da privar de sus derechos de alimentación, enseñanza obligatoria y comunicaciones y visitas, previstos en esta Ley y disposiciones que la desarrollen. **60**

2. Las faltas disciplinarias se clasificarán en muy graves, graves y leves, atendiendo a la violencia desarrollada por el sujeto, su intencionalidad, la importancia del resultado y el número de personas ofendidas.

3. Las únicas sanciones que se podrán imponer por la comisión de faltas muy graves serán las siguientes:

a) La separación del grupo por un período de tres a siete días en casos de evidente agresividad, violencia y alteración grave de la convivencia.

b) La separación del grupo durante tres a cinco fines de semana.

c) La privación de salidas de fin de semana de quince días a un mes.

d) La privación de salidas de carácter recreativo por un período de uno a dos meses.

4. Las únicas sanciones que se podrán imponer por la comisión de faltas graves serán las siguientes:

a) Las mismas que en los cuatro supuestos del apartado anterior, con la siguiente duración: dos días, uno o dos fines de semana, uno a quince días, y un mes respectivamente.

b) La privación de participar en las actividades recreativas del centro durante un período de siete a quince días.

5. Las únicas sanciones que se podrán imponer por la comisión de faltas leves serán las siguientes:

a) La privación de participar en todas o algunas de las actividades recreativas del centro durante un período de uno a seis días.

b) La amonestación.

6. La sanción de separación supondrá que el menor permanecerá en su habitación o en otra de análogas características a la suya, durante el horario de actividades del centro, excepto para asistir, en su caso, a la enseñanza obligatoria, recibir visitas y disponer de dos horas de tiempo al día al aire libre.

7. Las resoluciones sancionadoras podrán ser recurridas, antes del inicio de su cumplimiento, ante el Juez de Menores. A tal fin, el menor sancionado podrá presentar el recurso por escrito o verbalmente ante el Director del establecimiento, quien, en el plazo de veinticuatro horas, remitirá dicho escrito o testimonio de la queja verbal, con sus propias alegaciones, al Juez de Menores y éste, en el término de una audiencia y oído el Ministerio Fiscal, dictará auto, confirmando, modificando o anulando la sanción impuesta, sin que contra dicho auto quepa recurso alguno. El auto, una vez notificado al establecimiento, será de ejecución inmediata. En tanto se sustancia el recurso, en el plazo de dos días, la entidad pública ejecutora de la medida podrá adoptar las decisiones precisas para restablecer el orden alterado, aplicando al sancionado lo dispuesto en el apartado 6 de este artículo.

El letrado del menor también podrá interponer los recursos a que se refiere el párrafo anterior.

61

TÍTULO VIII

De la responsabilidad civil

Artículo 61. *Reglas generales.*

1. La acción para exigir la responsabilidad civil en el procedimiento regulado en esta Ley se ejercitará por el Ministerio Fiscal, salvo que el perjudicado renuncie a ella, la ejercite por sí mismo en el plazo de un mes desde que se le notifique la apertura de la pieza separada de responsabilidad civil o se la reserve para ejercitarla ante el orden jurisdiccional civil conforme a los preceptos del Código Civil y de la Ley de Enjuiciamiento Civil.

2. Se tramitará una pieza separada de responsabilidad civil por cada uno de los hechos imputados.

3. Cuando el responsable de los hechos cometidos sea un menor de dieciocho años, responderán solidariamente con él de los daños y perjuicios causados sus padres, tutores, acogedores y guardadores legales o de hecho, por este orden. Cuando éstos no hubieren favorecido la conducta del menor con dolo o negligencia grave, su responsabilidad podrá ser moderada por el Juez según los casos.

4. En su caso, se aplicará también lo dispuesto en el artículo 145 de la Ley 30/1992, de 26 de noviembre, de Régimen Jurídico de las Administraciones Públicas y del Procedimiento Administrativo Común, y en la Ley 35/1995, de 11 de diciembre, de ayudas y asistencia a las víctimas de delitos violentos y contra la libertad sexual, y sus disposiciones complementarias.

Artículo 62. *Extensión de la responsabilidad civil.*

La responsabilidad civil a la que se refiere el artículo anterior se regulará, en cuanto a su extensión, por lo dispuesto en el capítulo I del Título V del Libro I del Código Penal vigente.

Artículo 63. *Responsabilidad civil de los aseguradores.*

Los aseguradores que hubiesen asumido el riesgo de las responsabilidades pecuniarias derivadas de los actos de los menores a los que se refiere la presente Ley serán responsables civiles directos hasta el límite de la indemnización legalmente establecida o convencionalmente pactada, sin perjuicio de su derecho de repetición contra quien corresponda.

Artículo 64. *Reglas de procedimiento.*

Los trámites para la exigencia de la responsabilidad civil aludida en los artículos anteriores se acomodarán a las siguientes reglas:

1.ª Tan pronto como el Juez de Menores reciba el parte de la incoación del expediente por el Ministerio Fiscal, procederá a abrir una pieza separada de responsabilidad civil, notificando a quienes aparezcan como perjudicados su derecho a ser parte en la misma, y estableciendo el plazo límite para el ejercicio de la acción.

2.ª En la pieza de referencia podrán personarse los perjudicados que hayan recibido notificación al efecto del Juez de Menores o del Ministerio Fiscal, conforme establece el artículo 22 de la presente Ley, y también espontáneamente quienes se consideren como tales. Asimismo, podrán personarse las compañías aseguradoras que se tengan por partes interesadas, dentro del plazo para el ejercicio de la acción de responsabilidad civil. En el escrito de personación, indicarán las personas que consideren responsables de los hechos cometidos y contra las cuales pretendan reclamar, bastando con la indicación genérica de su identidad. **64**

3.ª El Juez de Menores notificará al menor y a sus representantes legales, en su caso, su condición de posibles responsables civiles.

4.ª Una vez personados los presuntos perjudicados y responsables civiles, el Juez de Menores dictará auto acordando el inicio del procedimiento, en el que se señalarán las partes actoras y demandadas, según lo que se haya solicitado por los actores y se desprenda del expediente, y concederá un plazo de diez días a los demandantes para que presenten un escrito con sus pretensiones y propongan la prueba que consideren necesaria, incluida la confesión en juicio y la de testigos.

5.ª Transcurrido dicho plazo, el Juez de Menores dará traslado del escrito a los demandados, quienes en un plazo de diez días deberán contestar a la demanda y proponer a su vez la prueba que consideren necesaria.

6.ª El Juez, inmediatamente que tenga en su poder los escritos de unos y de otros, convocará a los demandantes y a los demandados a una vista oral en la que aquéllos y éstos, por su orden, expondrán sus pretensiones y sus alegaciones sobre todo aquello que consideren relevante al objeto del proceso. En el mismo acto se admitirán las pruebas pertinentes y se practicarán las pruebas propuestas. No podrá rechazarse la confesión en juicio o la prueba testifical por el hecho de haber sido ya practicadas en el expediente principal.

7.ª El Juez, de oficio, mandará unir a los autos aquellos particulares del expediente del procedimiento de menores y de las actas de la audiencia que considere relevantes para su decisión.

8.ª Una vez celebrada la audiencia en el procedimiento de menores y dictada sentencia o recaída otra resolución definitiva, el Juez dictará sentencia civil absolviendo a los demandados o declarando los responsables civiles, con el contenido indicado en el artículo 115 del vigente Código Penal.

9.ª Contra la sentencia indicada en el apartado anterior cabrá recurso de apelación ante la Audiencia Provincial, que se sustanciará por los trámites de la apelación regulados en la Ley de Enjuiciamiento Civil que por la cuantía corresponda. Una vez firme la sentencia, podrá ser ejecutada de acuerdo con las normas del Código Penal y de la citada Ley de Enjuiciamiento Civil (1).

10. La sentencia dictada en este procedimiento no producirá fuerza de cosa juzgada, quedando a salvo el derecho de las partes para promover juicio ordinario sobre la misma cuestión, en el cual se considerarán hechos probados los hechos que el Juez de Menores haya estimado acreditados, así como la participación del menor.

11. En la pieza de responsabilidad civil no se precisa letrado ni procurador, pero, si fuere solicitado, se designará letrado de oficio al presunto responsable. Los representantes lega-

(1) Ordinal redactado conforme a la Disposición adicional segunda de la Ley Orgánica 9/2000.

les del menor podrán ser defendidos por el letrado designado al menor en el procedimiento principal, si así se aceptare por aquél.

Disposición adicional primera. *Aplicación en la Jurisdicción Militar.*

Lo dispuesto en el artículo 4 de esta Ley se aplicará a quienes hubieren cometido delitos o faltas de los que deba conocer la Jurisdicción Militar, conforme a lo que se establezca sobre el particular en las leyes penales militares.

Disposición adicional segunda. *Aplicación de medidas en casos de riesgo para la salud.*

Cuando los Jueces de Menores aplicaren alguna de las medidas terapéuticas a las que se refieren los artículos 5.2, 7.1 y 29 de esta Ley, en caso de enfermedades transmisibles u otros riesgos para la salud de los menores o de quienes con ellos convivan, podrán encomendar a las autoridades o Servicios de Salud correspondientes su control y seguimiento, de conformidad con lo dispuesto en la Ley Orgánica 3/1986, de 14 de abril, de medidas especiales en materia de salud pública.

Disposición adicional tercera. *Registro de sentencias firmes dictadas en aplicación de lo dispuesto en la presente Ley.*

En el Ministerio de Justicia se llevará un Registro de sentencias firmes dictadas en aplicación de lo dispuesto en la presente Ley, cuyos datos sólo podrán ser utilizados por los Jueces de Menores y por el Ministerio Fiscal a efectos de lo establecido en los artículos 6, 30 y 47 de esta Ley, teniendo en cuenta lo dispuesto en la Ley Orgánica 15/1999, de 13 de diciembre, de Protección de Datos de Carácter Personal, y sus disposiciones complementarias.

Disposición adicional cuarta. *Aplicación a los delitos previstos en los artículos 138, 139, 179, 180, 571 a 580 y aquellos otros sancionados en el Código Penal con pena de prisión igual o superior a quince años* [(1)].

1. Lo dispuesto en el artículo 4 de la presente Ley Orgánica no será de aplicación a los mayores de dieciocho años imputados en la comisión de los delitos a que se refiere esta disposición adicional.

2. A los imputados en la comisión de los delitos mencionados en el apartado anterior, menores de dieciocho años, se les aplicarán las disposiciones de la presente Ley Orgánica, con las siguientes especialidades:

a) La competencia para conocer de los delitos previstos en los artículos 571 a 580 del Código Penal corresponderá al Juzgado Central de Menores de la Audiencia Nacional, cuyos autos y sentencias podrán ser objeto de recurso de apelación ante la Sala correspondiente de la propia Audiencia. Las sentencias dictadas en apelación por la Audiencia Nacional serán recurribles en casación conforme a lo dispuesto en el artículo 42 de esta Ley Orgánica. El Gobierno promoverá la necesaria adecuación de la estructura de la Audiencia Nacional, conforme a lo previsto en la disposición final segunda, apartado 1, de esta Ley Orgánica.

b) Los procedimientos competencia de la Audiencia Nacional no podrán ser objeto de acumulación con otros procedimientos instruidos en el ámbito de la jurisdicción de menores, sean o no los mismos los sujetos imputados.

---

(1) Disposición añadida conforme al artículo 2.º de la Ley Orgánica 7/2000, de 22 de diciembre.

c) Cuando alguno de los hechos cometidos sea de los previstos en esta disposición adicional y el responsable del delito fuera mayor de dieciséis años, el Juez impondrá una medida de internamiento en régimen cerrado de uno a ocho años, complementada, en su caso, por otra medida de libertad vigilada, hasta un máximo de cinco años, con el cumplimiento de los requisitos establecidos en el párrafo segundo de la regla 5.ª del artículo 9 de esta Ley Orgánica. En este supuesto sólo podrá hacerse uso de las facultades de modificación, suspensión o sustitución de la medida impuesta a las que se refieren los artículos 14, 40 y 51.1 de esta Ley Orgánica, cuando haya transcurrido, al menos, la mitad de la duración de la medida de internamiento impuesta.

Si los responsables de estos delitos son menores de dieciséis años, el Juez impondrá una medida de internamiento en régimen cerrado de uno a cuatro años, complementada, en su caso, por otra medida de libertad vigilada, hasta un máximo de tres años, con el cumplimiento de los requisitos establecidos en el párrafo segundo de la regla 5.ª del artículo 9 de esta Ley Orgánica.

No obstante lo previsto en los dos párrafos anteriores, la medida de internamiento en régimen cerrado podrá alcanzar una duración máxima de diez años para los mayores de dieciséis años y de cinco años para los menores de esa edad, cuando fueren responsables de más de un delito, alguno de los cuales esté calificado como grave y sancionado con pena de prisión igual o superior a quince años de los delitos de terrorismo comprendidos entre los artículos 571 a 580 del Código Penal.

Cuando se trate de los delitos previstos en los artículos 571 a 580, el Juez, sin perjuicio de otras medidas que correspondan con arreglo a esta Ley Orgánica, también impondrá la medida de inhabilitación absoluta por un tiempo superior entre cuatro y quince años al de la duración de la medida de internamiento en régimen cerrado impuesta, atendiendo proporcionalmente a la gravedad del delito, el número de los cometidos y a las circunstancias que concurran en el menor.

d) La ejecución de la detención preventiva, de las medidas cautelares de internamiento o de las medidas impuestas en la sentencia se llevará a cabo en los establecimientos y con el control del personal especializado que el Gobierno ponga a disposición de la Audiencia Nacional, en su caso, mediante convenio con las Comunidades Autónomas.

e) La ejecución de las medidas impuestas por el Juez Central de Menores o por la Sala correspondiente de la Audiencia Nacional será preferente sobre las impuestas, en su caso, por otros Jueces o Salas de Menores.

f) Los hechos delictivos y las medidas previstas en esta disposición prescribirán con arreglo a las normas contenidas en el Código Penal.

g) La referencia del último inciso del apartado 4 del artículo 17 y cuantas otras se contienen en la presente Ley al Juez de Menores se entenderán hechas al Juez Central de Menores en lo que afecta a los menores imputados por cualquiera de los delitos a que se refieren los artículos 571 a 580 del Código Penal.»

Disposición adicional quinta.

El Gobierno dentro del plazo de cinco años desde la entrada en vigor de esta Ley Orgánica remitirá al Congreso de los Diputados un informe, en el que se analizarán y evaluarán los efectos y las consecuencias de la aplicación de la disposición adicional cuarta.» [(1)].

---

(1) Disposición añadida conforme al artículo 2.º de la Ley Orgánica 7/2000, de 22 de diciembre.

Disposición transitoria única. *Régimen transitorio.*

1. A los hechos cometidos con anterioridad a la entrada en vigor de la presente Ley por los menores sujetos a la Ley Orgánica 4/1992, de 5 de junio, sobre Reforma de la Ley Reguladora de la Competencia y el Procedimiento de los Juzgados de Menores, que se deroga, les será de aplicación la legislación vigente en el momento de su comisión. Quienes estuvieren cumpliendo una medida de las previstas en la citada Ley Orgánica 4/1992 continuarán dicho cumplimiento hasta la extinción de la responsabilidad en las condiciones previstas en dicha Ley.

2. A la entrada en vigor de la presente Ley, cesará inmediatamente el cumplimiento de todas las medidas previstas en la Ley Orgánica 4/1992 que estuvieren cumpliendo personas menores de catorce años, extinguiéndose las correspondientes responsabilidades.

3. A los menores de dieciocho años, juzgados con arreglo a lo dispuesto en el Código Penal de 1973, en las leyes penales especiales derogadas o en la disposición derogatoria del Código Penal vigente, a quienes se hubiere impuesto una pena de dos años de prisión menor o una pena de prisión superior a dos años, que estuvieren pendientes de cumplimiento a la entrada en vigor de la presente Ley, dichas penas les serán sustituidas por alguna de las medidas previstas en esta Ley, a instancia del Ministerio Fiscal, previo informe del equipo técnico o de la correspondiente entidad pública de protección o reforma de menores. A tal efecto, se habrá de dar traslado al Ministerio Fiscal de la ejecutoria y de la liquidación provisional de las penas impuestas a los menores comprendidos en los supuestos previstos en este apartado.

4. Si, en los supuestos a los que se refiere el apartado anterior, la pena impuesta o pendiente de cumplimiento fuera de prisión inferior a dos años o de cualquiera otra naturaleza, se podrá imponer al condenado una medida de libertad vigilada simple por el tiempo que restara de cumplimiento de la condena, si el Juez de Menores, a petición del Ministerio Fiscal y oídos el letrado del menor, su representante legal, la correspondiente entidad pública de protección o reforma de menores y el propio sentenciado, lo considerara acorde con la finalidad educativa que persigue la presente Ley. En otro caso, el Juez de Menores podrá tener por cumplida la pena y extinguida la responsabilidad del sentenciado.

5. Las decisiones del Juez de Menores a que se refieren los apartados anteriores se adoptarán mediante auto recurrible directamente en apelación, en el plazo de cinco días hábiles, ante la correspondiente Audiencia Provincial. Los Jueces de Menores deberán adoptar estas decisiones en el plazo de dos meses desde la entrada en vigor de esta ley. Durante este plazo la situación del menor no se verá afectada» (1).

6. En los procedimientos penales en curso a la entrada en vigor de la presente Ley, en los que haya imputadas personas por la comisión de hechos delictivos cuando aún no hayan cumplido los dieciocho años, el Juez o Tribunal competente remitirá las actuaciones practicadas al Ministerio Fiscal para que instruya el procedimiento regulado en la misma.

Los que se hallaren sujetos a prisión preventiva a la entrada en vigor de la Ley serán excarcelados y conducidos a un centro de reforma a disposición del Ministerio Fiscal. Si el Ministerio Fiscal estima procedente el mantenimiento del internamiento, deberá solicitarlo en el plazo de cuarenta y ocho horas del Juez de Menores, quien convocará la comparecencia prevista en el artículo 28.2 (2).

---

(1) Apartado redactado conforme a la Disposición adicional tercera de la Ley Orgánica 9/2000, de 22 de diciembre.

(2) Párrafo añadido conforme a la Disposición adicional tercera de la Ley Orgánica 9/2000, de 22 de diciembre.

Si el imputado lo fuere por hechos cometidos cuando era mayor de dieciocho años y menor de veintiuno, el Juez instructor acordará lo que proceda, según lo dispuesto en el artículo 4 de esta Ley.

Disposición final primera. *Derecho supletorio.*

Tendrán el carácter de normas supletorias, para lo no previsto expresamente en esta Ley Orgánica, en el ámbito sustantivo, el Código Penal y las leyes penales especiales, y, en el ámbito del procedimiento, la Ley de Enjuiciamiento Criminal, en particular lo dispuesto para los trámites del procedimiento abreviado regulado en el Título III del Libro IV de la misma.

Disposición final segunda. *Modificación de la Ley Orgánica del Poder Judicial y del Estatuto Orgánico del Ministerio Fiscal.*

1. El Gobierno, en el plazo de seis meses a partir de la publicación de la presente Ley en el «Boletín Oficial del Estado», elevará al Parlamento un proyecto de Ley Orgánica de reforma de la Ley Orgánica 6/1985, de 1 de julio, del Poder Judicial, para la creación de las Salas de Menores de los Tribunales Superiores de Justicia y para la adecuación de la regulación y competencia de los Juzgados de Menores y de la composición de la Sala Segunda del Tribunal Supremo a lo establecido en la presente Ley.

2. El Gobierno, en el plazo de seis meses a partir de la publicación de la presente Ley en el «Boletín Oficial del Estado», elevará al Parlamento un proyecto de Ley de reforma de la Ley 50/1981, de 30 de diciembre, por la que se regula el Estatuto Orgánico del Ministerio Fiscal, a fin de adecuar la organización del Ministerio Fiscal a lo establecido en la presente Ley.

Disposición final tercera. *Reformas en materia de personal.*

1. El Gobierno, a través del Ministerio de Justicia, oído el Consejo General del Poder Judicial, la Fiscalía General del Estado y las Comunidades Autónomas afectadas, en el plazo de seis meses desde la publicación de la presente Ley en el «Boletín Oficial del Estado» adoptará las disposiciones oportunas para adecuar la planta de los Juzgados de Menores y las plantillas de las Carreras Judicial y Fiscal a las necesidades orgánicas que resulten de la aplicación de lo dispuesto en la presente Ley.

2. Las plazas de Jueces de Menores deberán ser servidas necesariamente por Magistrados pertenecientes a la Carrera Judicial. A la entrada en vigor de esta Ley los titulares de un Juzgado de Menores que ostenten la categoría de Juez deberán cesar en dicho cargo, quedando, en su caso, en la situación que prevé el artículo 118.2 y concordantes de la vigente Ley Orgánica del Poder Judicial, procediéndose a cubrir tales plazas por concurso ordinario entre Magistrados.

3. El Gobierno, a través del Ministerio de Justicia, y las Comunidades Autónomas con competencia en la materia, a través de las correspondientes Consejerías, adecuarán las plantillas de funcionarios de la Administración de Justicia a las necesidades que presenten los Juzgados y las Fiscalías de Menores para la aplicación de la presente Ley, y determinarán el número de los equipos técnicos adscritos a los Juzgados y Fiscalías de Menores, su composición y la plantilla de los mismos.

4. Asimismo, el Gobierno, a través del Ministerio del Interior, y sin perjuicio de las competencias de las Comunidades Autónomas, adecuará las plantillas de los Grupos de Menores de las Brigadas de Policía Judicial, con objeto de establecer la adscripción a las Secciones de Menores de las Fiscalías de los funcionarios necesarios a los fines propuestos por esta Ley.

5.[1]

Disposición final cuarta. *Especialización de Jueces, Fiscales y abogados.*

1. El Consejo General del Poder Judicial y el Ministerio de Justicia, en el ámbito de sus competencias respectivas, procederán a la formación de miembros de la Carrera Judicial y Fiscal especialistas en materia de Menores con arreglo a lo que se establezca reglamentariamente. Dichos especialistas tendrán preferencia para desempeñar los correspondientes cargos en las Audiencias Provinciales y en los Juzgados y Fiscalías de Menores, conforme a lo que establezcan las leyes y reglamentos [2].

2. En todas las Fiscalías existirá una Sección de Menores compuesta por miembros de la Carrera Fiscal, especialistas, con las dotaciones de funcionarios administrativos que sean necesarios, según se determine reglamentariamente.

3. El Consejo General de la Abogacía deberá adoptar las disposiciones oportunas para que en los Colegios en los que resulte necesario se impartan cursos homologados para la formación de aquellos letrados que deseen adquirir la especialización en materia de menores a fin de intervenir ante los órganos de esta Jurisdicción.

Disposición final quinta. *Cláusula derogatoria.*

1. Se derogan: la Ley Orgánica reguladora de la competencia y el procedimiento de los Juzgados de Menores, texto refundido aprobado por Decreto de 11 de junio de 1948, modificada por la Ley Orgánica 4/1992, de 5 de junio; los preceptos subsistentes del Reglamento para la ejecución de la Ley Orgánica reguladora de la competencia y el procedimiento de los Juzgados de Menores, aprobado por Decreto de 11 de junio de 1948; la disposición transitoria duodécima de la Ley Orgánica 10/1995, de 23 de noviembre, del Código Penal; y los artículos 8.2, 9.3, la regla 1.ª del artículo 20, en lo que se refiere al número 2.º del artículo 8, el segundo párrafo del artículo 22 y el artículo 65 del texto refundido del Código Penal, publicado por el Decreto 3096/1973, de 14 de septiembre, conforme a la Ley 44/1971, de 15 de noviembre.

2. Quedan asimismo derogadas cuantas otras normas, de igual o inferior rango, se opongan a lo establecido en la presente Ley.

Disposición final sexta. *Naturaleza de la presente Ley.*

Los artículos 16, 20, 21, 23 a 27, 30 a 35, 37 a 39, 41, 42 y 61 a 64, la disposición adicional tercera y la disposición final tercera de la presente Ley Orgánica tienen naturaleza de Ley ordinaria.

---

[1] Apartado suprimido conforme a la Disposición adicional cuarta de la Ley Orgánica 9/2000, de 22 de diciembre.

[2] Apartado redactado conforme a la Disposición adicional de la Ley Orgánica 9/2000, de 22 de diciembre.

Disposición final séptima. *Entrada en vigor y desarrollo reglamentario.*

1. La presente Ley Orgánica entrará en vigor al año de su publicación en el «Boletín Oficial del Estado». En dicha fecha entrarán también en vigor los artículos 19 y 69 de la Ley Orgánica 10/1995, de 23 de noviembre, del Código Penal.

2. Durante el plazo mencionado en el apartado anterior, las Comunidades Autónomas con competencia respecto a la protección y reforma de menores adaptarán su normativa para la adecuada ejecución de las funciones que les otorga la presente Ley.

Por tanto,

Mando a todos los españoles, particulares y autoridades, que guarden y hagan guardar esta Ley.

Madrid, 7 de enero de 2000.

JUAN CARLOS R.

El Presidente del Gobierno,

JOSÉ MARÍA AZNAR LÓPEZ

INDICE ANALÍTICO

A

C

D

J

L

M

P

R

II. DIRECTRICES IMPARTIDAS POR LA FISCALÍA GENERAL DEL ESTADO

- CIRCULAR número 1/2000, de 18 de diciembre, sobre los criterios de aplicación de la Ley Orgánica 5/2000, de 12 de enero, por la que se regula la responsabilidad penal de los menores.
- INSTRUCCIÓN número 1/2000, de 26 de diciembre, sobre la necesaria acomodación a la LORPM de la situación personal de los menores infractores que se hallen cumpliendo condena en centro penitenciario o sujetos a prisión preventiva.
- INSTRUCCIÓN número 2/2000, de 27 de diciembre, sobre aspectos organizativos de las Secciones de Menores de las Fiscalías ante la entrada en vigor de la Ley Orgánica 5/2000, de la Responsabilidad Penal de los Menores.

CIRCULAR número 1/2000, de 18 de diciembre, sobre los criterios de aplicación de la Ley Orgánica 5/2000, de 12 de enero, por la que se regula la responsabilidad penal de los menores

SUMARIO

Páginas

CIRCULAR número 1/2000, de 18 de diciembre, sobre los criterios de aplicación de la Ley Orgánica 5/2000, de 12 de enero, por la que se regula la responsabilidad penal de los menores

I. INTRODUCCIÓN

La inminente entrada en vigor de la Ley Orgánica 5/2000, de 12 de enero, reguladora de la responsabilidad penal del menor (en adelante, LORPM), va a traer consigo la definición de un nuevo marco jurídico para la exigencia de responsabilidad penal a los menores de edad. Es entendible que en todas aquellas ocasiones en que la infracción penal tiene por sujeto activo a un menor de edad, el ordenamiento jurídico module su respuesta y adapte el tratamiento jurisdiccional de aquel injusto a las singularidades que definen el grado de madurez del autor.

La LORPM convierte al Fiscal en pieza esencial para hacer realidad buena parte de sus más innovadoras previsiones y ha hecho de la plurifuncionalidad de aquél (cfr. arts. 6 y 23) una de las claves indispensables para la efectiva vigencia de las soluciones y medidas que la propia LORPM arbitra. La previgente Ley Orgánica 4/1992, de 5 de junio, por la que se reguló la competencia y el procedimiento de los Juzgados de Menores, representó en su día un verdadero reto para el Ministerio Fiscal. La experiencia aplicativa que surgió al amparo de aquel texto legal ha permitido ahora al legislador renovar la confianza que, en su día, depositó en el Fiscal. Sin embargo, las sensibles novedades que la nueva ley ofrece convierten la reforma en algo más que un mero cambio de régimen normativo. El texto legal de próxima vigencia va a suponer una importante modificación en la propia idea acerca de los cometidos funcionales que al Fiscal incumben.

La instrucción de los procedimientos que le atribuye el artículo 16.1 es uno de los aspectos –no el único, desde luego– que impondrán la necesaria adaptación organizativa, orientada a una mejor y más eficaz aplicación práctica de los postulados legales. La defensa de los derechos de los menores, la vigilancia de las actuaciones que deban efectuarse en su interés y la observancia de las garantías del procedimiento, representan otros de los retos que el Fiscal habrá de asumir en su ámbito funcional ordinario.

Esa proximidad jurídica del Fiscal hacia el menor de edad forma parte ya de una consolidada trayectoria histórica, teniendo en la actualidad clara expresión en el artículo 3.7 del EOMF. Todo conduce, pues, a concluir la necesidad de que el Fiscal empeñe su labor cotidiana a fin de contribuir a que el propósito educativo que inspira la ley no se convierta en una mera declaración formal.

La Fiscalía General del Estado es consciente de las dificultades que puede traer consigo todo cambio legislativo de la envergadura de la LORPM. De hecho, la aplicación de ese texto legal va a exigir una reforma del EOMF que persigue adaptar algunos aspectos orgánicos del Ministerio Fiscal al principio de especialización que abandera la ley y que imponen algunos de los textos internacionales suscritos por España sobre la materia. De ahí que se haya considerado conveniente la elaboración de una Circular que trate de hacer frente a muchos de los problemas interpretativos que la LORPM sugiere. Es cierto que la elaboración de ese instrumento estatutario de unificación de criterios habría resultado mucho más fácil cuando la andadura del nuevo texto hubiera ido alumbrando soluciones prácticas. Sin embargo, el evidente riesgo de una excesiva dispersión interpretativa ha hecho aconsejable asumir la redacción de una Circular, sin esperar a que fuera el puro pragmatismo el que dibujara soluciones cuya consolidación práctica suele dificultar sobremanera la adaptación posterior a criterios más aceptables.

El hecho, pues, de que el trabajo que hoy ve la luz no haya podido contar con un abundante cuerpo bibliográfico y la circunstancia de que todavía no existan pronunciamientos jurisdiccionales que sirvan como referencia, son datos que han de ser necesariamente ponderados a la hora de cualquier aproximación valorativa a los contenidos que integran esta Circular.

El propósito de la Fiscalía General ha sido, ante todo, proporcionar a los Sres. Fiscales una herramienta útil, un instrumento puesto al servicio de la unificación interpretativa, cuya importancia en el primer momento aplicativo de cualquier texto legal resulta fuera de dudas. La metodología que ha presidido su elaboración ha antepuesto la visión práctica a cualquier otra consideración, renunciando incluso a la utilización de criterios ordenadores que podrían haber venido aconsejados por un enfoque más académico que pragmático. Se ha huido deliberadamente de la rutinaria comparación con el sistema legal previgente, se ha prescindido de alardes de erudición histórica, centrando todos los esfuerzos en indagar los problemas del día a día del Fiscal de Menores y en ofrecerle soluciones para afrontar aquéllos con el debido rigor técnico.

Hacer realidad ese planteamiento expositivo no ha sido tarea fácil. La LORPM es una ley bajo cuyo texto se agazapan importantes incógnitas acerca de problemas básicos del proceso penal. La dificultad se hace más intensa cuando se repara en el carácter estructural de algunas de esas cuestiones y, sobre todo, en la ruptura de la nueva ley con principios que han venido definiendo el significado y el alcance del ejercicio de la acción civil. Pese a todo, sólo una actitud institucional de respeto por la voluntad legislativa y un propósito constructivo pueden servir para aliviar los ya de por sí complejos problemas a los que da cabida el nuevo texto legal.

La presente Circular nace con la decidida vocación de representar sólo un primer punto de partida. La experiencia cotidiana hará surgir nuevas incógnitas. De ahí que resulte conveniente el planteamiento de ulteriores Consultas que permitan ir solucionando los problemas concretos que la práctica vaya generando.

El anuncio de nuevas reformas al articulado de la LORPM a fin de adaptar sus previsiones a la dimensión actual del fenómeno terrorista no se ha considerado un obstáculo insalvable para la fijación de unos primeros criterios de actuación. El alcance de aquella reforma –algunos de cuyos contenidos son ya de público conocimiento– no parece vaya a afectar de modo sustancial al conjunto del articulado que integra la ley. En cualquier caso, conviene tener presente que esta Circular se ciñe al texto publicado en el Boletín Oficial del Estado número 11 del 13 de enero de 2000. De ahí que no sea descartable la próxima publicación de otros instrumentos estatutarios que complementen la presente Circular si así la práctica lo aconsejara.

II. SUJETOS DESTINATARIOS DE LA LEY

Se establecen en la Ley tramos de edades que determinan la aplicación de distinto régimen jurídico en caso de comisión de un hecho tipificado en el CP o en alguna de las leyes especiales como delito o falta.

En el artículo 1 y concordantes se distingue entre menores de 14 años; mayores de 14 y menores de 18, destinatarios naturales de la Ley, a los que denomina propiamente «menores»; y mayores de 18 y menores de 21 años, denominados «jóvenes», a los que bajo determinadas condiciones podrán serles aplicadas las disposiciones de la presente Ley.

Hemos, pues, de distinguir entre los siguientes tramos de edad:

II.1 Menores de catorce años

En virtud de lo dispuesto en el artículo 3 de la Ley, ante la comisión de una infracción penal por un menor de dicha edad, el Fiscal valorará la procedencia de remitir los particulares que considere necesarios a la entidad pública de protección del menor, a los efectos oportunos, en atención a las disposiciones del CC y de la Ley Orgánica 1/1996, de 15 de enero, de Protección Jurídica del Menor.

Aunque la Ley no lo diga expresamente, la remisión se efectuará en favor de la entidad pública del lugar de domicilio del menor y no a la del lugar de comisión del hecho, si fueren distintos.

II.2 Mayores de catorce y menores de dieciocho

Estos son los que la Ley denomina propiamente «menores» y respecto de los cuales, sin excepción, se ha de aplicar el régimen jurídico que se establece en la Ley, conforme prevé el artículo 19 del CP.

A su vez hay que subdistinguir dos tramos de edad: 14 y 15 años, de un lado, y 16 y 17 años, de otro, en tanto que la duración máxima de determinadas medidas será diferente en ambos casos (art. 9 reglas 4.ª y 5.ª) y que la participación del perjudicado en el Expediente penal sólo será posible bajo determinadas condiciones si el autor fuere mayor de 16 años.

II.3 Mayores de dieciocho años y menores de veintiuno

En este tramo de edad se comprenden los sujetos que la Ley denomina «jóvenes» (art. 1.4).

II.4. Cómputo de la edad. Alteración antes o durante el curso del procedimiento

A tenor de lo dispuesto en el artículo 5.3 el momento de comisión del ilícito penal será el que determine la edad del sujeto infractor en relación con la aplicación del régimen de la LORPM.

Sobre el cómputo de la edad cobran vigencia las indicaciones efectuadas en la Instrucción 1/1993, recaída a propósito de la Ley Orgánica 4/1992, de 15 de junio. Como entonces se sostuvo, no ha de ser aplicable el criterio establecido en el artículo 315 del CC según el cual para el cómputo de la mayor edad «se incluirá completo el día del nacimiento». El cómputo de la edad ha de efectuarse, de acuerdo con los principios que inspiran el Derecho Penal, de momento a momento, para lo cual, en aplicación de lo previsto en el artículo 375 LECrim, cuando no bastare con el DNI, pasaporte o cualquier otro documento identificativo y subsistieren las dudas sobre la edad del sujeto se traerá al Expediente la certificación literal de nacimiento expresiva de la hora del alumbramiento. En todo caso, las dificultades interpretativas sólo podrán ser solventadas en favor del menor.

Se suscitan problemas en relación con la fijación del momento de comisión de los hechos en determinados supuestos.

De una parte, en las infracciones penales continuadas habrá de atenderse a la edad del sujeto en el momento de la comisión de cada una de las infracciones. Sólo habrá lugar a integrar en el delito continuado cuyo conocimiento se atribuya a la jurisdicción de menores aquellos hechos cometidos por el sujeto entre los 14 y 18 años (o hasta los 21 si se aplicara el art. 4). Los hechos cometidos por el sujeto habiendo rebasado dichas edades no podrán, por ese solo motivo, integrarse en el delito continuado y de ellos se conocerá en el procedimiento que corresponda. Otra cosa es que en atención al seguimiento de un procedimiento penal por hechos cometidos durante la mayoría de edad conexos a otros hechos cometidos durante la minoría de edad, el Fiscal de Menores decida desistir (art. 18) de la persecución de estos últimos.

El delito permanente también presenta problemas en relación con la edad del sujeto infractor. En tal sentido, el delito permanente no podrá ser enjuiciado por la jurisdicción de menores cuando el sujeto activo hubiera rebasado la edad máxima antes de eliminarse la situación ilícita. La regla interpretativa del artículo 132.1. párrafo 2 del CP, aun dictada para fijar el inicio del cómputo de la prescripción, es perfectamente aplicable en estos supuestos. En todo caso, el enjuiciamiento del delito permanente por la jurisdicción ordinaria no podrá tener en consideración, exclusivamente a efectos de agravación de la responsabilidad, las conductas cometidas en momentos anteriores a la adquisición de la mayoría de edad. Un ejemplo puede resultar muy ilustrativo: la detención ilegal de 30 días de duración en la que el sujeto activo cumpliere 18 años en el vigésimo día será enteramente conocida por la jurisdicción ordinaria en el correspondiente procedimiento abreviado pero no se podrá aplicar el subtipo agravado del artículo 163.3 CP.

Igualmente se plantean problemas en los casos en que entre la acción y el resultado el sujeto rebase la edad. El criterio habrá de ser el de atender al momento de la acción u omisión y no al del resultado. En apoyo de lo anterior militan lo dispuesto en el artículo 7 CP, la interpretación literal de la expresión «comisión de los hechos» que emplea el artículo 5 de la Ley, y, finalmente, el hecho de tratarse de la solución más favorable al menor.

Por último, si al iniciarse el procedimiento o durante la tramitación del mismo hubiesen sido rebasadas las edades que se establecen en la Ley, las reglas de competencia no se verán por ello alteradas. Completa este régimen el artículo 15 respecto de los condenados que alcanzaren la edad de veintitrés años, para quienes se establece una especialidad en materia de cumplimiento de las medidas ya impuestas o que se les pudieren imponer.

III. CARÁCTER RESTRICTIVO DE LA EXTENSIÓN DEL RÉGIMEN JURÍDICO DE LOS MENORES A LOS JÓVENES

La aplicación del régimen jurídico de la LORPM a los mayores de 18 y menores de 21 años se prevé como posible en el artículo 69 del CP «en los casos y con los requisitos» que la Ley del menor disponga. En el artículo 4 se establecen las condiciones y el procedimiento para la aplicación de la Ley a los jóvenes.

De ello se desprende que el régimen ordinario es el del CP y LECrim, de cuya regulación sólo será posible excepcionar a los jóvenes en determinados casos y ante la concurrencia de los requisitos legales. Por tanto, la regla general u ordinaria es la aplicación del proceso de mayores al joven y la regla excepcional la sujeción al proceso de menores. En consecuencia, los Sres. Fiscales habrán de evitar que de una forma mecánica o automática y sin un claro fundamento, puedan terminar remitiéndose a la jurisdicción de menores todas aquellas causas cometidas por mayores de 18 y menores de 21 años.

Por ello, ante la comisión de una infracción penal por un joven se habrá de incoar el correspondiente procedimiento penal (juicio de faltas, diligencias previas, sumario, o procedimiento de jurado). En dicho procedimiento sólo se abrirá el incidente para la posible aplicación de la Ley Orgánica 5/2000 cuando alguna de las partes lo inste o el Juez decida abrirlo de oficio. Es de señalar que no necesariamente habrá de suscitarse el incidente de la aplicación de la LORPM, ya sea por resultar *ab initio* la falta de concurrencia de las circunstancias que permitirían esta posibilidad o, fuera de dicho supuesto, porque ninguna parte haya desencadenado mediante su solicitud dicha apertura.

En definitiva, el auto acordando o denegando la aplicación de la LORPM es una resolución que no necesariamente habrá de recaer en todo proceso penal seguido contra un joven. Sólo habrá lugar al mismo si se abriera el incidente para la determinación del régimen aplicable al joven.

III.1 **Requisitos**

Son requisitos o condiciones objetivas que abren paso a la posible valoración acerca de la aplicación de la LORPM a los jóvenes los dos siguientes:

1. Que el hecho cometido revista caracteres de falta o de delito menos grave, siempre que en este último caso no se hubiere cometido con violencia o intimidación en las personas, o con grave peligro para la vida e integridad física. Ambas condiciones son predicables de los delitos, no así de las faltas. No obstante, la concurrencia en una falta de violencia o intimidación será un elemento esencial en la valoración que haya de efectuar el Fiscal al emitir su informe. De otra parte, ambas condiciones no son cumulativas, basta la concurrencia de una sola de ellas: es posible que determinados delitos cometidos sin violencia o intimidación supongan grave peligro para la vida e integridad (así sucede *v. gr.* con algunas figuras delictivas contra la seguridad del tráfico).

2. Inexistencia de condena en sentencia firme por falta o delito dolosos cometido una vez cumplidos los 18 años, salvo que el antecedente esté cancelado o debiera estarlo con arreglo al artículo 136 CP.

De no concurrir alguno de tales requisitos la denegación será preceptiva.

Sólo cuando concurran ambos requisitos será posible valorar la extensión del régimen de la LORPM a los jóvenes. La decisión, de carácter facultativo, se habrá de adoptar atendiendo a las circunstancias personales del imputado y a su grado de madurez.

III.2 **Procedimiento**

El incidente podrá abrirse a instancia de parte o de oficio por el Juez de Instrucción.

Durante su tramitación no se suspenderán las demás diligencias de instrucción que hayan de practicarse en el procedimiento.

El procedimiento, muy sencillo, consistirá en recabar la opinión del Fiscal, del Letrado del imputado y el informe del Equipo Técnico, para lo cual se les dará traslado mediante providencia para informe.

El Fiscal al emitir su informe se pronunciará en primer lugar acerca de la concurrencia de las dos condiciones objetivas antes comentadas (tratarse de falta o delito menos grave sin violencia o intimidación o sin grave riesgo para la vida e integridad y no existir antecedentes penales) y, asimismo, cuando aquellas concurran, informará sobre la pertinencia o no de la sujeción del joven a la LORPM en atención a sus circunstancias personales y grado de madurez. Para esto último necesariamente habrá de contar con el informe del Equipo Técnico, pese a que –habida cuenta su naturaleza– no tenga carácter vinculante para la decisión que haya de adoptar el Fiscal en su dictamen.

Aunque no cabe establecer reglas apriorísticas, conviene señalar que sólo estará justificado excepcionar a los jóvenes del régimen del procedimiento ordinario cuando su edad mental y madurez difieran notablemente de su edad cronológica, debiendo dicha circunstancia hallarse relacionada tanto con la naturaleza de la infracción penal y las circunstancias que rodearon su comisión cuanto con la conveniencia de procurar a dicho joven, en atención a sus personales circunstancias, la atención educativa que subyace y prima en el tratamiento penal de los menores establecido por la LORPM.

La decisión corresponde al Juez de Instrucción que resolverá mediante auto.

III.3 **Recursos**

Contra el auto del Juez de Instrucción –acordando o denegando la aplicación de la LORPM al joven– cabe recurso de apelación ante la Sala de Menores del Tribunal Superior de Justicia.

Dicho recurso de apelación se sustanciará, con independencia de cual sea el procedimiento en que dicho auto recayere, con arreglo a las normas que regulan la apelación contra los autos en el procedimiento ordinario –arts. 219 a 232 LECrim–, pues así se dispone expresamente en el artículo 4.3 de la Ley en contra del criterio general de supletoriedad que establece la disposición final primera en favor del procedimiento abreviado. Por tanto, a diferencia de lo que sucede en el procedimiento abreviado, habrán de personarse las partes ante la Sala de Menores y habrá lugar a la celebración de vista oral.

La regla general señalada en el artículo 217 LECrim, según la cual es preceptiva la interposición del recurso de reforma contra los autos del Juez de Instrucción en el procedimiento ordinario, ha sido –sin embargo– excepcionada en este caso, con apoyo en el artículo 4.3 de la Ley. Por ello, debe concluirse que el recurrente no está obligado a interponer previamente recurso de reforma.

Se plantea, en relación con lo anterior, la cuestión de si cabe interponer potestativamente el recurso de reforma previo al de apelación, conjunta o separadamente con éste, tal como sucede en el procedimiento abreviado. La cuestión no es clara. El artículo 4.3 señala que cabe la apelación «sin previo recurso de reforma». Tal aserto puede ser interpretado en un doble sentido: de un lado como innecesariedad de previa reforma, lo que la convierte en un recurso posible; de otra parte, como prohibición de la previa reforma. Es cierto que el previo recurso de reforma se ha visto generalmente como un trámite inútil. Ahora bien, en determinadas ocasiones en que resulta patente el error cometido en la resolución recurrible parece poco operativo que tal corrección sólo pueda actuarse acudiendo al órgano superior mediante un recurso más complejo en su tramitación que el de reforma. Ante la duda suscitada debe admitirse la posibilidad, aunque la ley no lo diga expresamente, de interposición de reforma previa. No obstante, parece oportuno que los Sres. Fiscales, si deciden interponer reforma, eviten posibles problemas de inadmisión interponiendo la reforma conjuntamente con el recurso de apelación y nunca separadamente.

Otra cuestión que se suscita es la relativa a los efectos en que debe ser admitido el recurso de apelación. El artículo 217 LECrim establece como regla general que la apelación sólo se admitirá en dos efectos cuando así se disponga expresamente. Nada se dice expresamente en el artículo 4. Ahora bien, el efecto suspensivo del recurso contra el auto que entiende aplicable al joven la LORPM resulta de la propia naturaleza de tal resolución y del sentido del artículo 4.3 que recalca que sólo cuando el auto adquiera firmeza habrá lugar a la remisión al Fiscal para la tramitación del procedimiento de la LORPM.

Por otra parte, es de señalar que en tanto se suscita el recurso debe seguir la tramitación del procedimiento abierto contra el joven ante el Juez de Instrucción, sin que deba quedar paralizada la fase de instrucción a expensas de la decisión sobre posible remisión al Fiscal de Menores. La suspensión del procedimiento sí parece oportuna una vez llegados a la fase intermedia, por aplicación analógica del artículo 622 LECrim.

Resta por señalar que el auto dictado por el Tribunal Superior de Justicia resolviendo el recurso de apelación es recurrible por el Fiscal en casación para la unificación de doctrina, conforme al artículo 42.8 de la Ley.

III.4 **Intervención de la Fiscalía de Menores en el incidente del artículo 4 de la Ley**

Cabe plantearse si las actuaciones seguidas ante el Juez de Instrucción con ocasión del incidente del artículo 4 deben ser despachadas por los Fiscales de la Sección de Menores.

Sin perjuicio de que puedan adoptarse los criterios de organización y reparto de trabajo que se estimen por el Fiscal Jefe acordes con las necesidades y características propias de cada Fiscalía, en principio parece oportuno que sea el propio Fiscal adscrito al Juzgado de Instrucción el que emita el informe e interponga, en su caso, los recursos previstos en el artículo 4 de la Ley. Otra solución dificultaría y complicaría el despacho de asuntos en el Juzgado de Instrucción. No obstante, ello no debe suponer merma alguna en el respeto a los principios que rigen la actuación del Ministerio Público y particularmente el de unidad de actuación, por lo que habrán de articularse en aquellos casos en que la decisión pudiera ser compleja –máxime si el sentido del informe fuere favorable a la aplicación de la LORPM– los mecanismos de comunicación más ágiles posibles con la Sección de Menores de la Fiscalía para evitar discrepancias de criterio o actuaciones no acordes con los principios y postulados que informan la LORPM.

A la vista oral del recurso de apelación ante la Sección de Menores del Tribunal de Justicia sí parece conveniente que asistan los Fiscales de la Sala de Menores.

Igualmente parece lógico atribuir la preparación del recurso de casación para unificación de doctrina a la Sección de Menores de la Fiscalía correspondiente.

III.5 Planteamiento de cuestión de competencia entre el Juez de Menores y el de Instrucción

Es perfectamente posible que decidida la aplicación al joven del régimen de los menores por el Juez de Instrucción o por el Tribunal Superior de Justicia al resolver el recurso de apelación, puedan ante el Fiscal de Menores evidenciarse en la investigación determinadas circunstancias que excluyan la competencia de la jurisdicción de menores.

Esas circunstancias han de ser necesariamente distintas de aquellas que se tuvieron en cuenta al resolver el incidente del artículo 4. Por ello, no parece posible que por el Fiscal y el Juez de Menores se proceda a efectuar una nueva valoración acerca de la procedencia de extender al joven el régimen de enjuiciamiento de los menores en atención a su grado de desarrollo y madurez. Ahora bien, sí que es perfectamente posible que los requisitos del artículo 4.2, reglas 1.ª y 2.ª, resulten desmontados en algún momento de la tramitación ante la jurisdicción de menores en virtud de la aparición de nuevos elementos de juicio. Así, *v. gr.* que el hecho delictivo resulte haber sido cometido por el joven con empleo de violencia o intimidación, lo que no constaba en el Juzgado de Instrucción.

En todos estos supuestos el Fiscal instará del Juez de Menores que dicte auto declarando su incompetencia objetiva e inhibiéndose en favor del Juzgado de Instrucción. La resolución tendría apoyo en el artículo 33 *d)* de la Ley. Si el Juez de Instrucción no admitiere la competencia se entablaría una cuestión de competencia negativa a resolver, tras la primera comunicación entre Juzgados, por la Sala de Menores del Tribunal Superior de Justicia y conforme a las reglas que disciplinan la tramitación de las cuestiones de competencia en el procedimiento abreviado (Disposición Final primera de la LORPM).

IV. REGLAS DE COMPETENCIA

La regla general de competencia objetiva proclamada por el artículo 2.1 de la LORPM debe completarse con un breve apunte acerca de algunas de las dudas que plantea el análisis de las reglas de conexidad y de la competencia territorial.

IV.1 Expediente por hecho y expediente personal por menor

La tradicional disyuntiva entre Expediente por hecho o por menor se soluciona en el artículo 20 de la Ley estableciendo un sistema que podríamos calificar de mixto.

Se ha de incoar un Expediente por cada hecho delictivo, con independencia de que en dicho hecho haya participado un menor o varios. En este último caso el Expediente alcanzará a todos los copartícipes.

Los Expedientes podrán ser acumulados a otros cuando entre los hechos delictivos –delitos y faltas– que constituyeren su objeto exista conexidad, lo que se determinará mediante la aplicación de las reglas contenidas en los cinco apartados del artículo 17 LECrim. Apoya esta solución el tenor literal del artículo 20.3 que se refiere en casos de comisión de varios delitos al «enjuiciamiento de todos ellos en unidad de Expediente».

Junto a este sistema, en cada Fiscalía (art. 20.2) se llevará un expediente personal de cada menor. Se trata de una relación significativa de la historia de los Expedientes seguidos al menor, cuya razón de ser es la de permitir al Fiscal decidir acerca de numerosas cuestiones que se le planteen, tales como acumulación de Expedientes por conexidad al amparo del número 5 del artículo 17 LECrim, decisiones sobre no desistimiento de incoación de Expediente al amparo del párrafo 2 del artículo 18, adopción de decisiones en materia de ejecución, etc.

IV.2 **Competencia territorial**

La competencia corresponde al Juez de Menores del lugar de comisión del hecho delictivo. Esta regla, sentada en el artículo 2.3, no difiere del criterio establecido con carácter general en el artículo 14 LECrim. Los problemas que se pueden plantear sobre la determinación del lugar de comisión son iguales a los que se suscitan en la jurisdicción de mayores. En todo caso, las dudas acerca de la competencia territorial se resolverán siempre a favor de la competencia del Juez del lugar de domicilio del menor.

IV.3 **Competencia por conexidad**

La Ley introduce una importante especialidad en materia de conexidad. Existiendo delitos conexos se antepone en el artículo 20.3 el fuero del domicilio del menor a los que se señalan en el artículo 18. Por tanto, cuando un menor hubiere cometido hechos delictivos en varios territorios, si alguno de éstos coincidiese con el lugar de su domicilio, la acumulación por conexidad se hará en favor de la Fiscalía o Juzgado de dicho domicilio. Sólo si todos los hechos se hubieren cometido fuera de su lugar de domicilio tendrá aplicación directamente el artículo 18 LECrim.

En casos de coparticipación de menores en varios hechos delictivos conexos, si el domicilio de dos o más menores radicara en partidos judiciales distintos en los que hubieren sido cometidas infracciones penales, la determinación del Juzgado de menores competente por conexidad atenderá al lugar del domicilio de aquel de los menores en el que primero concurra alguno de los criterios establecidos sucesivamente en el artículo 18 LECrim.

V. LAS MEDIDAS

V.1 **Elenco de medidas**

El artículo 7 de la Ley enumera y describe la naturaleza y el contenido de las medidas que se pueden imponer al menor infractor. Analizando la descripción que la Ley hace de cada una de las medidas, se plantean ciertas dificultades interpretativas.

Así –en primer lugar– no parece demasiado nítida la diferencia entre los regímenes de internamiento semiabierto y abierto, ya que en ambos casos se realizan actividades fuera del centro. La clave para distinguir ambos regímenes se encuentra en la propia literalidad de la definición del régimen abierto, ya que se afirma que las personas sometidas a la medida de internamiento en régimen abierto «llevarán a cabo *todas* las actividades del proyecto educativo en los servicios normalizados del entorno», de modo que los centros de régimen abierto habitualmente carecerán de unos servicios educativos propios, estando sujeto únicamente el menor «al programa y régimen interno del mismo». Por el contrario, el centro semiabierto, en el cual –aunque no lo afirme expresamente la Ley– los menores estarán también sometidos al programa y régimen interno del centro, deberá estar dotado de los equipos y servicios precisos para ofrecer al menor la posibilidad de satisfacer sus necesidades formativas, educativas, laborales y de ocio dentro del centro, sin perjuicio, no obstante, de que algunas de ellas se puedan realizar también fuera del mismo.

Las medidas de internamiento terapéutico y tratamiento ambulatorio son las únicas que se pueden imponer en caso de que se aprecie alguna de las circunstancias eximentes de los números 1.º, 2.º ó 3.º del artículo 20 CP. (arts. 5.2, 9.7.ª y 29). Ello no obstante, también se podrá imponer alguna de estas medidas en lo supuestos en que dichas circunstancias se valoren como eximentes incompletas del artículo 21.1.ª CP o atenuantes analógicas, razón que justifica el hecho de que la Ley hable de la posibilidad de aplicar también cualquiera de estas dos medidas como complemento de otra de naturaleza no terapéutica. En cualquier caso, también opera en la imposición de ambas medidas el principio acusatorio, tanto en la extensión de la medida solicitada e impuesta, como en lo relativo a la mayor o menor afectación de derechos, de tal manera que si se solicita una medida de tratamiento ambulatorio no podrá imponerse la de internamiento terapéutico.

Ya se trate del internamiento terapéutico o del tratamiento ambulatorio, la Ley contempla dos posibles actuaciones claramente diferenciadas. Por un lado, el tratamiento de anomalías o alteraciones psíquicas, y, por otro, el tratamiento de las adicciones a las bebidas alcohólicas, drogas tóxicas o sustancias psicotrópicas. En el primero de los casos, la propia patología cognitiva y volitiva obliga a prescindir de la opinión del menor –que es incapaz de prestar un verdadero consentimiento– para poder imponerle una medida de naturaleza terapéutica.

Distinto es el caso, sin embargo, del tratamiento de deshabituación a las adicciones anteriormente mencionadas, que requieren para resultar eficaces el concurso voluntario del menor en el programa de deshabituación. Por ello dispone la Ley que «cuando el interesado rechace un tratamiento de deshabituación, el Juez habrá de aplicarle otra medida adecuada a sus circunstancias».

No hace ninguna mención la Ley acerca de cuál es el momento en el que el menor puede manifestar este rechazo, y más concretamente si está contemplando una actitud de rechazo que se produzca antes de dictar sentencia o posteriormente en fase ya de ejecución. El primer supuesto es el deseable, ya que evitaría el inicio de una ejecución que finalmente ha de verse frustrada y es más respetuoso con el principio de legalidad, al ejecutarse la medida que se ha impuesto en sentencia sin tener que acudir al Expediente de modificación de medida previsto en el artículo 14.

Teniendo en cuenta, además, que es posible interrogar el menor en la fase de audiencia sobre la aceptación de un eventual tratamiento de deshabituación (art. 37.2 *in fine*), se interesa de los Sres. Fiscales que, en aquellos supuestos en que hayan solicitado una medida de esta naturaleza, interroguen al menor acerca de su aceptación. Sin embargo, aun observando la anterior cautela, siempre será posible un rechazo sobrevenido ya en fase de ejecución, a veces incluso una vez ya iniciado el tratamiento; en tal caso, el tratamiento no podrá seguirse coactivamente, habrá de ser suspendido y sustituido por otra medida con arreglo a lo previsto en el artículo 14 de la Ley.

Por su parte, cuando se imponga la medida de libertad vigilada ha de procurarse, para salvaguardar el principio de legalidad, sobre todo si se tiene en cuenta la excesiva amplitud con que está redactada la regla 7.ª, que su contenido quede definido con los contornos más precisos posibles al dictarse la sentencia, de modo que ésta contemple expresamente a cuáles de las reglas de conducta previstas en el artículo 7.h) habrá de someterse el menor. Ello no excluye, sin embargo, que una condena genérica a un determinado tiempo de libertad vigilada permita determinar posteriormente, en ejecución de sentencia, la observancia de determinadas reglas de conducta no previstas inicialmente en la sentencia. La regulación es por tanto análoga a la contemplada en el artículo 105 CP, que permite imponer reglas de conducta similares «razonadamente, desde un principio o durante la ejecución de la sentencia», en el supuesto de condena a medidas de seguridad privativas de libertad; este argumento se ve reforzado, además, por la remisión expresa que en el artículo 9 regla 5.ª de la Ley se hace al artículo 105.1 CP. Por otra parte, es imprescindible para el correcto y eficaz desarrollo de una medida de libertad vigilada, una cierta agilidad y flexibilidad que permita al Juez acudir a la imposición y levantamiento de estas reglas de conducta, de acuerdo con la respuesta que el menor vaya dando en cada momento a las pautas del programa que progresivamente ha de ir cumpliendo.

La medida de convivencia con otra persona, familia o grupo educativo parece carente de cualquier contenido retributivo o sancionador, y por esta razón se revela como muy apropiada –sobre todo en su modalidad de convivencia con una familia– para satisfacer posibles carencias familiares o afectivas del menor, pareciendo a simple vista más una medida de protección que de naturaleza sancionadora. Precisamente por ello, puede resultar aconsejable, en aquellos casos en que se imponga esta medida y una vez cumplido el tiempo de duración de la misma instar de la entidad competente que acuerde la prosecución de la convivencia familiar como medida de protección, transformando la situación en un supuesto de acogimiento familiar, previsto en el artículo 173 del CC.

En relación con las medidas de internamiento, es preciso resaltar que, de conformidad con el artículo 7.2, ya en la sentencia debe quedar fijada la duración de cada uno de los dos períodos en que se divide: el de internamiento propiamente dicho y el de libertad vigilada subsiguiente. Hay que tener en cuenta, asimismo, que si bien se puede anticipar *ex* artículo 14 la conclusión del período de internamiento y el inicio del de libertad vigilada, en ningún caso podrá prolongarse el período de internamiento inicialmente previsto. Excepcionalmente, y teniendo presente que no se trata propiamente de una modificación de la medida impuesta –cuestión que plantea importantes problemas de legalidad, como se apunta *infra*– sino del régimen de cumplimiento de la misma, podrá acudirse, sólo en el caso de que el menor quebrante la libertad vigilada, al expediente del artículo 50 de la Ley para que vuelva a cumplir la medida de internamiento en régimen semiabierto (o necesariamente en régimen abierto, si éste era el contemplado en la sentencia).

En todo caso, es muy importante que, como establece el artículo 7.3, tanto el Fiscal al solicitar una medida como el Juez al imponerla tengan presente en primer lugar el interés del menor, y que, sean cuales sean la medida o las medidas impuestas, la sentencia exprese con detalle las razones por las que impone una determinada medida, o dicho con otras palabras, que se reflejen cuáles son los fines u objetivos que –en interés del menor– se pretende alcanzar con la imposición de las medidas (art. 39.1), ya que será precisamente la comparación de dichos objetivos con su grado real de cumplimiento la que permita hacer uso de las amplísimas facultades que la Ley reconoce al Juez para dejar sin efecto, reducir o sustituir las medidas impuestas (art. 14.1), así como para valorar en su caso si procede continuar el cumplimiento de la medida por quien ya ha alcanzado la mayoría de edad (art. 15 párrafo 1.º).

V.2 **Principio acusatorio**

La enumeración del artículo 7 de la Ley se realiza ordenando las medidas «según la restricción de derechos que suponen». Esta afirmación ha de ser puesta en relación con la contenida en el artículo siguiente, el cual –bajo la rúbrica «principio acusatorio"– dispone que el Juez de Menores no podrá imponer una medida que suponga una mayor restricción de derechos ni por un tiempo superior a la medida solicitada por el Fiscal. Ambos límites operan conjuntamente, de tal manera que si, por ejemplo, se ha solicitado una medida de libertad vigilada por un año, no podrá imponerse ni la medida de internamiento por seis meses, ni la medida de realización de tareas socio-educativas durante dos años.

Otra exigencia relacionada con la anterior y contemplada también en el artículo 8, aunque no derivada propiamente del principio acusatorio y sí del principio de legalidad en su vertiente penal (*nulla poena sine lege*), más concretamente en cuanto a la necesidad de fijar mediante una *lex certa* un límite temporal de cumplimiento de las medidas privativas de libertad que no pueda ser sobrepasado en ningún caso, es la prevista en su párrafo segundo. También aquí resulta necesario hacer una serie de precisiones, obligadas ante la necesidad de modular el entendimiento del principio acusatorio, adaptándolo al superior interés del menor y a la propia naturaleza del cuadro de medidas previstas por la ley. En primer lugar, hay que destacar que este límite sólo opera sobre las medidas de internamiento (incluido el terapéutico) y de permanencia de fin de semana; las restantes medidas, por tanto, sí pueden tener una duración mayor que la de la pena privativa de libertad asignada al adulto que hubiese cometido el mismo delito. En segundo lugar, hay que tener presente que, dado que la Ley menciona la pena que «se le hubiere impuesto por el mismo hecho», la comparación ha de hacerse con la pena que *in concreto* y no *in abstracto* le hubiese podido haber sido impuesta al adulto, es decir, tomando en consideración en su caso la concurrencia de circunstancias atenuantes, y el grado de ejecución o de participación en el delito.

V.3 Las reglas del artículo 9 de la Ley

La regla 1.ª del artículo 9 establece que por la comisión de faltas sólo podrán imponerse determinadas medidas. Dado que en ciertas infracciones patrimoniales la línea divisoria entre el delito y la falta viene establecida por la cuantía de 50.000 ptas., será preciso en tales casos que, si se quiere solicitar la imposición de una medida distinta de las contempladas en la regla 1.ª, previamente en la instrucción se haya practicado la oportuna tasación pericial. Por el contrario, si se fuese a solicitar una medida de las contempladas en dicha regla, la tasación pericial resultaría superflua y podría dilatar innecesariamente la instrucción.

La regla 2.ª plantea la duda interpretativa de cuál sea la exacta significación de los términos «grave riesgo para la vida o la integridad física para las personas». La respuesta es idéntica a la que se ofrece *infra* en el comentario al artículo 25.

La regla 3.ª fija unos límites máximos de duración de las medidas, que con carácter general es de dos años (los trabajos en beneficio de la comunidad y las permanencias de fin de semana no podrán superar las cien horas ni ocho fines de semana respectivamente) y opera –en las medidas de internamiento y permanencia de fin de semana– conjuntamente con el establecido en el párrafo segundo del artículo 8. La cuestión de cómo se computa el tiempo de cumplimiento de medidas cautelares de naturaleza diferente a la medida finalmente impuesta aparece resuelta en el artículo 28.5 de la Ley, en términos análogos a los empleados por el artículo 59 CP, ya que se tendrá por ejecutada la medida impuesta en aquella parte que el Juez estime razonablemente compensada por la medida cautelar. La praxis aplicativa del citado artículo 59 CP puede servir, por tanto, como criterio orientador en la interpretación y aplicación de este precepto de la Ley.

La regla 4.ª contempla una excepción a los límites fijados en la regla anterior, en aquellos supuestos en que se den cumulativamente las tres condiciones previstas: a) que el menor tuviese dieciséis años cumplidos en el momento de la comisión de los hechos; b) que el delito se haya cometido con violencia o intimidación en las personas o con grave riesgo para la vida o integridad de las mismas; c) que el Equipo Técnico aconseje en su informe la imposición de una medida de duración superior al máximo de tiempo previsto en la regla 3.ª. En estos casos, la medida podrá durar, con carácter general, un máximo de cinco años (los trabajos en beneficio de la comunidad y las permanencias de fin de semana podrán alcanzar doscientas horas y dieciséis fines de semana respectivamente), aunque en buena lógica no debería imponerse la medida por un período de tiempo superior al aconsejado por el Equipo Técnico en su informe.

Se plantea la duda, sin embargo, en los casos de condena al cumplimiento de más de una medida, acerca de si el límite legal de cumplimiento (dos o cinco años, según los casos de las reglas 3.ª y 4.ª, respectivamente) se refiere a cada medida en sí misma considerada, o al total de cumplimiento de todas las medidas que se hayan impuesto en un mismo procedimiento. El empleo de la locución «la duración de las medidas» (en plural) parece abogar por esta segunda interpretación. Es decir, el menor no podrá estar cumpliendo medidas impuestas en un mismo procedimiento durante un período superior al límite de los dos o cinco años; podrá, no obstante, cumplir simultáneamente varias medidas cuyo cómputo total de duración exceda de ese tope si éstas se cumplen simultáneamente y no llegan a rebasar el límite efectivo de los dos años o cinco años en su tiempo real de cumplimiento. Por ejemplo, en el caso de menores de dieciséis años, no se podrá imponer una medida de internamiento durante dos años, seguida de otra de libertad vigilada durante otros dos años, pero sí se podrá imponer una medida de libertad vigilada durante dos años acompañada de otra de convivencia con un grupo familiar durante el mismo tiempo, medidas que conforme a la regla del artículo 47.1 se habrán de cumplir simultáneamente.

La regla 5.ª, por su parte, contiene una nueva excepción al régimen ya de suyo excepcional de la regla 4.ª, que operará cuando –además de concurrir las tres condiciones previstas en esta regla y mencionadas *supra*– el supuesto revista extrema gravedad. Esta «extrema gravedad» es un concepto jurídico indeterminado que sólo en parte define la Ley. Concretamente, se consideran de extrema gravedad, «en todo caso, los delitos de terrorismo y los constitutivos de actos de favorecimiento, apoyo o reclamo de la actividad de bandas, organizaciones o grupos terroristas (es decir, los comprendidos en los arts. 571 a 580 CP), así como los de asesinato u homicidio doloso (arts. 138 y 139 CP), y la agresión sexual contemplada en los artículos 189 y 190 del CP».

Pero la Ley afirma igualmente que se considerarán supuestos de extrema gravedad aquéllos en los que se apreciare reincidencia. ¿Qué se debe entender por reincidencia a estos efectos? A falta de definición expresa en la Ley, habrá que acudir como Derecho supletorio al CP, y más concretamente a la circunstancia 8.ª de su artículo 22. Allí se afirma que para apreciar la reincidencia el culpable, al cometer el delito, ha de haber sido ya condenado en sentencia firme por un delito comprendido en el mismo Título del CP, siempre que ambos delitos sean de la misma naturaleza. Tratándose de aquellos delincuentes a los que la Ley denomina jóvenes (mayores de dieciocho años), pueden darse supuestos en los que se haya de apreciar la reincidencia por existir una condena previa dictada en alguno de los procedimientos regulados en la LECrim, pero este supuesto está excluido con carácter general de la jurisdicción de menores por la condición 2.ª del artículo 4.2. Para la apreciación de la reincidencia, a efectos de determinar la «extrema gravedad» del caso, será suficiente, por tanto y si no se quiere vaciar de contenido la norma, una condena firme anterior dictada de acuerdo con el procedimiento que regula la LORPM; esta interpretación, además, no supone en ningún caso una aplicación analógica de la ley penal, ni siquiera una interpretación extensiva de la misma, ya que el artículo 22 del CP –supletoriamente aplicable– habla de condena ejecutoria por delito, sin especificar el procedimiento en que la misma haya recaído.

No obstante lo anterior, se plantean dos problemas añadidos para poder apreciar la reincidencia en el procedimiento de menores. El primero es que la aplicación del artículo 9, y por consiguiente la posible apreciación de la reincidencia para calificar un hecho como de extrema gravedad, no aparece entre los fines para los cuales podrán ser utilizados exclusivamente los datos del Registro de sentencias firmes creado por la Disposición Adicional tercera de la Ley. Sin embargo, sí se menciona expresamente el artículo 30, en el que se recoge la elaboración por el Fiscal del escrito de alegaciones, en el que constará una «breve reseña de las circunstancias personales y sociales del menor». En una interpretación sistemática de todas estas disposiciones, no parece que exista problema alguno para que el Fiscal pueda acudir al Registro con el fin de reflejar en su escrito de alegaciones, como circunstancia personal y social del menor, la existencia de condenas anteriores, y que la apreciación de esta circunstancia pueda conducir al Juez a valorar el hecho como de extrema gravedad.

El segundo problema parte de la inexistencia de normas sobre la cancelación de antecedentes. De la constatación de esta laguna normativa no se puede concluir sin más que los antecedentes del Registro especial no son cancelables, o mejor dicho, que en ningún caso cabrá entender cancelados esos antecedentes a efectos de dejar de apreciar la reincidencia –como impone el párrafo final del artículo 22 CP–, por cuanto tal interpretación supondría hacer al menor infractor de peor condición que el delincuente adulto. Téngase en cuenta además que el ámbito de aplicación de la Ley, entre los catorce y los dieciocho años (con posibilidad de prolongación hasta los veintiuno) permite que la cuestión de la cancelación de los antecedentes no sea una cuestión puramente teórica, sino con posible incidencia práctica. Se impone en este tema, una vez más, la aplicación supletoria del CP, y más concretamente, teniendo en cuenta que las medidas de la LORPM no son propiamente penas y que el régimen de cancelación más favorable al reo es el de las medidas de seguridad, su artículo 137, según el cual «las anotaciones de las medidas de seguridad impuestas conforme a lo dispuesto (...) en otras leyes penales serán canceladas una vez cumplida o prescrita la respectiva medida», sin plazos adicionales.

Una vez abordado el complejo tema de la constatación de la reincidencia, todavía se suscitan otros problemas en relación con la apreciación de la «extrema gravedad». En primer lugar, el empleo de la expresión «en todo caso» en la referencia a los delitos de terrorismo, homicidio, asesinato y agresión sexual, parece apuntar que en los casos de reincidencia la apreciación de la extrema gravedad no será automática, sino que habrá de ser valorada por el Juez en cada supuesto y en su caso «apreciada expresamente en la sentencia». Esta apreciación expresada en la sentencia habrá de hacerse también en los supuestos de comisión de los delitos anteriormente mencionados, y supondrá para el Juez, no una mera facultad, sino la obligación de imponer –«el Juez habrá de imponer», dice la Ley– las medidas de internamiento en centro cerrado y libertad vigilada, de acuerdo con la duración y las normas específicas de cumplimiento recogidas en la regla 5.ª del artículo 9. Lo que en este precepto se denomina «ratificación» de la medida de libertad vigilada, una vez cumplida la medida de internamiento, no es otra cosa, *a contrario sensu*, que el reconocimiento implícito de emplear en su caso la facultad prevista en el artículo 14 de dejar sin efecto o reducir la medida.

La regla 6.ª establece que la medida de internamiento en régimen cerrado no podrá imponerse por la comisión de delitos imprudentes.

Por último, la regla 7.ª dispone que, cuando se aprecie la concurrencia de alguna de las circunstancias eximentes contempladas en los números 1.º a 3.º del artículo 20 CP, sólo podrán imponerse las medidas de internamiento terapéutico o tratamiento ambulatorio. En estos casos, si se produce el rechazo del tratamiento de deshabituación al que alude la Ley, también la medida adecuada a las circunstancias del menor que en su caso decida aplicar el Juez necesariamente habrá de ser una medida de naturaleza terapéutica incardinable en las letras *d)* o *e)* del artículo 7.

V.4 La prescripción

El artículo 10 de la Ley contempla tan sólo los plazos de prescripción de los delitos cometidos por las personas a las que les resulta aplicable la Ley (números 1 y 3), y de las medidas que les pueden ser impuestas (número 2).

Se aplicará supletoriamente el CP, por tanto, en lo relativo al *dies a quo* para el cómputo de los plazos de prescripción de las infracciones (art. 132.1) y a su interrupción (art. 132.2). Queda la duda de si para determinar el término inicial del plazo de prescripción de las medidas se deberá aplicar la norma prevista para las penas (art. 134) o la prevista para las medidas de seguridad (art. 135. 2 y 3). En realidad, la norma general es la misma en ambos casos: el cómputo del plazo se inicia con la firmeza de la sentencia. Al mismo tiempo, son acogibles y aplicables supletoriamente tanto la excepción del artículo 134 (en caso de quebrantamiento de la medida, la prescripción empezará a correr desde ese momento y no desde la firmeza de la resolución) como la del artículo 135 (cuando una medida deba cumplirse sucesivamente a otra anterior, el plazo de la prescripción comenzará a contarse desde el momento en que sea ejecutada o quede extinguida la medida anterior, y por tanto deba empezar a cumplirse la nueva medida).

V.5 Otras reglas para la aplicación de las medidas

Hasta este momento, una cuestión que no aparece claramente resuelta en la Ley es la de si por la comisión de un solo hecho delictivo se debe imponer una sola medida de las contempladas en la Ley, o si es posible la imposición de varias medidas por un solo hecho.

A favor de la segunda de las posibilidades apuntadas se encuentra la norma del artículo 7.3, que, apelando al principio de flexibilidad, habla de la elección de la «medida o medidas adecuadas».

Por el contrario, las normas contenidas en los artículos 11 y 12 de la Ley sólo son entendibles dentro de un sistema que parte de la premisa básica de que por cada hecho delictivo sólo cabe imponer una única medida.

Así, el artículo 11.2, que engloba los supuestos de concurso ideal y medial de infracciones, afirma que se tendrá en cuenta exclusivamente la más grave de las infracciones para aplicar la «medida (en singular) correspondiente». Con esta afirmación, parece sobrentenderse que la imposición de varias medidas sólo es posible en los casos de concurso real; en estos casos, contrariamente a la norma del párrafo 2 citado, el artículo 11.1 expresamente afirma que «al menor responsable de una pluralidad de hechos se le impondrá una o varias medidas».

Más concluyente resulta todavía el artículo 12, que, en los supuestos de infracción continuada o de una sola infracción con pluralidad de víctimas, obliga al Juez a imponer «una sola medida» tomando como referencia el más grave de los hechos cometidos. No tendría justificación posible que por un delito de hurto, por poner un ejemplo, se pudiesen imponer varias medidas, y que por un delito de hurto continuado no se pudiese imponer más que una, o que por un delito de incendio que no causase daños personales se pudiesen imponer igualmente varias medidas, y que en cambio por un delito que causase varias muertes solo pudiera imponerse una medida. Por otra parte, la referencia a la imposición de la medida en su máxima extensión es meramente retórica, ya que seguidamente se admite la imposición de la medida con una duración menor cuando así lo aconseje el interés del menor; en realidad, también la medida en su máxima extensión sólo deberá imponerse, como cualquier otra medida, en tanto en cuanto lo aconseje el interés del menor.

Para determinar en qué casos estamos ante una infracción continuada habrá que acudir al artículo 74 CP. Sin embargo, la Ley introduce también en el artículo 12, desgajándola del concepto clásico de concurso ideal que maneja el artículo 77 CP y con escaso rigor técnico, la categoría de lo que denomina «una sola infracción con pluralidad de víctimas», reduciendo aparentemente el ámbito natural del concurso ideal del artículo 11.2 a la acción que colme las exigencias típicas de al menos dos infracciones delictivas distintas y cuya punición conjunta no esté vedada por aplicación de las reglas que regulan el concurso de normas.

No obstante todo lo anterior, que es posible la imposición de varias medidas en un mismo procedimiento resulta evidente, como se desprende claramente de la lectura del artículo 13. Ello resultará además bastante frecuente, ya que se tenderá, por aplicación supletoria de las reglas de conexidad delictiva previstas en el artículo 17 LECrim y en especial la de su número 5.º, a lo que la Ley denomina enjuiciamiento de todos los delitos atribuidos a un mismo menor en unidad de Expediente (art. 20.3). Esta posibilidad de enjuiciar en un mismo procedimiento varios hechos distintos atribuidos a un mismo menor justifica el que en una misma sentencia, aun observando la regla general de no imponer más de una medida por hecho imputado, se puedan imponer varias medidas, y explica asimismo el que en el texto de esta Circular se hagan continuas referencias a supuestos de sentencias que condenan al cumplimiento de dos o más medidas.

También es posible, por expresa previsión legal, que las medidas de internamiento terapéutico y de tratamiento ambulatorio se impongan conjuntamente con otra medida, aun habiendo sido sentenciado un solo hecho (letras d) y e) artículo 7). Esto no podrá suceder sin embargo, como ya se indicó *supra*, en los supuestos en que se haya declarado la exención de responsabilidad del menor. Su ámbito natural de aplicación parece ser, por tanto, el de la apreciación como eximente incompleta o atenuante analógica de alguna de las circunstancias de los números 1.º, 2.º ó 3.º del artículo 20 CP.

En cualquier caso, cuando se condene al menor en una misma sentencia al cumplimiento de varias medidas que se hayan de cumplir sucesivamente, el tiempo total de cumplimiento no podrá exceder del doble de la duración de la medida más grave impuesta (art. 13 *in fine*).

VI. INSTRUCCIÓN DEL EXPEDIENTE

VI.1 Introducción

La instrucción del Expediente de reforma de menores se encomienda al Ministerio Fiscal con el fin –entre otros– de garantizar el cumplimiento de uno de los postulados que desde la STC 36/1991 se ha alzado como definitorio del sistema de justicia penal de menores: la preservación a ultranza de la imparcialidad judicial.

Corresponde al Ministerio Fiscal la instrucción del procedimiento (arts. 6 y 16.1) con el fin de que el Juez de Menores limite su actuación a ejercer la garantía última del respeto a los derechos fundamentales afectados por la investigación y a efectuar en su momento el enjuiciamiento final de la causa sin prejuicio ni sospecha de parcialidad.

La interpretación de los artículos que regulan la instrucción en la LORPM (Título III) autoriza a entender que la participación de la autoridad judicial en esta fase del procedimiento se halla sujeta a importantes restricciones que procuran preservar su imparcialidad manteniéndolo alejado de las labores de investigación material.

Desde el punto de vista orgánico, por otra parte, la relación del Fiscal instructor con el Juez de Menores no es jerárquica, al ser la instrucción competencia del Fiscal y no sujetarse a revisión judicial directa en tanto no concluya dicha fase.

De este modo la instrucción del Expediente, exceptuadas las medidas cautelares, las diligencias restrictivas de derechos fundamentales, la declaración de secreto y la preconstitución de prueba, deviene competencia y responsabilidad exclusiva del Fiscal, desplazándose la tutela judicial efectiva sobre las vicisitudes acaecidas en el desarrollo de la investigación a una fase ulterior del proceso, tras la presentación del correspondiente escrito de alegaciones de la defensa.

La LORPM continua la línea evolutiva emprendida en la anterior Ley Orgánica 4/1992 y hace más visible si cabe la desjudicialización de los aspectos materiales de la investigación en aras de una rigurosa delimitación práctica de la función jurisdiccional como esencialmente juzgadora y de ejecución de lo resuelto, en los términos del artículo 117.1 de la Constitución.

VI.2 Diligencias Preliminares

El Expediente de reforma se abre con un acuerdo formal de incoación pronunciado por el Fiscal en forma de Decreto que se fundamenta en la formulación de un doble juicio de valor: de un lado, que los hechos que han llegado a su conocimiento por cualquier medio de posible eficacia (denuncia, atestado policial, oficio remisorio de autoridades o funcionarios, notoriedad pública, etc.) resultan verosímiles, tienen relevancia penal e incriminan a una o varias personas menores de edad; de otro lado, que el interés de tales menores no aconseje precisamente evitar la incoación del proceso y su potencial efecto estigmatizador remitiendo la corrección del menor al ámbito de la propia familia, o a las instituciones de protección (art. 18).

En consecuencia, la intervención del Fiscal en el procedimiento de menores comienza antes de dictar el Decreto de incoación del Expediente, en una fase preliminar que tiene por objeto la valoración previa de los términos de la denuncia y la verificación, si es preciso, de actividades materiales de comprobación que estime necesarias para resolver sobre la incoación o no del Expediente.

Toda denuncia o atestado motivará la incoación de las correspondientes Diligencias Preliminares a las que se asignará numeración correlativa que tendrá por función la identificación de las actuaciones emprendidas por la Fiscalía con independencia de cuál sea su resultado ulterior –archivo, desistimiento de incoación o incoación del oportuno Expediente de reforma–.

VI.2.A RECEPCIÓN DE LA *NOTITIA CRIMINIS*. INCOACIÓN DE LAS DILIGENCIAS PRELIMINARES. CONDICIONES DE PROCEDIBILIDAD

La Fiscalía tomará conocimiento de la existencia de hechos presuntamente constitutivos de delito o falta cometidos por menores de edad bien por medio de atestado policial, con o sin detenido, bien por oficio remisorio de actuaciones administrativas en las que se haya detectado el presunto delito o falta por la autoridad o funcionario público competente, bien por denuncia de particular o incluso por notoriedad misma del hecho si éste ha adquirido difusión en los medios de comunicación social, pues aunque la Ley nada prevea al respecto, el Fiscal puede incoar de oficio las actuaciones procesales.

Las vías de recepción de la noticia no presentan singularidad alguna en relación con los procesos penales de adultos y como fuentes de conocimiento no plantean otro problema que el de la verosimilitud de su contenido y el de la correcta identificación del denunciado o detenido, a efectos de constatar su edad.

Consideración autónoma merecen los supuestos en que la *notitia criminis* ha llegado en primer lugar a conocimiento del Juez de Instrucción correspondiente y ha motivado la incoación de alguno de los procesos penales de adultos regulados en la LECrim, pues en este caso existirá una previa resolución judicial ordenando la remisión de los antecedentes a la Fiscalía de Menores bien en original o mediante testimonio.

La entrada en vigor de la Ley activa a su vez una nueva posibilidad, ya anticipada en el artículo 69 del CP: que el Juez de Instrucción, en atención a lo dispuesto en el artículo 4 de la Ley, resuelva la aplicación de las normas reguladoras de la responsabilidad penal de los menores a imputados mayores de 18 años y menores de 21.

En los casos en que se sospeche en el proceso penal de adultos que todos o alguno de los inculpados son menores, se ha de exigir que la determinación de la edad se haga con el debido rigor, con acreditación del día e incluso, si es el caso, de la hora de nacimiento de los mismos. Con este objeto el Fiscal que tenga asignado el conocimiento del proceso penal deberá solicitar la incorporación de la correspondiente certificación registral de inscripción de nacimiento y en defecto de ésta solicitará se recaben otros medios de prueba útiles, bien documentales, como la partida de bautismo, bien testificales o periciales, en línea con lo previsto en los artículos 375 y 376 LECrim.

Normalmente los problemas más graves se plantearán en relación con extranjeros no documentados –el artículo 32.2 de la Ley Orgánica 4/2000, de 11 de enero atribuye precisamente al Juez de Menores el esclarecimiento de la edad de los no documentados– o con grupos de población marginal que no han verificado la inscripción registral de los nacimientos.

El Fiscal encargado del despacho del asunto penal deberá interponer recurso contra la decisión del Juez de Instrucción –o Juez de lo Penal o Audiencia Provincial en su caso– de inhibirse en favor de la Fiscalía de Menores si existe duda razonable de la verdadera edad del inculpado y no se han agotado los medios de prueba disponibles, pues los órganos de la jurisdicción penal de adultos no deben declinar su competencia sin previa certeza del dato de la edad del inculpado.

Si pese al diligente agotamiento de los medios de prueba, subsiste la duda razonable acerca de la minoría de edad del inculpado habrá de aceptarse la remisión a la Fiscalía de Menores, pues ante el riesgo potencial de sujetar a un menor de edad a un sistema procesal y penal legalmente improcedente debe optarse por la solución menos arriesgada, que es la aplicación de las normas reguladoras de la responsabilidad penal de menores, particularmente en un estado de cosas como el presente, en el que la aplicación de esas normas se extiende condicionadamente en favor de adultos de hasta 20 años.

En aquellos delitos o faltas que exijan como condición de procedibilidad la denuncia de la persona agraviada o de su representante, el Fiscal no podrá incoar Expediente si no se cumple dicho presupuesto, por lo que si la noticia del delito procede de autoridades, funcionarios o particulares distintos del agraviado o de su representante legal, el Fiscal deberá acordar la incoación de Diligencias Preliminares pero procederá a su inmediato archivo por no concurrir las condiciones de procedibilidad legalmente exigibles.

El Decreto de archivo se notificará al agraviado o a su representante legal, informándole de que puede activar el proceso, si lo desea, formulando la oportuna denuncia ante la Fiscalía dentro del plazo de prescripción del delito o falta previsto en el artículo 10.1.

En aquellos casos en que al Fiscal se le permite suplir la inactividad de la persona agraviada o de su representante legal, como sucede por ejemplo en relación con los delitos de agresión, acoso y abuso sexual, (art. 191.1 del CP), el Fiscal tras incoar Diligencias Preliminares valorará los intereses en conflicto y decidirá sobre la incoación del Expediente de reforma en un Decreto motivado que expresará las razones que le mueven a ordenar la prosecución del procedimiento.

En cuanto a los delitos privados –injurias y calumnias contra particulares y contra autoridades y funcionarios por hechos no concernientes a sus respectivos cargos o funciones– la LORPM obliga a entender que se ha producido un cambio trascendental en su régimen de legitimación activa, desvinculándolo de las condiciones generales de procedibilidad.

Según el régimen común de la LECrim el Ministerio Fiscal tiene prohibido el ejercicio de la acción penal –art. 105– y el impulso del proceso constituye una carga del ofendido –art. 275–.

Ambas previsiones de carácter general quedan exceptuadas en el específico ámbito de la LORPM que, al imponer la aplicación de su régimen de instrucción y enjuiciamiento a toda clase de delitos y faltas sin excepción alguna por razón de su naturaleza –art. 1.1–, hace extensiva a los delitos privados la prohibición de ejercicio de la acción penal por particulares –art. 25 párrafo 1– y el impulso de oficio.

Esto significa que corresponde al Fiscal ejercitar la acción penal por delitos de injurias y calumnias cometidos por menores, conservando el ofendido su poder de disposición sobre la misma, pues, de una parte, no se puede perseguir el delito sino a su instancia –art. 215.1 CP– y de otra, puede otorgar su perdón en cualquier momento del proceso, extinguiendo la responsabilidad penal –art. 215.3 CP–.

Sin perjuicio de su indudable idoneidad como vehículo para transmitir la *notitia criminis* y la voluntad de perseguir el delito imputado, la necesaria adaptación del régimen de perseguibilidad de los delitos privados al proceso penal de menores obliga a modular la exigencia de la propia querella referida en el artículo 215.1 CP. En efecto, el ofendido por un delito privado puede dirigirse al Fiscal manifestándole de modo explícito su interés en la persecución y castigo del mismo cuando haya sido cometido por un menor.

Para ello no necesitará de Abogado y Procurador, ni deberá utilizar la forma de la querella, si bien su comunicación con el Fiscal no puede consistir simplemente en una mera narración de los hechos, sino que deberá contener inequívocamente una expresa declaración de voluntad de persecución del delito.

Si el Fiscal tuviere conocimiento de los hechos por otras fuentes, se abstendrá de toda actuación, inclusive de la incoación de Diligencias Preliminares, pues sin iniciativa del ofendido no podrá emprender acto alguno de relevancia procesal.

VI.2.B Objeto de las Diligencias Preliminares. Depuración de las dudas iniciales de verosimilitud. Modalidades conclusivas

Recibida por cualquier vía la *notitia criminis* se incoarán en todo caso Diligencias Preliminares, las cuales pueden concluir mediante Decreto de archivo, de desistimiento de la incoación del Expediente o de incoación del Expediente de reforma.

En esta fase de Diligencias Preliminares se habrá de valorar la concurrencia de los presupuestos necesarios legalmente para acordar la incoación del Expediente de reforma, que son, desde el punto de vista fáctico, la verosimilitud de los hechos denunciados y la determinación de la identidad y edad de los partícipes en su ejecución y desde el punto de vista normativo, la tipicidad penal de la conducta denunciada.

En relación con el primer punto, la verosimilitud de los hechos denunciados es presupuesto de la incoación del Expediente porque un menor no debe verse involucrado en un procedimiento penal si el fundamento de la incriminación carece de consistencia.

Las actuaciones procedimentales en torno a los menores se conciben en los textos internacionales como un medio subsidiario de educación e inserción social al que se ha de recurrir sólo cuando no resulten eficaces otras soluciones de naturaleza extraprocesal –cfr. número 11 de las Reglas de Beijing–.

Si el procedimiento penal es un mal menor de aplicación subsidiaria se debe comprobar con el debido cuidado que los hechos que se incriminan no presentan inicialmente dudas serias de verosimilitud pues de otro modo la incoación del Expediente carece de sentido.

Esto no significa que el Decreto de incoación del Expediente de reforma exija la percepción de una flagrancia o cuasiflagrancia en la comisión del delito o falta ni la recepción de un atestado o denuncia adornados con una prolija y sustanciosa base incriminatoria, sino simplemente que el relato de hechos contenido en la denuncia no suscite, *prima facie*, dudas relevantes en cuanto a su credibilidad y consistencia interna.

En relación con el otro presupuesto fáctico, el relativo a la edad, es preciso también determinar con carácter previo la identidad y la edad precisa de las personas a las que se imputa la comisión de los hechos punibles antes de resolver sobre la incoación del Expediente de reforma.

La comprobación de estos datos de la realidad exigirá en algunas ocasiones la práctica material de diligencias de investigación con apoyo normativo en el artículo 16.2 de la Ley y en el artículo 785 bis LECrim, supletoriamente aplicable conforme a la Disposición Final primera de la LORPM.

Según el artículo 16.2 el Fiscal admitirá a trámite o no la denuncia según que los hechos sean o no indiciariamente constitutivos de delito y practicará las diligencias que estime pertinentes para la comprobación del hecho y de la responsabilidad del menor en su comisión.

Según el artículo 16.3 una vez efectuadas las actuaciones indicadas en el apartado anterior, el Ministerio Fiscal dará cuenta de la incoación del Expediente al Juez de Menores, quien iniciará las diligencias de trámite correspondientes.

Aunque la Ley habla de inadmisión a trámite de la denuncia los Fiscales incoarán siempre Diligencias Preliminares, si bien se abstendrán de practicar diligencias de comprobación cuando los hechos carezcan de tipicidad penal procediendo a dictar el correspondiente Decreto de archivo.

También se archivarán las Diligencias Preliminares sin comprobación alguna por aplicación subsidiaria del artículo 269 LECrim cuando los hechos denunciados resultaren manifiestamente falsos.

Procederá, por el contrario, la práctica de diligencias materiales de investigación en fase preliminar si los hechos denunciados no resultan ser manifiestamente falsos pero ofrecen dudas ciertas en su verosimilitud que puedan ser fácilmente despejadas en un trámite breve.

El carácter preliminar de las diligencias ordenadas por el Fiscal se deduce de la correlación del apartado 3 con el apartado 2 del artículo 16, al indicarse que la dación de cuenta de la incoación del Expediente al Juez de Menores, y en consecuencia, hay que entender, el propio Decreto de incoación que lo sustenta, se producirán con posterioridad a la práctica de dichas diligencias.

Los Fiscales deberán hacer un uso tan ponderado como excepcional y restringido de las diligencias de investigación en fase preliminar pues la nueva Ley busca el robustecimiento de los principios de defensa y de equilibrio de partes en la fase de instrucción, lo que obliga a no demorar su incoación con una actividad preliminar que en modo alguno debe convertirse en sustitutivo o anticipo del Expediente de reforma.

La actividad preliminar de investigación se justificará sólo en la medida en que exista una necesidad clara de despejar las dudas iniciales que la denuncia haya podido suscitar, pues donde verdaderamente se van a materializar en su plenitud los principios constitutivos del proceso será en la fase de instrucción propiamente dicha, subsiguiente al Decreto de incoación del Expediente, tras producirse la designación de Letrado al menor y tras ser puesto éste al corriente de los términos de la imputación y de las actuaciones ya practicadas en sede policial y fiscal.

Lo que justifica la necesidad de desarrollar una investigación previa al Decreto de incoación es la existencia de duda razonable en torno a la verosimilitud de la imputación y a la identidad y edad de los partícipes; su objetivo no puede ser otro que el esclarecimiento de estos extremos, en defensa activa del interés del menor que corre el riesgo de sufrir una imputación infundada si se opta por una incoación automática del Expediente.

Si incoadas Diligencias Preliminares se comprueba que el denunciado es menor de catorce años, el Fiscal dictará de inmediato Decreto de archivo remitiendo las actuaciones a la entidad de protección conforme a lo establecido en el artículo 3 de la Ley. Si se comprueba que el denunciado es mayor de 18 años, también dictará Decreto de archivo de las Diligencias Preliminares y remitirá aquéllas al Juez de Instrucción competente, pues el procedimiento de reforma no es un procedimiento tipo de investigación de hechos criminales sino un mecanismo específico de tratamiento jurídico penal del menor que se justifica única y exclusivamente en la existencia comprobada de algún menor infractor, sin lo cual no es posible dictar Decreto de incoación de Expediente.

Si la duda en torno a la edad verdadera del denunciado no llega a despejarse en fase de Diligencias Preliminares pese al diligente agotamiento de los medios de investigación disponibles, en caso de suscitarse duda racional sobre la mayoría de edad del sujeto, se incoará Expediente de reforma y quedará sujeto a la jurisdicción de menores en tanto no se acredite fehacientemente su mayoría de edad al ejecutar el hecho punible.

Si la duda no despejada es en torno a si el sujeto tenía o no cumplidos los 14 de años de edad al ejecutar los hechos, dicha duda se dirimirá en sentido favorable al menor y no se le exigirá responsabilidad penal, debiendo el Fiscal dictar Decreto de Archivo de las Diligencias Preliminares con remisión de lo actuado a la entidad de protección correspondiente.

La valoración del grado de consistencia de la imputación contenida en la denuncia o atestado no se puede desvincular completamente de la naturaleza de la fuente de la que procede la *notitia criminis* pues, en general, y sin que quepa descartar la existencia de relevantes excepciones, los hechos conocidos mediante atestado policial o a través de oficio remisorio de una autoridad o funcionario público harán infrecuente el planteamiento de genuinas dudas en torno a su verosimilitud, por lo que en estos casos procederá la transformación inmediata de las Diligencias Preliminares en Expediente de reforma mediante el pronunciamiento del correspondiente Decreto de incoación.

Normalmente el atestado comprende cierto número de diligencias de investigación sustanciadas por la Policía judicial, en muchas ocasiones por grupos especialmente cualificados para la investigación y tratamiento de la delincuencia de menores y juvenil, que vienen a suponer un respaldo consistente de los términos en que se formula la incriminación –declaraciones de testigos, inspecciones oculares, cacheos y registro personales, recogida *in situ* de instrumentos y efectos, determinadas pericias, etc.–. Estas diligencias policiales nacen con vocación de ser incorporadas al Expediente de reforma y constituyen por la propia cualificación técnica de sus autores una singular fuente de conocimiento.

En cuanto a los oficios remisorios procedentes de autoridades o funcionarios que en el desempeño de sus responsabilidades detectan hechos presuntamente delictivos cometidos por menores, también suelen acompañarse de soportes documentales suficientemente expresivos de los hechos denunciados y de los indicios de participación del menor en los mismos.

Las denuncias formuladas por particulares, sin embargo, presentan un perfil diferente, y exigen una más cuidadosa selección y valoración por el Fiscal. No se trata de sembrar una duda sistemática en torno a este tipo de denuncias, que en la mayor parte de las ocasiones constituyen una fuente fiable de conocimiento y una ayuda inapreciable para la realización del valor constitucional de la justicia mediante la colaboración ciudadana. Se trata simplemente de que el Fiscal asuma, en garantía del interés prevalente del menor denunciado, una función de filtro respecto de aquellas denuncias que en su propia redacción presenten contradicciones palmarias, ambigüedades o sospechosas inconsecuencias.

Este celo se ha de extremar en el caso de las denuncias anónimas, que por lo general deberán conducir al archivo de las Diligencias Preliminares incoadas en base a las mismas, pues repugna a la sensibilidad propia del profesional avezado en el desempeño de funciones tuitivas de menores que una decisión tan trascendente como es el Decreto de incoación del Expediente de reforma, expresión formal de una imputación delictiva sustentada por la autoridad del Ministerio Fiscal, tenga por único fundamento un escrito de procedencia ignorada y de cuyo contenido nadie se hace responsable.

El respeto que el menor debe inspirar a los profesionales de la Justicia como sujeto de derecho obliga a buscar soluciones nada complacientes con el empleo y proliferación de esta insidiosa modalidad de delación y no cabe duda de que el medio más saludable de prevención es la negativa a incoar Expediente de reforma y el archivo de las Diligencias Preliminares.

Sólo en caso de que la denuncia anónima se refiera a hechos de cierta relevancia y contenga en su texto datos particulares de fácil comprobación podrá, con carácter excepcional, motivar el desarrollo de una investigación preliminar que permita contrastar el fundamento y ajuste a la realidad de su contenido inculpatorio. En este supuesto la tramitación de las Diligencias Preliminares despliega su genuina potencialidad tuitiva de los derechos del menor convertida en filtro que depura los datos de hecho sobre los que el Fiscal sustenta su decisión de la apertura del Expediente de reforma.

En cuanto a la denuncia de hechos típicos cometidos por personas ignoradas, es evidente que no procede en ningún caso la incoación de Expediente de reforma; el artículo 16.2 de la Ley ordena el archivo de la denuncia cuando los hechos no tengan autor conocido, pero se debe razonablemente complementar este mandato con la remisión de la denuncia y de los particulares incorporados con la misma al Juez de Instrucción para que por éste se incoe el procedimiento judicial oportuno y se resuelva lo procedente sobre su impulso o archivo en los términos previstos en la LECrim, pues si no se constata la autoría de los hechos y en consecuencia se ignora la participación de algún menor en los mismos la competencia del Juez de Instrucción ejercerá una *vis atractiva* que obligará a la remisión de los antecedentes a su sede.

En resumen, el Fiscal que reciba una denuncia o atestado incoará en todo caso Diligencias Preliminares, las cuales tramitará y concluirá con arreglo a estos criterios:

1.º Si los hechos denunciados no son constitutivos de delito o falta, procederá al archivo de las Diligencias Preliminares por atipicidad de la conducta. La misma decisión de archivo se adoptará si, en términos equivalentes a los previstos en el artículo 637.1 LECrim, no existen indicios racionales de haberse perpetrado el hecho denunciado.

2.º Si los hechos denunciados son manifiestamente falsos, procederá igualmente al archivo de las Diligencias Preliminares y se abstendrá de toda comprobación por aplicación subsidiaria del artículo 269 LECrim (disposición final primera de la LORPM).

3.º Si los hechos denunciados, sin ser evidentemente falsos, suscitan desde el principio dudas fundadas en cuando a su verosimilitud, el Fiscal practicará en fase preliminar las comprobaciones que estime precisas para despejar tales dudas. Estas diligencias se ajustarán en su desarrollo a las previsiones generales contenidas en el artículo 785 bis LECrim, subsidiariamente aplicable, y en el artículo 5 del Estatuto Orgánico del Ministerio Fiscal (Ley 50/1981, de 30 de diciembre) por su alcance general en la regulación de la actividad investigadora del Fiscal.

La diligencia más lógica en estos casos es la citación ante el Fiscal de la persona autora de la denuncia para que proceda a la ratificación de su contenido, así como a ampliar y aclarar cuantos extremos resulten oscuros o de dudosa comprensión.

En ningún caso se extenderá la investigación preliminar más allá de lo estrictamente necesario para despejar la duda inicial. Si no se alcanza un convencimiento mínimo y elemental de la verosimilitud de la imputación, el Fiscal dictará Decreto ordenando el archivo provisional de las Diligencias Preliminares, sin perjuicio de su reapertura posterior si se localizaran nuevos datos o fuentes de conocimiento.

4.º Si el Fiscal aprecia claramente la concurrencia de cualesquiera otras de las causas a las que la LECrim asocia el sobreseimiento previsto en los artículos 637 y 641 LECrim, acordará también el archivo de las Diligencias Preliminares. No obstante, se recomienda incoar Expediente de reforma en todos aquellos casos en que no siendo evidente la concurrencia de causas de sobreseimiento, merezca la pena agotar las diligencias de investigación posibles con el fin de esclarecer los hechos.

5.º Si los hechos no plantean dudas relevantes de verosimilitud, tienen encaje en alguno de los tipos del CP o de cualquiera de las leyes penales especiales y se predican de personas identificadas y comprobadamente menores de edad, salvo que el interés del menor exija un desistimiento de la acción en los términos del artículo 18.1, el Fiscal dictará Decreto de incoación del Expediente de reforma y emprenderá la fase de instrucción propiamente dicha con la plenitud de garantías que la Ley procura.

El Decreto de archivo de las Diligencias Preliminares deberá notificarse a los denunciantes (art. 16.2, *in fine*) por cualquier medio de comunicación que permita acreditar la recepción de la cédula. A los denunciantes se les informará que contra la decisión del Fiscal no cabe recurso y que no pueden reiterar la denuncia ante el Juez de Instrucción, por carecer éste de competencia objetiva en la materia. A los perjudicados, aunque no hayan sido denunciantes, también se les notificará el archivo informándoles que con la notificación se reactiva el plazo de prescripción para el ejercicio de la acción civil ante la jurisdicción ordinaria.

Los Decretos de archivo de Diligencias Preliminares no constituyen decisiones jurisdiccionales y como tales no implican un juicio definitivo sobre el fondo de la cuestión, por lo que nada impide su revisión futura si se localizan nuevos hechos o elementos probatorios que aconsejen la reapertura de las Diligencias Preliminares o la incoación del Expediente de reforma.

VI.2.C Desistimiento de la incoación del Expediente: juicio de oportunidad acerca del ejercicio de la acción penal

Los textos internacionales relacionados con la justicia de menores insisten en la atribución de amplias facultades discrecionales a las autoridades encargadas de conducir el procedimiento con el fin de aplicar en cada caso la solución más acorde con los intereses concretos del menor investigado.

La actuación discrecional del investigador, cuyo trasunto procesal es el principio de oportunidad reglada en el ejercicio de la acción, no constituye por ello un espacio reservado al libre decisionismo del instructor, sino que resulta del ejercicio de una potestad discrecional vinculada al logro de los objetivos de educación e inserción social del menor que informan el texto de la Ley.

El Fiscal, a diferencia de lo que ocurre en el proceso penal de adultos en relación con los delitos públicos, está autorizado a desistir del ejercicio de la acción penal en determinadas circunstancias y la primera manifestación de este principio la encontramos en el artículo 18 de la Ley, que regula el llamado desistimiento de la incoación del Expediente para articular la corrección en el ámbito educativo y familiar.

Establece este precepto que el Ministerio Fiscal podrá desistir de la incoación del Expediente cuando los hechos denunciados constituyan delitos menos graves sin violencia o intimidación en las personas, o faltas, siempre y cuando no conste que el menor haya cometido con anterioridad otros hechos de la misma naturaleza.

El presupuesto de esta decisión es doble: formalmente la infracción debe hallarse tipificada como mera falta o como delito menos grave, en el bien entendido de que delitos menos graves son todos aquellos que tienen prevista en el CP una pena de naturaleza menos grave (art. 13.2 en relación con el art. 33.3 del CP); materialmente, el hecho ha de verse exento de toda forma de violencia o intimidación en su ejecución, lo que supone la exclusión de determinados delitos menos graves en los que se actúan formas efectivas de coacción o intimidación aunque sean de naturaleza menos intensa.

En cuanto a la exigencia legal de que el menor no haya cometido con anterioridad hechos de la misma naturaleza (art. 18.2) se ha de entender que el menor no debe haber incurrido en hechos constitutivos de delito grave o, si se trata de delito menos grave, que en su ejecución no haya empleado violencia o intimidación, aunque los hechos presenten una naturaleza diversa, pues en una interpretación lógica de la ley este precedente, que sin duda le habría impedido beneficiarse en su momento del desistimiento del Fiscal, se convertiría en obstáculo para lograr el mismo beneficio respecto de hechos posteriores.

Si el hecho anterior es constitutivo de mera falta, o de delito menos grave sin concurrencia de violencia o intimidación, podría entenderse que el Fiscal tiene legalmente vedada la decisión de desistimiento sólo si el hecho anterior tiene la misma naturaleza que el hecho actual, atendiendo a si se ha visto lesionado el mismo bien jurídico de un modo semejante.

No es necesario que exista una condena anterior a la decisión del Fiscal, pues la Ley se refiere a hechos, no a delitos ni a condenas ejecutorias.

La remisión a la intervención educativa de la propia familia del menor se enuncia en el epígrafe introductorio del artículo 18, pero curiosamente no se menciona en el texto que desarrolla el citado artículo, que sólo prevé el traslado de lo actuado a la entidad de protección de menores, aunque es obvio que este traslado sólo tiene sentido si se detecta en el menor alguna situación relevante de riesgo o desamparo que justifique la adopción de las medidas de protección en el orden civil.

No toda infracción menor, sobre todo si es aislada, implica la concurrencia de una situación de riesgo que necesite de la activación de los recursos previstos en el CC y en la Ley Orgánica 1/1996 citados en el artículo 3 de la Ley.

El desistimiento se acordará en un Decreto motivado que determinará el archivo de las Diligencias Preliminares, del cual se dará traslado al Juez de Menores para que proceda a la incoación de la pieza de responsabilidad civil si existen perjudicados.

VI.3 **Fase de instrucción**

La fase de instrucción se inicia con el Decreto de incoación del Expediente de reforma. El Fiscal debe dar traslado inmediato del mismo al Juez de Menores. Aunque la LORPM utiliza expresiones como «dar cuenta» (art. 16.3) o remitir «parte de incoación» al Juez (arts. 22.2 y 64.1.ª) la comunicación no puede ser entendida como un mero formalismo, pues desencadena importantes efectos jurídicos, en la medida en que precipita la constitución de la relación jurídico-procesal, fuerza la incorporación de los pasivamente legitimados como parte necesaria en la pieza principal, y marca el punto de inicio en la tramitación de las Diligencias judiciales y de la pieza separada de responsabilidad civil.

Es preciso que el Decreto contenga una sucinta exposición de los hechos que se incriminan, o en su caso que se acompañe de la copia del atestado policial o de la denuncia que haya motivado su adopción. La documentación que reciba el Juez deberá consignar con claridad la identidad de los menores expedientados, de sus representantes legales o guardadores y de los posibles perjudicados, en su calidad de partes de la pieza de responsabilidad civil.

Recibido el parte e incoadas las oportunas diligencias en el Juzgado de Menores (art. 16.3) el Secretario del Juzgado requerirá al menor y a sus representantes legales para que designen Letrado en el plazo de tres días, advirtiéndoles que, de no hacerlo, aquél le será nombrado de oficio de entre los integrantes del turno de especialistas del correspondiente Colegio de Abogados (art. 22.2).

El Fiscal por su parte debe notificar el Decreto al perjudicado si ya le consta su identidad o en su caso tan pronto como de la instrucción del Expediente se obtenga constancia de su existencia (art. 22.3). Esta notificación deberá comprender información del derecho que le asiste de personarse en la pieza de responsabilidad civil y, por supuesto, del derecho a personarse en la pieza principal en los términos del artículo 25.

Incoado el Expediente la instrucción se encaminará no sólo a preparar la celebración de la audiencia, sino también a buscar la solución procesal más beneficiosa para el menor, lo que en ciertos casos justificará el desistimiento de su continuación y la renuncia a la audiencia.

VI.3.A INTERVINIENTES

En el proceso de reforma de menores intervienen el Ministerio Fiscal, que dirige la instrucción y tiene atribuido en exclusiva el ejercicio de la acción penal, y el menor inculpado, representado y defendido por Letrado.

El Fiscal se ubica en una posición de difícil articulación, pues debe compatibilizar el ejercicio de la acción penal con la defensa de los derechos de los menores, la vigilancia de las actuaciones que deban efectuarse en su interés y la observancia de las garantías del procedimiento (art. 6).

Facultativamente el o los perjudicados por el delito pueden tener una intervención en el Expediente en los términos del artículo 25.2. Las condiciones de la Ley son sumamente restrictivas, pues ha de tratarse de hechos presuntamente cometidos por personas de al menos 16 años de edad, y de hechos acompañados de violencia o intimidación, o generadores de un riesgo grave para la vida o integridad física de las personas.

La Ley no exige que la violencia o intimidación empleadas sean graves o especialmente relevantes, por lo que habrá que estimar comprendidos en los supuestos de habilitación los delitos de naturaleza menos grave cuya descripción típica abarque el uso de violencia física o compulsiva contra personas.

Descartamos por extensivo el entendimiento del elemento normativo «violencia» como *vis in re* o fuerza en las cosas porque ampliaría las posibilidades de personación más allá de los límites razonables que impone la *ratio* de la norma, y también descartamos por expreso imperativo legal las infracciones leves, aunque comprendan el ejercicio de violencia.

En lo que se refiere a los delitos que hayan generado un grave riesgo para la vida o integridad física de las personas, la previsión legal parece reproducir el presupuesto del apartado 4.º del artículo 9, si bien en un contexto distinto, en el que se difumina su sentido, pues si el riesgo generado, por grave que sea, no produce un daño efectivo, no existirá el perjuicio material que confiere legitimación procesal.

El Decreto del Fiscal que rechace la personación de un perjudicado está sometido a control judicial directo, pues el perjudicado puede reiterar su solicitud ante el Juez de Menores en el plazo de cinco días desde la notificación del acuerdo denegatorio (art. 25.6). Vencido el plazo de cinco días el perjudicado pierde su derecho. Si la personación se pretende en fase de audiencia, la solicitud se dirigirá directamente al Juez de Menores que resolverá por auto. Las decisiones judiciales adoptadas en esta materia serán susceptibles de recurso en los términos de los artículos 25.9 y 41.2.

La Ley no establece reglas específicas de postulación procesal y, a diferencia de lo que prevé para la pieza separada de responsabilidad civil (art. 61.11.º), no hace excepción expresa del régimen general de postulación procesal previsto en la LECrim, por lo que hay que entender que el perjudicado no podrá personarse en la pieza principal si no está asistido de Abogado y representado por Procurador.

El perjudicado tiene muy acotado el objeto de su intervención procesal y no puede proponer la imposición de medida educativa alguna. El epígrafe del artículo 25 declara la inexistencia de acción particular y popular en este proceso y en su párrafo 1.º prohibe el ejercicio de la acción penal por particulares, por lo que hay que entender que el perjudicado se incorpora al proceso en calidad de mero coadyuvante en el esclarecimiento de los hechos y de la participación del menor en el ejercicio de una legitimación procesal *sui generis*, dada su limitada capacidad de postulación y su carácter subordinado en relación con el Fiscal y, consiguientemente, respecto de las vicisitudes procesales que acompañen al genuino ejercicio del derecho de acción.

En su calidad de coadyuvante de la acusación pública su posición procesal queda supeditada a la intervención del Fiscal, quien al tener a su disposición el ejercicio de la acción penal limita con sus decisiones sus posibilidades de actuación. Si el Fiscal da por conclusa la fase de instrucción y propone al Juez el sobreseimiento y archivo, el perjudicado no puede oponerse eficazmente a la decisión, ni impulsar con actos propios el proceso ni tan siquiera recurrir el subsiguiente auto de sobreseimiento, pues sólo en la medida en que el Fiscal sostiene el ejercicio de la acción pervive la legitimación del perjudicado.

Los derechos reconocidos en la Ley son los siguientes: derecho a tener vista de lo actuado y a ser notificado de las diligencias que se soliciten y acuerden (art. 25 párrafo 3.º), derecho éste que se ha de circunscribir al conocimiento de las diligencias materiales de investigación de los hechos, no al informe del Equipo Técnico cuyo contenido se ha de mantener reservado también frente al perjudicado personado; derecho a participar en la práctica de las pruebas que se desarrollen en la fase de instrucción (art. 25 párrafo 5.º), a presentar un escrito tras la conclusión de la fase de instrucción en el que, valorando la actividad probatoria desarrollada, pase a proponer prueba para el acto de la audiencia (art. 25 párrafo 7.º), a proponer al inicio de ésta la práctica de nuevas pruebas (art. 25 párrafo 8.º), a ser oído sobre la resultancia probatoria obtenida en relación con los hechos imputados y la participación del menor en los mismos (art. 25 párrafo 8.º), a recurrir cuantos autos y providencias de los Jueces de Menores afecten a las facultades que tiene reconocidas (art. 25 párrafo 9.º) y a recurrir en apelación la sentencia misma.

La Ley sin embargo le prohibe proponer pruebas o formular conclusiones en relación con la situación personal, familiar, psicológica y social del menor y proponer medidas educativas (art. 25 párrafos 4 y 8). Tampoco puede solicitar la imposición de medidas cautelares (art. 28), la declaración de secreto del Expediente (art. 24) y la práctica de diligencias de instrucción restrictivas de derechos fundamentales (arts. 23.3 y 26.3), pues si no está prevista la audiencia del perjudicado antes de adoptar cualquiera de estas decisiones, tampoco se le puede considerar legalmente autorizado a solicitar por sí la adopción de las mismas.

El perjudicado puede personarse en el procedimiento tanto en la fase instructoria como en la fase de audiencia (art. 25 párrafo 2) si bien el ejercicio de sus facultades habrá de ajustarse a las necesidades de celeridad y simplificación imperantes en el proceso por lo que no podrá solicitar la retroacción de las actuaciones.

VI.3.B LAS DILIGENCIAS DE INSTRUCCIÓN ORDENADAS POR EL FISCAL

El objeto de la instrucción del proceso de reforma de menores debe circunscribirse a la práctica de aquellas diligencias que el Fiscal estime absolutamente imprescindibles para una formulación bien fundada del escrito de alegaciones o para obtener un criterio razonable de terminación anticipada del proceso y derivación del asunto hacia soluciones extraprocesales.

No se deben reiterar diligencias que la Policía haya practicado en el atestado correspondiente o que el Fiscal haya verificado en fase preliminar, pues tanto unas como otras quedan incorporadas al Expediente tan pronto se acuerda su incoación.

No hay que olvidar que en el proceso de reforma de menores, al igual que en el de adultos, la única prueba de cargo eficaz para hacer exigible la responsabilidad penal del inculpado es la que se practica en la vista oral, en fase de audiencia, y que la instrucción del Expediente constituye un mero trabajo preparatorio.

El Ministerio Fiscal no es un órgano jurisdiccional y, en consecuencia, no puede anticipar la prueba que ha de servir para fijar los hechos probados en sentencia, por lo que el momento oportuno para la reproducción del material probatorio recabado en la fase previa a la incoación del Expediente de reforma no es la fase de instrucción, sino la audiencia misma, en una vista oral, ajustada a los principios de inmediación judicial, contradicción y defensa, como única válida para producir prueba de cargo eficaz.

En consecuencia el Fiscal deberá acordar la práctica de aquellas diligencias instructorias que, no siendo reproducción de diligencias policiales o preliminares, resulten a su juicio de imprescindible verificación para esclarecer la participación del menor en el hecho presuntamente constitutivo de delito o falta y la medida o intervención educativa más adecuada en su caso.

Para valorar esta necesidad se ha de considerar que en el proceso de reforma de menores el principio de proporcionalidad no opera con la misma intensidad que en el proceso penal de adultos, pues si la pena impuesta al adulto ha de guardar en todo caso la debida proporción en relación con la intensidad del injusto cometido y el grado de culpabilidad acreditado, en el caso de las medidas educativo-sancionadoras previstas en la LORPM lo que se pretende es, primordialmente, la educación e inserción social del mismo, y la promoción de su bienestar y realización personal, y sólo de manera secundaria, la expresión del reproche social que merezca su conducta, expresión que además no exige inexcusablemente el enjuiciamiento de los hechos y el dictado de la sentencia (*v. gr.* art. 27.4).

De acuerdo con esta filosofía la calificación jurídico-formal de los hechos que se imputan al menor tiene menos trascendencia que en el proceso de adultos, porque la selección y graduación de la medida a imponer se verifica con amplia flexibilidad, atendiendo más que a la gravedad intrínseca de los hechos cometidos, a las necesidades y carencias educativas y personales que se aprecien en su autor.

El proceso además no busca necesariamente su conclusión mediante la celebración de audiencia y el pronunciamiento de una sentencia, sino que la Ley autoriza en bien del menor soluciones extraprocesales como la conciliación o la reparación que atienden a la realización de la finalidad educativa sin recurrir a medidas de naturaleza sancionadora.

Muchas de las diligencias que en el proceso penal de adultos resultan imprescindibles para redactar el escrito de acusación, tales como la tasación del valor de los efectos hurtados o dañados, o la determinación precisa del período de sanidad de un lesionado, pierden importancia en la fase de instrucción del proceso de reforma, por lo que al menos en aquellos casos en que el informe pericial no sea determinante de la tipificación del hecho como delito o falta, lo aconsejable será reservar para la audiencia la práctica efectiva de tales pruebas con el fin de no recargar la instrucción.

VI.3.C Diligencias de instrucción instadas por las partes. Instrucción judicial complementaria

Este criterio restrictivo ha de ser atendido también por el Fiscal cuando resuelva sobre la admisibilidad de las diligencias de instrucción solicitadas por el Letrado del menor o por el perjudicado personado en el proceso. Estas partes tienen derecho a proponer diligencias en fase de instrucción con el fin de dotar de contenido y fundamento a las solicitudes que formulen en el ejercicio de su respectiva legitimación, pero sin que ello signifique que dicho ejercicio haya de ser entendido como ilimitado.

El Fiscal dirige la investigación y goza de amplia discrecionalidad para resolver sobre la admisibilidad de las diligencias solicitadas por las partes. Sólo existe una diligencia que no puede rechazar, la declaración del menor, pues según el artículo 26.2, trasunto del artículo 400 LECrim, cuando el Letrado proponga que se lleve a efecto la declaración del menor el Ministerio Fiscal deberá recibirla en el Expediente si no está ya concluso.

En lo demás, el Fiscal debe valorar en concreto la pertinencia y utilidad de las diligencias de instrucción que se le piden y habrá de rechazar razonadamente aquellas que supongan mera repetición de las ya practicadas o que no aporten nada relevante a los efectos de resolver sobre la prosecución del procedimiento. La resolución del Fiscal se notificará al solicitante y se pondrá en conocimiento del Juez de Menores para su constancia.

Contra al Decreto del Fiscal rechazando una diligencia de instrucción solicitada por la parte no cabe recurso alguno, si bien cabe reiterar la solicitud ante el Juez de Menores: el perjudicado en el escrito de alegaciones o en la fase de audiencia –art. 25, 6.º–, el Letrado del menor en cualquier momento –art. 26.1–.

Aunque la Ley no establece límite alguno a la facultad del Letrado del menor para dirigirse al Juez postulando la práctica de la diligencia rechazada, en la medida en que es la propia Ley la que traza una separación neta entre las funciones de instruir y juzgar, parece prudente entender que la intervención efectiva del Juez de Menores en relación con las diligencias ordinarias de instrucción queda legalmente pospuesta hasta la apertura del trámite de audiencia (arts. 31 y 33.e).

No parece aceptable que el indudable derecho que asiste a la defensa de poder contradecir eficazmente el criterio del Fiscal instructor y de obtener una respuesta judicial fundada a sus pretensiones tenga que traducirse necesariamente en el desarrollo de una instrucción judicial paralela a la del Fiscal, pues dicho resultado práctico resultaría contraproducente, de dudosa operatividad y contradictorio con la estructura general del proceso que la Ley diseña, que atribuye al Fiscal el protagonismo en la fase de instrucción hasta su conclusión final, sin perjuicio del posterior control judicial sobre lo actuado que se ha de verificar en la fase intermedia, abierto el trámite de audiencia, al verificarse el juicio sobre el fundamento de la acusación.

El problema que plantean las diligencias de instrucción propuestas por la defensa y rechazadas por el Fiscal, al menos cuando se trata de diligencias relevantes a los efectos del proceso, esto es, a efectos de decidir si resulta procedente celebrar audiencia o sobreseer, halla cauce procesal adecuado de resolución en el trámite del artículo 33, e), que autoriza al Juez, una vez abierta la fase de audiencia, a practicar por sí dichas pruebas.

Esta posibilidad se alza como alternativa a la convocatoria de audiencia –art. 33, a)– y al sobreseimiento –art. 33, b) y c)– y sirve para configurar un genuino trámite de instrucción judicial complementaria a instancia de la defensa cuyo objeto es dirimir la necesidad de proseguir el procedimiento.

Así pues el Letrado del menor, tras la apertura del trámite de audiencia, todavía puede reclamar el sobreseimiento de la causa y fundar dicha pretensión en la práctica de aquellas diligencias que el Fiscal le rechazó en el curso del Expediente de reforma, pese a resultar pertinentes y útiles.

Dado que los escritos evacuados ante el Juez de Menores tanto por el Fiscal como por la defensa pueden contener una solicitud de sobreseimiento –art. 30.4 y por remisión artículo 31, pues en buena lógica procesal la facultad que se confiere al Fiscal de instar el sobreseimiento no le puede ser negada a la defensa– el Letrado del menor podrá aprovechar la evacuación del escrito de alegaciones para solicitar la práctica anticipada de diligencias cuando las considere reveladoras de la falta de fundamento de la acusación y determinantes en consecuencia de la aplicación de alguna causa de sobreseimiento –*v. gr.*, porque pueden demostrar la no participación del menor en el hecho que se le imputa (piénsese en un reconocimiento en rueda) o la inexistencia del propio hecho imputado–.

Si el Juez de Menores, contradiciendo el criterio manifestado en fase de instrucción por el Fiscal, estima la pertinencia de las diligencias solicitadas, puede abrir entonces un breve trámite en el curso del cual las practicará por sí. Aunque la Ley sólo prevé que tras su práctica, se dé traslado de su resultado al Fiscal y al Letrado del menor, es obvio que la práctica judicial de las diligencias se debe verificar con citación de todas las partes personadas y así se exigirá por los Fiscales si se pretendiere llevar a cabo la prueba de espaldas a las mismas.

A la vista del resultado de esta actividad probatoria el Juez daría nuevo traslado al Fiscal y defensa –y en su caso al perjudicado personado– con el fin de que se pronuncien sobre el mantenimiento o la modificación de sus iniciales escritos, resolviendo definitivamente por auto sobre la celebración de la audiencia o sobre el sobreseimiento de las actuaciones.

Hay que entender por ello que cuando el artículo 33, e) habla de pruebas «que no puedan celebrarse en el transcurso de la audiencia» no se está refiriendo sólo a la necesidad procesal de anticipar la práctica de las pruebas que no admitan demora, sino también a una necesidad de orden diverso, la que plantea el derecho que debe serle reconocido al Letrado del menor de evitar la celebración del juicio dándole la oportunidad de reclamar del Juez la práctica de aquellas diligencias rechazadas por el Fiscal que fueran verdaderamente reveladoras de la falta de fundamento de la acusación.

Esta solución puede ser la más adecuada porque, de un lado, evita el disfuncional desarrollo paralelo de dos instrucciones a un mismo tiempo, la judicial y la fiscal, que inevitablemente se produciría si se admitiese la posibilidad de que el Juez practicase antes de la conclusión del Expediente de reforma las diligencias de instrucción rechazadas por el Fiscal. De otra parte, garantiza a la defensa del menor la posibilidad de evitar tempestivamente la celebración de la audiencia, obteniendo del Juez de Menores un pronunciamiento de sobreseimiento fundado en la práctica de aquellas diligencias de instrucción que, denegadas en su momento por el Fiscal, puedan ser relevantes para enjuiciar con justicia el fundamento de la acusación.

Desde este punto de vista, los Fiscales habrán de ponderar la conveniencia de recurrir los autos del Juez de Menores que acuerden la práctica de diligencias de instrucción cuando el Expediente de reforma se halle todavía en poder del Fiscal, defendiendo por los medios procesales oportunos, la exclusividad que al Ministerio Público atribuye la Ley en la dirección de la instrucción, hasta tanto sea declarado concluso el Expediente y remitido al Juez (art. 30).

VI.3.D Otras decisiones jurisdiccionales relacionadas con la instrucción

Cuestión distinta la constituyen las diligencias restrictivas de derechos fundamentales, que el Fiscal no puede practicar por sí mismo, y que exigen la autorización del Juez de Menores mediante auto motivado (art. 23.3) pues en este caso su intervención se justifica por la necesidad de dispensar sin demora una tutela efectiva de los derechos fundamentales cuya restricción se halla constitucionalmente condicionada a la previa autorización judicial: la inviolabilidad del domicilio (art. 18.2 de la Constitución), el secreto de las comunicaciones (art. 18.3 de la Constitución) y la integridad e intimidad personal en ciertas actuaciones de exploración corporal (arts. 15 y 18.1 de la Constitución).

También se debe excepcionar de la regla general la práctica de prueba anticipada, por la necesidad de inmediación judicial en su producción. Por aplicación supletoria de la LECrim (disposición final primera de la LORPM), especialmente de sus artículos 448 y 449, las partes podrán dirigirse al Juez para anticipar cualquier prueba que por razones ajenas a su voluntad no pueda previsiblemente ser practicada en la audiencia.

Se debe acudir al Juez en fase de instrucción para solicitar, si es el caso, la declaración de secreto de las actuaciones. El auto judicial resultante debe ser motivado y fundarse en una necesidad acreditada de verificar la instrucción sin conocimiento inmediato del Letrado del menor, lo que convierte a esta medida en verdaderamente extraordinaria, potencialmente lesiva del derecho de defensa y en consecuencia de uso muy restringido.

El auto habrá de efectuar una ponderación de los intereses en conflicto, de una parte el interés de la sociedad en la realización de la justicia frente a posibles maniobras del menor inculpado o de otras personas de su entorno encaminadas a ocultar o dispersar elementos de prueba; de otro, el derecho fundamental del menor a ejercer una defensa efectiva de su interés en la fase de instrucción del Expediente.

Aunque la Ley no lo exige, la excepcionalidad de la medida aconseja que el Juez establezca en su resolución un límite máximo a la duración temporal de la situación de secreto, que en principio no debería superar el plazo de un mes previsto en el artículo 302.2 LECrim, sin perjuicio de eventuales prórrogas de la medida.

El auto judicial en el que se acuerde la declaración de secreto será notificado al Letrado del menor en su parte dispositiva y una vez alzado el secreto se notificará íntegramente al Letrado para su conocimiento y eventual ejercicio del derecho a recurrirlo.

Determinadas diligencias de instrucción restrictivas de derechos, como la intervención de comunicaciones, exigirán la simultánea declaración judicial de secreto instructorio, por lo que procede que los Fiscales soliciten dicha declaración en el mismo escrito en que insten del Juez la adopción de la diligencia restrictiva de derechos.

El artículo 24 también autoriza al propio menor o a su familia a exigir el secreto del Expediente. Parece que la Ley autoriza una declaración específica de secreto interno de las actuaciones frente a los perjudicados.

Las exigencias de motivación y de adecuada ponderación de los intereses en conflicto no serían menores en este caso, pues una declaración incondicionada o injustificada de secreto conduciría a una arbitraria suspensión de los derechos reconocidos en la Ley las partes personadas.

VI.3.E La intervención del Equipo Técnico

La instrucción tiene por objeto, además del esclarecimiento de los hechos, el estudio de la personalidad del menor para alcanzar una comprensión suficiente de sus características personales, carencias educativas y necesidades de integración social. Con este fin se constituye el Equipo Técnico integrado por especialistas en las diversas ciencias del comportamiento que, bajo dependencia funcional del Ministerio Fiscal, elaboran un informe expresivo de las circunstancias psicológicas, familiares y educativas del menor, entorno social en el que vive y sobre cualquier otra circunstancia relevante a los efectos de la adopción de alguna de las medidas previstas en la Ley (art. 27.1).

El informe del Equipo Técnico constituye para el Fiscal una fuente de información de uso imprescindible –aunque no vinculante– para adoptar las oportunas decisiones sobre prosecución del proceso y selección de medidas. Dicho informe participa de la naturaleza del dictamen de peritos, en cuanto emanado de un órgano imparcial al servicio de la Administración de Justicia y presenta una eficacia legal reforzada por su carácter preceptivo. Tan pronto lo reciba el Fiscal, lo debe remitir al Juez de Menores y mediante copia al Letrado del menor (art. 27.5).

Es recomendable que, con el fin de no demorar de modo innecesario su intervención y dotar de una aconsejable inmediatez a su participación en el proceso, sea en el mismo Decreto de incoación del Expediente de reforma donde se ordene al Equipo Técnico la elaboración del informe en el plazo legal o la actualización de los anteriores si el menor ya fue objeto de previo estudio y exploración.

El Equipo Técnico tiene encomendada también una importante labor de mediación entre el presunto infractor y la víctima y si lo estima adecuado debe promover un acuerdo de conciliación o de reparación entre ambos en los términos del artículo 27.3 correspondiendo al propio Equipo la definición del contenido y finalidad de dicha actividad.

El ejercicio por el Fiscal de sus facultades discrecionales queda en gran medida condicionado, aunque no vinculado, por el trabajo del Equipo Técnico, pues gran parte del contenido reglado de sus decisiones favorables al sobreseimiento y archivo debe remitir su razón a la expresada en las propuestas del Equipo.

No es posible, por ejemplo, optar por el desistimiento en la continuación del Expediente en los términos del artículo 19.1 si el Equipo no alcanza el éxito en sus esfuerzos de mediación o no propone una actividad socioeducativa sustitutiva del proceso.

El Fiscal ciertamente no queda vinculado por las propuestas de este Equipo, pero es indudable que la dimensión no jurídica de los problemas que plantea la justicia de menores va a quedar perfilada por estos profesionales con los que se debe procurar mantener un contacto ininterrumpido y fluido.

Además la intervención del Equipo no se cierra con la instrucción, sino que continúa en trámites esenciales como son, entre otros, la comparecencia de medidas cautelares (art. 28.2), la audiencia (arts. 35.1 y 37.2), la suspensión de la ejecución del fallo (art. 40), la vista del recurso de apelación contra la sentencia (art. 41.1), la sustitución de medidas (arts. 50.2 y 51.1), y el alzamiento de una medida por conciliación sobrevenida a su ejecución (art. 51.2).

De trascendental importancia en la defensa del bienestar del menor es la función de asistencia personal que le atribuye la Ley desde la detención preventiva (art. 17.3) o desde la incoación del Expediente (art. 22.1.f)

El estudio de los aspectos no jurídicos del proceso tampoco queda atribuido en régimen de exclusividad al Equipo Técnico, pues el Fiscal puede y debe hacer uso de otros informes procedentes de entidades públicas y privadas que trabajen en el ámbito de la educación de menores y conozcan la situación del menor expedientado, como complemento necesario de la instrucción que en este punto sí debe buscar un conocimiento exhaustivo del perfil psicosocial del menor con el fin de aquilatar la salida procesal más adecuada para el mismo.

VI.3.F Las medidas cautelares

a) *Citación del inculpado*

La instrucción del Expediente de reforma requiere una disponibilidad permanente del menor que en cualquier momento puede ser citado por el Equipo Técnico, por el Fiscal o por el Juez de Menores para la práctica de las diligencias señaladas en la ley.

El Fiscal podrá citar al menor contra el que existan indicios fundados de su participación en los hechos con el fin de que comparezca a su presencia para recibirle declaración. Ciertamente la LORPM sólo prevé esta comparecencia a solicitud expresa del Letrado (art. 26.2), pero esta omisión no debe entenderse como negación de la facultad del Fiscal de recibir en declaración al menor si lo estima procedente, pues no se puede negar al Ministerio Público lo que se autoriza a la Policía durante la detención (art. 17.2).

Los Fiscales deberán en cada caso evitar sucesivas comparecencias del menor que contribuyen a generar en aquél una nada educativa familiaridad con las oficinas y dependencias oficiales. A tal fin, habrán de ponderar la conveniencia de hacer coincidir una citación única que agote, en la medida de lo posible, la práctica de los actos procesales que exijan la presencia del menor, evitando nuevas e innecesarias citaciones si no existen contrastadas necesidades relacionadas con el éxito de la instrucción.

Si el menor no acude a las citaciones, previo apercibimiento, deberá verse sujeto a la compulsión necesaria para forzar su participación en el proceso, pues no es sólo sujeto de derechos, sino también de deberes cuya exigibilidad condiciona la eficacia del mismo.

Por aplicación subsidiaria del artículo 487 LECrim la citación se transformará en orden de detención cuando el citado no compareciere ni justificare su ausencia. A estos efectos las citaciones que gire la Fiscalía deberán contener las indicaciones y apercibimientos oportunos siguiendo el modelo de los artículos 175 y 176 LECrim en lo que resulte aplicable.

b) *Detención*

El menor detenido goza en su plenitud de los derechos reconocidos en el artículo 520 LECrim, de los que ha de ser puntualmente informado en un lenguaje claro y comprensible.

Su régimen de detención, regulado en el artículo 17 de la LORPM, presenta especialidades de gran importancia, que refuerzan el círculo de garantías establecidas para la protección de su especial condición: la detención en sede policial no puede exceder de 24 horas y debe ser custodiado en dependencias separadas de las destinadas a los adultos.

La Ley exige del Fiscal que ponga en libertad al menor o inste lo procedente sobre su situación personal en un plazo máximo de cuarenta y ocho horas a partir de la detención. El precepto no se remite al plazo de 72 horas fijado en el artículo 17.2 de la Constitución y en el artículo 520.1.2 LECrim como límite cronológico de eficacia general, ni tan siquiera fija como momento inicial del cómputo aquel en el que el detenido es puesto a disposición de la Fiscalía: las cuarenta y ocho horas se computan desde el momento mismo de la detención.

Los Sres. Fiscales, de acuerdo con la doctrina constitucional, extremarán su celo para que el período de detención dure lo estrictamente necesario, evitando el agotamiento de los plazos legales cuando no exista una razón poderosa que lo justifique.

Cuando el delito lo comete un menor integrado en banda armada o relacionado con individuos terroristas o rebeldes, la detención gubernativa tendrá un plazo máximo de duración de setenta y dos horas a la vista de la remisión expresa e incondicionada que el artículo 17.4 hace al artículo 520 bis LECrim, que supone una excepción singular al régimen general aplicable a la detención de los menores de edad.

Las facultades judiciales para resolver la prórroga de la detención y la incomunicación del detenido pasan a ser competencia del Juzgado de Menores.

c) *Habeas corpus: problemas específicos*

En lo que se refiere a la competencia para resolver las solicitudes de *habeas corpus* presentadas con motivo de la detención de un menor ésta sigue residenciada en el Juez de Instrucción correspondiente.

Cuando el menor presente la solicitud de *habeas corpus* contra una detención ordenada por el Fiscal, o bien tras haber sido puesto por la policía a disposición de la Fiscalía de Menores y hallándose en consecuencia bajo su directa custodia, el Ministerio Fiscal se convertirá en parte pasiva del procedimiento regulado en la Ley Orgánica 6/1984, de 24 de mayo.

En este caso el representante del Ministerio Fiscal encargado de la Sección de Menores habrá de cumplir sin demora alguna el deber de comunicación impuesto en el artículo 5 de la Ley Orgánica 6/1984 y se habrá de asignar a otro Fiscal distinto el despacho de los trámites previstos en los artículos 6 (incidente de admisión de la solicitud de *habeas corpus*) y 7 (audiencia sobre el fondo de la cuestión).

La duplicidad de representación que esta situación genera resulta sumamente perturbadora para una Institución como es el Ministerio Fiscal, garante de los derechos procesales y que además tiene confiada en la propia Ley Orgánica (art. 3, b), junto con el Defensor del Pueblo, la legitimación activa para promover el procedimiento de garantía, por lo que habrá que extremar la vigilancia y el control de la regularidad de las detenciones interesando de la Policía, tan pronto se reciba la notificación prevista en el artículo 17.1, la remisión de información puntual de los motivos y circunstancias que han llevado a la práctica de la detención e instando la libertad si no se estima suficientemente justificado el recurso a la privación de libertad.

d) *Otras medidas cautelares*

El Ministerio Fiscal solicitará del Juez, cuando lo estime procedente, la adopción de alguna de las medidas cautelares previstas en la Ley: internamiento en centro en el régimen que resulte adecuado, libertad vigilada o convivencia con otra persona, familia o grupo educativo. Para ello es necesario que concurran en el menor indicios racionales de participación en el delito y que se compruebe además la existencia de un riesgo de fuga o de obstrucción a la acción de la justicia por parte del menor (art. 28.1).

El Juez de Menores, por lo tanto, no puede acordar de oficio medida cautelar alguna si no es instada previamente por el Ministerio Fiscal, única parte legitimada para formular peticiones de esta índole.

En cuanto al procedimiento para su adopción difiere según el tipo de medida que se persiga. Tratándose de internamiento, se habrá de celebrar una comparecencia en los términos del artículo 28.2 a la que asistirán el Letrado del menor, el representante del Equipo Técnico y el de la entidad pública de protección o reforma de menores.

En dicha comparecencia, de naturaleza y características muy similares a la prevista en el artículo 504 bis 2 LECrim para acordar la adopción de medidas cautelares personales en el proceso de adultos, el Ministerio Fiscal y el Letrado del menor podrán proponer medios de prueba que se practiquen en el acto, o en todo caso dentro de las 24 horas siguientes. Es conveniente que el Fiscal anticipe la proposición de prueba en el mismo escrito en el que inste la celebración de comparecencia, sin perjuicio de su facultad de proponer otras distintas al inicio de la sesión.

Tratándose de medidas de libertad vigilada o convivencia con otra persona, familia o grupo educativo, el artículo 28.1 no exige la celebración de una comparecencia, pero sí la preceptiva audiencia del Letrado del menor, del Equipo Técnico y de la representación de la entidad pública de protección o reforma de menores, audiencia que podrá verificarse por trámite escrito.

En el caso de que el menor sea detenido por la Policía y puesto a disposición del Fiscal, si éste no tiene intención de solicitar la medida cautelar de internamiento habrá de poner en libertad al detenido dentro del plazo de 48 horas a contar desde el momento de la detención y posteriormente solicitar del Juez la adopción de la medida de libertad vigilada o de convivencia con otra persona, familia o grupo educativo si las considera apropiadas para la custodia y defensa del menor. Estas medidas, de ser estimadas, no tienen fijado un plazo límite de duración y podrán prolongarse hasta la sentencia sin necesidad de prórroga expresa. No obstante, los Sres. Fiscales evitarán su prolongación innecesaria, instando su alzamiento tan pronto desaparezca la causa justificadora de las mismas.

Si por el contrario el Fiscal va a interesar la medida de internamiento, habrá de poner al detenido a disposición del Juez de Menores antes del agotamiento del plazo de cuarenta y ocho horas y deberá solicitar simultáneamente la convocatoria de comparecencia. La Ley nada dice del plazo en el que se debe celebrar la misma, pero dado que la situación del detenido se debe legalizar, por aplicación supletoria del artículo 497.1 LECrim, en un plazo máximo de setenta y dos horas a partir de la puesta a disposición judicial, la comparecencia deberá celebrarse en ese término.

No conviene demorar la convocatoria, pues determinados medios de prueba quizá tengan que practicarse en las veinticuatro horas siguientes a la comparecencia, por lo que conviene dejar un margen razonable de tiempo ante esta eventualidad.

En caso de no poder celebrarse la comparecencia dentro del plazo de las setenta y dos horas, concurriendo un riesgo cierto de fuga, el Juez por aplicación supletoria del artículo 504 bis 2 y 4 LECrim podrá acordar el internamiento del menor mediante auto motivado y la convocatoria de nueva comparecencia a celebrar en el plazo de las siguientes setenta y dos horas.

La medida de internamiento, de estimarse, tendrá un plazo de duración máximo de tres meses, prorrogables por otro plazo igual a petición del Fiscal. Esta limitación cronológica obligará a los Fiscales a llevar un control preciso de la medida con el fin de instar y obtener la prórroga antes de la expiración del plazo inicial de tres meses.

El Juez, por supuesto, podrá en cualquier momento alzar la medida si entiende que han cesado los supuestos que la justificaban sin previa solicitud de parte, o la podrá sustituir por vigilancia o convivencia dada la condición menos restrictiva de la libertad del menor que estas medidas imponen.

El artículo 29 se refiere a los menores en los que se aprecie la concurrencia de alguna de las causas de exención de la responsabilidad penal previstas en el artículo 20, 1.º, 2.º y 3.º del CP y exige la adopción de las medidas cautelares precisas para su protección y custodia conforme a los preceptos civiles. La medida cautelar de naturaleza penal más adecuada para estos casos sería el internamiento terapéutico, cuyo presupuesto legal se hallaría en el artículo precedente, al referirse al internamiento en centro *en el régimen adecuado*, lo que en buena hermenéutica autoriza la remisión a la medida del artículo 7.1.d.

En todo caso hay que considerar comprendida en el ámbito del artículo 29 LORPM la posibilidad de sujetar al menor a un tratamiento ambulatorio como medida de naturaleza tuitiva, fundada en el artículo 158.3.º CC, a la vista de su probada eficacia en el tratamiento de enfermedades mentales y situaciones de drogodependencia. A diferencia de lo que ocurre con el internamiento terapéutico, inserto en el elenco de medidas cautelares del artículo 28 LORPM, el tratamiento ambulatorio constituiría una medida protectora de naturaleza civil.

En cuanto a la incapacitación del menor y la promoción de la constitución de los organismos tutelares, huelga decir que no son verdaderas medidas cautelares, y que para su promoción el Fiscal se dirigirá a los órganos de la jurisdicción civil ante los que formulará las pretensiones que estime oportunas.

VI.4 **La conclusión de la instrucción**

La instrucción concluye tan pronto como el Fiscal ha conseguido reunir los datos de hecho y elementos de juicio precisos para resolver sobre la prosecución del procedimiento mediante la formulación de un escrito de alegaciones, escrito que se justifica en un doble juicio de valor:

– Que la participación del menor en los hechos punibles denunciados aparezca suficientemente justificada en base al número y calidad de las diligencias de investigación reunidas.

– Que las circunstancias personales y sociales del menor aconsejen la imposición de alguna de las medidas educativas previstas en la Ley.

Si el juicio de valor sobre el fundamento fáctico de la imputación es negativo, el Fiscal, agotadas infructuosamente las posibilidades de la instrucción, ha de remitir el Expediente al Juez de Menores acompañado de propuesta de sobreseimiento y archivo en función de alguna de las causas formalizadas en los artículos 637 y 641 LECrim.

Si lo que falla es el juicio sobre la oportunidad o necesidad de imponer al menor alguna de las medidas de corte educativo-sancionador previstas en la Ley, el Fiscal está autorizado para decretar anticipadamente la conclusión del Expediente y su remisión al Juez con solicitud de sobreseimiento y archivo derivando hacia vías alternativas o externas al proceso la realización del fin educativo y resocializador.

Ambas constituyen crisis del proceso, pero presentan un fundamento dispar: en el primer caso el proceso concluye por inexigibilidad de responsabilidad penal, pues los menores se benefician sin restricciones de los principios de legalidad penal y de presunción de inocencia; en el segundo caso el proceso se cercena por inadecuación de la respuesta penal a las necesidades educativas y sociales del menor, o porque se han logrado formas más satisfactorias de educación e integración social, como la conciliación o reparación de la víctima.

VI.4.A Desistimiento del ejercicio de la acción

Lo regula el artículo 19.1 que autoriza al Fiscal a desistir de la continuación del Expediente cuando el hecho imputado constituya delito menos grave o falta, atendiendo en particular a la falta de violencia o intimidación graves en la comisión de los hechos, siempre y cuando, de manera alternativa:

– El menor se haya conciliado con la víctima.

– El menor haya asumido y cumplido un compromiso satisfactorio de reparación del daño causado a la víctima o al perjudicado por el delito.

– El menor se haya comprometido a cumplir la actividad educativa propuesta por el Equipo Técnico en su informe.

A estos tres supuestos de desistimiento el artículo 27.4 incorpora otros dos, a propuesta del Equipo Técnico:

– Que no resulte conveniente al interés del menor la continuación del Expediente por haber sido expresado suficientemente el reproche social que merece su conducta a través de los trámites ya practicados.

– Que por el tiempo transcurrido desde la comisión de los hechos resulte inadecuada para el interés del menor cualquier intervención.

Estos supuestos de desistimiento implican renuncia a la audiencia y a la imposición de medidas de contenido sancionador-educativo en sentencia, pero no abandono de la necesaria intervención educativa que se procurará articular por medios de naturaleza extraprocesal.

Desde el punto de vista procedimental, sin embargo, en estos cinco supuestos el Fiscal adopta una decisión de no ejercicio de la acción penal que impide la continuación del proceso aunque se haya personado el perjudicado y manifieste su disentimiento, pues éste ejerce una legitimación meramente adhesiva que no le autoriza a suplantar al Fiscal en el ejercicio de la acción.

El Decreto del Fiscal por el que acuerde la conclusión de la instrucción deberá ser motivado y expresar su causa legal, con indicación del artículo de la Ley en que se ampara, pues aun siendo su discrecionalidad muy extensa y flexibles los presupuestos de su ejercicio, su facultad es de naturaleza reglada y ello obliga a hacer explícitos los motivos en que se funda con el fin de disipar toda sospecha de arbitrariedad.

El Decreto se notificará a todos los perjudicados por el delito o falta, se hayan personado o no en la causa, pues es una decisión que afecta a sus intereses de conformidad con lo dispuesto en el artículo 270 de la Ley Orgánica del Poder Judicial.

VI.4.B El sobreseimiento de las actuaciones

El Fiscal puede solicitar por escrito el sobreseimiento del proceso por cualquiera de los motivos previstos en la LECrim.

El sobreseimiento se regula en el artículo 30.4 remitiéndose la Ley a las causas previstas en la LECrim. Se constituye así en manifestación de inexigibilidad de la responsabilidad penal, cuando es libre en los términos del artículo 637, o de impotencia probatoria cuando es provisional en los términos del artículo 641.

a) *La fiscalización jurisdiccional de la petición de sobreseimiento del Fiscal*

Como ya se ha indicado *supra,* la petición de sobreseimiento por el Fiscal, de acuerdo con la literalidad del artículo 30.4, habría de fundarse en algunos de los motivos previstos en la LECrim. Si bien se mira, la cobertura para esa petición de sobreseimiento es más amplia, pues la propia LORPM autoriza la solicitud de sobreseimiento por motivos que no son contemplados en el procedimiento penal común como fundamento de esta solución de cierre. Es el caso, por ejemplo, del sobreseimiento por conciliación con la víctima o por el compromiso de reparar el daño causado (art. 19.1).

La petición de sobreseimiento por el Fiscal sugiere la duda acerca de si el Juez de Menores goza de las facultades correctoras y de fiscalización que el procedimiento común confiere al órgano jurisdiccional en los artículos 642 y 644 LECrim. Conforme al primero de ellos, la discrepancia del Juez con la petición de sobreseimiento del Fiscal autorizaría a aquél a poner en conocimiento de los interesados en el ejercicio de la acción penal la pretensión del Fiscal, a fin de que, si lo estiman procedente, puedan sostener la acción penal. El papel subordinado y contingente que la LORPM confiere al perjudicado a la hora de reglar su presencia en el procedimiento, no parece compatible con la posibilidad de que se ejerza la acción penal por el perjudicado, haciéndolo con independencia del criterio de la acusación pública. Las singularidades del proceso penal que tiene al menor de edad como destinatario también condicionan la solución en aquellos otros supuestos en que el Juez de Menores repute improcedente la petición de sobreseimiento del Fiscal. La fórmula acogida por el artículo 644 LECrim, consistente en instar del superior jerárquico del Fiscal de Menores un pronunciamiento acerca de si procede o no sostener la pretensión, tampoco parece adaptarse al régimen jurídico que contempla la LORPM. Si se reputa como fundamento de esa posibilidad al alcance del Juez la conveniencia de que no quede sin castigo una conducta especialmente reprochable, da la impresión de que esa idea retributiva no goza de acogida entre los principios que inspiran el enjuiciamiento penal del menor de edad. Si, por el contrario, se considera que rechazando una petición de sobreseimiento se mira preferentemente a los intereses de la víctima, la actuación judicial resultaría estéril, a la vista de los límites que la LORPM pone a la presencia procesal del perjudicado.

En cualquier caso, la falta de respuesta legal a ese interrogante hace previsible que no falten casos –probablemente excepcionales– en los que por el Juez de Menores se reaccione a una petición de sobreseimiento del Fiscal acudiendo a alguno de los expedientes autorizados por los artículos 642 y 644. En tales supuestos, convendría que el debate previo acerca de si esa posibilidad goza o no de cobertura procesal quedara excluido, no recurriendo a actos impugnatorios que sólo conducirían a una inútil dilación del procedimiento. Se trataría, en fin, de proporcionar al órgano jerárquicamente superior la posibilidad de una rápida decisión que necesariamente habría de tomar en cuenta las consideraciones antes expuestas. De esta manera, las dudas acerca de la aplicación de este instrumento fiscalizador al alcance del Juez habrían de pesar de modo decisivo a la hora de pronunciarse sobre la inicial petición de sobreseimiento del Fiscal. Todo ello sin perjuicio, claro es, de que en supuestos definidos por la absoluta excepcionalidad aquellos preceptos permitan corregir errores materiales que hubieran podido deslizarse en la petición de sobreseimiento.

VI.4.C EL ESCRITO DE ALEGACIONES

El Fiscal acordará mediante Decreto la conclusión del Expediente, notificándosela al Letrado del menor, y ordenará la remisión del mismo al Juez, junto con las piezas de convicción y demás efectos, y un escrito de alegaciones en el que constará la descripción de los hechos, la valoración jurídica de los mismos, el grado de participación del menor, una breve reseña de las circunstancias personales y sociales de éste, y la proposición de alguna de las medidas previstas en esta Ley con exposición razonada de los fundamentos jurídicos y educativos que la aconsejen (art. 30.1).

El Fiscal también puede solicitar, si lo estima procedente, el sobreseimiento –art. 30.4–.

En cuanto al escrito de alegaciones del perjudicado personado, el artículo 25.7 dice que, con carácter previo a la remisión del Expediente al Juez, el Fiscal concederá a dicho perjudicado un plazo de cinco días para que valore el conjunto de la prueba practicada y, en su caso, proponga aquellas que debieran realizarse en la fase de audiencia.

Hemos de entender que el traslado del Expediente al perjudicado sólo cabe si el Fiscal no ha decidido solicitar el sobreseimiento, pues en ese caso deberá limitarse a notificar al perjudicado el Decreto de conclusión del Expediente y a poner en su conocimiento la decisión de solicitar tal sobreseimiento.

Si concluso el plazo de cinco días el perjudicado no entrega su escrito, el Fiscal procederá sin demora a remitir al Juez el Expediente junto con su propio escrito de alegaciones.

El escrito de alegaciones del Letrado del menor se presenta directamente ante el Juez de Menores, después de que éste haya declarado abierta la fase de audiencia y le haya dado traslado del escrito de alegaciones del Fiscal y del testimonio del Expediente.

El Letrado del menor puede instar en su escrito el sobreseimiento del proceso y, en su caso, la práctica anticipada de diligencias de instrucción que hubieran sido denegadas por el Fiscal

–art. 33.e–. Si el Juez de Menores estima esta petición, abre un trámite complementario de instrucción judicial en el que, tras practicar las diligencias solicitadas, daría nuevo traslado a las partes para que mantengan o modifiquen sus escritos de alegaciones, tras de lo cual resolvería sobre el sobreseimiento de la causa o la celebración de audiencia.

En caso de que el Letrado del menor no solicite la práctica anticipada de pruebas, formulará escrito de alegaciones en términos semejantes a los previstos en el artículo 30.1 para el escrito del Fiscal y propondrá prueba para celebrar en el acto de la audiencia.

VII. FASE INTERMEDIA: PRINCIPIO DE AUDIENCIA

El escrito de alegaciones formulado por el Fiscal y su remisión al Juzgado de Menores, pone término a la fase de instrucción –que, como se ha dicho *supra*, requiere un acto formal de conclusión del Expediente– y posibilita la apertura de lo que el texto legal llama fase de audiencia (arts. 30 y 31). Esta fase, tal y como ha sido concebida por el legislador es de naturaleza eventual. No existirá en aquellos casos en que la terminación del procedimiento se verifique mediante archivo acordado por el Fiscal cuando los hechos no constituyan delito o no tengan autor conocido (art. 16.2). Tampoco cuando el Fiscal desista de la incoación del Expediente por corrección en el ámbito educativo y familiar (art. 18). Fuera de estos casos en los que la Ley Orgánica 5/2000 no ha impuesto fórmulas de control jurisdiccional a la decisión de archivo, los restantes supuestos de terminación anticipada del procedimiento a instancia del Fiscal exigirán la formal conclusión del Expediente. Así acontece, por ejemplo, con la fórmula acogida por el artículo 19, precepto regulador del sobreseimiento por conciliación o reparación entre el menor y la víctima o la que regula el artículo 27.4, relativa a aquellos casos en que el Equipo Técnico sugiere en su informe la conveniencia de no continuar la tramitación del Expediente.

A la fase de audiencia dedica la ley su título IV mediante el empleo de una terminología, cuando menos, equívoca. De un lado, porque el vocablo *audiencia* expresa con mayor precisión, no una fase del procedimiento, sino un principio procesal sin cuya observancia quebraría la legitimidad constitucional de cualesquiera otras fases que integran el procedimiento; de otra parte, por cuanto el mismo término sirve para referirse a dos momentos procesales bien diferenciados. El legislador alude al *tramite de audiencia* (art. 31) como momento procesal para hacer valer el derecho de defensa durante la fase intermedia y emplea el mismo vocablo para referirse a la *celebración de la audiencia*, aludiendo a lo que en otros procedimientos sería la fase de juicio oral. Es probable que mediante el empleo de la palabra *audiencia* se persiga huir de otras expresiones que, pese a contar con mayor arraigo en nuestras leyes procesales, pueden evocar una idea ajena a los principios que inspiran la Ley Orgánica 5/2000.

El deseo de una mayor claridad sistemática hace aconsejable que nuestra exposición distinga con nitidez aquellos dos momentos. De ahí que, aun a sabiendas de su relativismo terminológico, se van a distinguir dos momentos diferenciados: a) trámite de audiencia, entendido éste como momento procesal para la elaboración del escrito de alegaciones de la defensa y b) celebración de la audiencia, aspecto este último que será tratado más adelante.

VII.1 Trámite de audiencia y escrito de alegaciones de la defensa

La recepción por el Juez de Menores del escrito de alegaciones del Fiscal, junto al Expediente, las piezas de convicción y efectos del delito, constituye uno de los presupuestos procesales necesarios para la apertura de la fase intermedia o trámite de audiencia. No faltarán casos en que la remisión se limite al Expediente y al escrito de alegaciones, al no existir piezas de convicción o efectos del delito. Conviene tener presente que el artículo 25 apartado 7 de la LORPM exige del Fiscal que, con carácter previo a la remisión de su escrito de alegaciones y del resto del Expediente al Juzgado de Menores, dé un traslado de cinco días al perjudicado que se hubiere personado a fin de que «...valore el conjunto de la prueba practicada y, en su caso, proponga aquellas que debieran realizarse en la fase de audiencia». Como se desprende de la lectura de aquel precepto, el escrito del perjudicado limita su contenido a una valoración probatoria y a una propuesta de aquellas diligencias que, a su juicio, debieran realizarse en la fase de audiencia. El perjudicado, pues, no contribuye a la delimitación del objeto del proceso, en la medida en que no tiene autorizada la descripción de los hechos que han de definir los términos del debate. Esta idea –además de poner de manifiesto la particularísima posición procesal que la LORPM ha querido para el perjudicado– puede ser de especial importancia a la hora de resolver una duda que se deriva de la falta de precisión del enunciado del artículo 25 párrafo 7. En este precepto se señala que el plazo para alegaciones se concederá al perjudicado «...con carácter previo a la remisión por el Fiscal del escrito de alegaciones con el Expediente al Juzgado de Menores». Surge la duda, pues, acerca de si el perjudicado podrá tener a la vista el escrito de alegaciones formulado por el Fiscal o si, por el contrario, la valoración y propuesta probatoria para la que le faculta la ley habrá de hacerse al margen de la propuesta formulada por el Fiscal. Con independencia de que la oscuridad del precepto hace válidos cualesquiera argumentos en una u otra dirección, parece conveniente que, en la medida en que el perjudicado no puede delimitar los hechos que van a ser objeto de enjuiciamiento, conozca al menos la propuesta del Fiscal. De lo contrario, sus valoraciones sobre las diligencias ya practicadas y, sobre todo, su propuesta probatoria, pueden sufrir ciertas desviaciones en relación con lo que luego resulte la propuesta fáctica del Fiscal. De ahí la conveniencia de que el traslado incluya, en todo caso, el escrito de alegaciones del Fiscal.

El legislador ha querido que esa remisión sea íntegra, esto es, que abarque todo el material que pueda haber generado la fase de instrucción del procedimiento. Sólo así se entiende el empleo de la expresión *demás elementos procesales*, giro carente del necesario rigor técnico pero que, al propio tiempo, revela el propósito legislativo de descartar un envío selectivo de las actuaciones. La importancia de las piezas de convicción, efectos e instrumentos del delito no exige ser destacada. Su presencia en el Juzgado de Menores puede resultar decisiva para la apreciación probatoria. De ahí la necesidad de que el envío de tales efectos se verifique de modo que no genere discusión alguna acerca de su autenticidad. Las distintas Fiscalías, pues, habrán de extremar las medidas que garanticen la custodia de aquéllas y que aseguren su envío y recepción por el Juzgado de Menores. La actual ausencia de Secretarios judiciales con destino en los órganos del Ministerio Fiscal no facilita, desde luego, una custodia amparada en la fe judicial. En espera de que la provisión de las plazas de Secretario en las Fiscalías pueda convertirse en una realidad, resulta indispensable que la custodia y envío de aquellos efectos se aparte de una concepción burocrática que perjudique la celeridad en la remisión y, lo que puede ser más importante, que alimente dudas acerca de su coincidencia con las piezas y efectos que hubieran sido intervenidos durante la fase de instrucción.

El Expediente remitido por el Fiscal ha de incorporarse a las diligencias abiertas con anterioridad por el Juez que, como es sabido, ha de iniciar aquéllas a raíz de la comunicación llevada a cabo por el Fiscal en cumplimiento de lo previsto en el artículo 16.3. Como ya se ha apuntado, el legislador quiere que el Expediente se incorpore sin exclusiones, ni siquiera la de aquellos aspectos del Expediente que carecieran de toda significación procesal.

Conforme al artículo 31 la defensa del menor ha de elaborar en el plazo de cinco días el escrito de alegaciones –que habrá de comprender los mismos extremos que el escrito del Fiscal– y puede proponer la prueba que considere pertinente. Cabe la posibilidad alternativa de que ese escrito de alegaciones sirva de vehículo a la defensa para expresar su conformidad con la medida solicitada por el Fiscal, siguiendo en tal caso –que será objeto de análisis *infra*– el trámite previsto en el artículo 32. La propuesta probatoria de la defensa no conoce en el escrito de alegaciones un momento preclusivo, de suerte que puede ser reiterada en el acto de la vista, siempre que pueda ser practicada en ese momento y, claro es, previa declaración de pertinencia.

El escrito de alegaciones del Fiscal –al que se suma la limitada y eventual valoración que puede hacer el perjudicado *ex artículo* 25 párrafo 7– y las alegaciones del Letrado de la defensa conforman con carácter provisorio los términos del debate y definen los elementos a ser tenidos en cuenta por el Juez de Menores para decidir acerca del desenlace de la fase intermedia. Las posibilidades son varias y se impone un análisis diferenciado, pues aun siendo ese el camino que pudiera calificarse como *ordinario*, existen otras alternativas que también exigen un comentario individualizado.

VII.2 Sobreseimiento del Expediente

Al analizar *supra* la fase de conclusión de la instrucción, ya han sido efectuadas algunas consideraciones acerca del régimen jurídico del sobreseimiento y los distintos presupuestos sobre los que la LORPM hace descansar aquella resolución. También se formularon algunas observaciones al régimen jurídico de fiscalización jurisdiccional de la petición de sobreseimiento por el Fiscal. Conviene hacer ahora alguna precisión complementaria.

En efecto, una vez concluso el Expediente el Ministerio Fiscal puede optar, bien por la formulación del escrito de alegaciones, bien por la petición de sobreseimiento. Sin embargo, conviene precisar que el sobreseimiento del Expediente puede también ser acordado por el Juez de Menores pese a que por el Fiscal se haya formulado escrito de alegaciones. Así lo autoriza el artículo 33.b), que exige del órgano jurisdiccional dicte *auto motivado*. El camino que conduce al sobreseimiento del Expediente puede presentar, pues, diversas direcciones. De un lado, puede tener por fundamento la petición del Fiscal (art. 31), tanto por algunos de los supuestos previstos en la LECrim, como por alguna otra de las causas contempladas por la LORPM. Esa petición plantea el interrogante acerca de los límites o fórmulas de control jurisdiccional de esa solicitud, cuestión que va a ser objeto de análisis en el siguiente epígrafe. En cualquier caso, el acogimiento de la propuesta del Fiscal ha de llevar al Juez a dictar la resolución prevista en el artículo 33.c) de la Ley Orgánica 5/2000.

La resolución de sobreseimiento puede ser también consecuencia de una decisión jurisdiccional que no cuente con la petición del Fiscal en tal sentido. Forma parte del ámbito funcional reservado al Juez de Menores el control de la solidez del escrito de alegaciones del Fiscal. En tales casos, el Juez, a la vista de ese escrito de alegaciones, del escrito que contenga, en su caso, la valoración y propuesta probatoria del perjudicado –art. 25 párrafo 7– y, en fin, del escrito de alegaciones de la defensa, puede optar por cerrar las puertas de la audiencia, decretando el sobreseimiento a que alude el artículo 33.b). No deja de resultar llamativo el hecho de que ese mismo precepto exija que el sobreseimiento, en tal caso, se decrete mediante auto *motivado*, dando pie a la errónea conclusión de que, en los restantes supuestos, se podría prescindir de la motivación. Quizás con ello haya querido el legislador acentuar la idea de que el sobreseimiento que se acuerda a propuesta del Fiscal (art. 33.c) es un sobreseimiento sometido a cierto automatismo, por virtud del cual, las razones de la exclusión de la audiencia son las expuestas por el Fiscal en su escrito de petición de sobreseimiento. Parece obvio entender que la LORPM carece de razones para apartarse del régimen general de motivación de las resoluciones jurisdiccionales, cuya importancia ha sido reiteradamente destacada por una jurisprudencia constitucional de innecesaria cita.

VII.3 **Remisión por el Juez de Menores de las actuaciones al órgano judicial competente**

El artículo 33.1.*d)* concede al Juez de Menores la cobertura legal precisa para denegar la celebración de la audiencia y remitir las actuaciones al Juez competente, siempre que aquél considere «...que no le corresponde el conocimiento del asunto». Ello es coherente con el significado constitucional de las reglas que determinan la competencia. Sin embargo, los Sres. Fiscales habrán de volcar sus esfuerzos a fin de impedir que a esas alturas del procedimiento todavía existan dudas acerca del aspecto competencial. El enjuiciamiento de un menor de edad hace aconsejable evitar, en la medida de lo posible, un itinerario procesal a la búsqueda de quién haya de asumir el enjuiciamiento de un hecho respecto del cual –y, sobre todo, respecto de su autor– el tiempo puede desplegar perniciosos efectos. De ahí que la regla contenida en el artículo 21 de la Ley Orgánica 5/2000, con arreglo a la cual el Fiscal ha de acordar la remisión de lo actuado al órgano legalmente competente, cobre un especial relieve. Esa regla no es sino concreta expresión del deber estatutario impuesto con carácter general por el EOMF, cuyo artículo 3.8 obliga a los Fiscales a velar por el mantenimiento de la integridad de la jurisdicción y competencia de los Jueces y Tribunales.

VII.4 **Incidente probatorio**

El apartado *e)* del artículo 33 señala como posible contenido de la resolución jurisdiccional la decisión acerca de la práctica de las pruebas propuestas por el Letrado del menor y que hubieran sido denegadas por el Fiscal durante la instrucción, siempre que no puedan celebrarse en el transcurso de la audiencia y el Juez estime que son relevantes a los efectos del proceso.

Al igual que sucedía al tratar del sobreseimiento, el régimen jurídico del incidente probatorio que puede preceder a la celebración de la audiencia, ya fue objeto de examen al abordar la fase de conclusión de la instrucción. En el epígrafe VI.3.c se sugería una interpretación que diera pie a una *instrucción judicial complementaria*, orientada a hacer realidad el principio de contradicción y con él los derechos de defensa y aportación probatoria. Bueno será, pues, remitirse a lo entonces comentado.

Acaso convenga insistir en que muchos son los interrogantes que este precepto plantea. La respuesta que se ofrezca a cada uno de aquéllos será decisiva para la aplicación práctica del texto legal. Parece que en ese mismo enunciado se agolpan dos ideas bien diferenciadas, la que alude a la revisión jurisdiccional de la negativa del Fiscal a la práctica de determinadas diligencias durante la instrucción y la que tiene que ver con la noción de prueba anticipada. Respecto de la primera de las cuestiones, llama la atención el hecho de que se concentre en ese momento la práctica de pruebas que, con arreglo al artículo 26.1, pueden solicitarse «en cualquier momento». Sin embargo, como ya se ha razonado al tratar la fase de conclusión de la instrucción, una interpretación conforme a la cual se abriera una suerte de incidente probatorio previo a la celebración de la audiencia, contaría a su favor con una más certera ordenación de las distintas secuencias que integran el procedimiento, impidiendo que, al amparo del artículo 26.1, se consolidara una práctica que condujera a una instrucción en paralelo, llevada a cabo por el Juez a instancias del Letrado del menor que viera rechazadas sus peticiones por el Fiscal.

La oscuridad del precepto ya anuncia disparidad de criterios interpretativos. El texto legal avala muy diversas soluciones. Sin embargo, el criterio sugerido en el epígrafe VI.3.c representa la mejor de las soluciones ordenadoras, pues conjuga de modo armónico y equilibrado la conveniencia de impedir una paralela instrucción dirigida por el Juez de Menores a impulsos del Letrado del menor y la necesidad de no poner cortapisas al ejercicio del derecho de defensa y aportación probatoria por parte de quien, al fin y al cabo, es parte pasiva del proceso.

VII.5 **Auto de apertura de la audiencia. Pertinencia de las pruebas y señalamiento**

Como ya se ha indicado *supra*, el escrito de alegaciones del Fiscal, la eventual valoración y propuesta probatoria del perjudicado y el escrito de alegaciones de la defensa del menor, preparan la decisión jurisdiccional acerca del desenlace de la fase intermedia. Con anterioridad ya se ha hecho especial referencia a algunas de las posibles formas de terminación del procedimiento. Es obligado ahora centrar nuestro interés en el análisis de lo preceptos que regulan la decisión del juez favorable a la celebración de la audiencia, acto procesal cuya incidencia en el proceso formativo del menor de edad no necesita ser destacada.

El enunciado del artículo 33.a) debe completarse con la previsión del artículo 34, toda vez que mientras en el primero de los preceptos se incluye la *celebración de la audiencia* entre los posibles contenidos de la decisión del Juez de Menores, en el segundo se expresa la misma idea, si bien con mayor precisión, aludiendo al *auto de apertura de la audiencia*. Al margen de matices gramaticales, lo cierto es que el régimen jurídico de la apertura de la audiencia presenta algunas singularidades frente a otros procedimientos. Así, por ejemplo, el Juez de Menores goza de un mayor margen de arbitrio a la hora de denegar la apertura de la audiencia, pues el artículo 33.b) de la propia LORPM le autoriza para decretar cualesquiera de las formas de sobreseimiento reconocidas por la LECrim. Esa facultad de cierre al alcance del Juez de Menores, en la medida en que adopta la forma de auto que pone término al procedimiento, admite recurso de apelación ante la Sala de Menores del Tribunal Superior de Justicia, conforme a lo previsto en el artículo 41.3.

El mismo auto que decreta la apertura de la audiencia ha de contener el juicio de pertinencia acerca de las pruebas propuestas por el Fiscal y la defensa del menor en los respectivos escritos de alegaciones. El Fiscal habrá de velar porque la declaración de pertinencia se extienda, en su caso, al escrito de valoración y proposición probatoria que el artículo 25 párrafo 7 autoriza a realizar al perjudicado. Conviene destacar que esa propuesta probatoria, si bien se activa en virtud de un traslado que efectúa el Fiscal durante la fase de instrucción, escapa a cualquier posibilidad de censura o declaración de impertinencia por parte del órgano instructor. Pese a la obviedad del recordatorio, es menester no olvidar que la declaración de pertinencia o impertinencia incumbe al Juez de Menores, debiendo éste en su resolución pronunciarse acerca de la aceptación o rechazo de las pruebas propuestas.

El artículo 37 –en el momento del inicio de la audiencia– autoriza una nueva propuesta probatoria a las partes, si bien condiciona su prosperabilidad al hecho de que las diligencias solicitadas puedan practicarse en el acto. Sin perjuicio de hacer uso de esa facultad en cuantas ocasiones resulte necesario, los Sres. Fiscales habrán de ponderar la conveniencia de formular una propuesta probatoria exhaustiva en su escrito de alegaciones, contribuyendo así a definir con mayor nitidez los términos del debate y reforzando el equilibrio *inter partes*, al excluir actuaciones sorpresivas en materia probatoria que, en algún caso no descartable, abran la puerta a la alegación de indefensión.

El artículo 34 contiene tres plazos cuya respectiva observancia permitiría una mayor celeridad en el tratamiento jurisdiccional del injusto cometido por el menor de edad. De acuerdo con aquel precepto, la decisión del Juez acerca de la apertura de la audiencia y pertinencia de las pruebas propuestas, ha de producirse dentro de los cinco días siguientes a aquél en que se hubiera presentado el escrito de alegaciones por el Letrado de la defensa o, caso de no presentación, una vez transcurrido el plazo concedido para ello –cinco días *ex artículo* 31–. Al propio tiempo, el señalamiento para el inicio de las sesiones de la audiencia ha de fijarse dentro de los diez días siguientes a la fecha del auto de apertura. La experiencia cotidiana permite una conclusión muy clara acerca del grado de cumplimiento de las exigencias temporales que, con tanta frecuencia, suelen acoger los textos legales más variados. Sin embargo, el proceso penal que tiene por sujeto pasivo al menor de edad exige una actitud institucional que huya de la conformista aceptación de que los plazos legales resultan, al fin y al cabo, inexigibles. La ordinaria influencia que el tiempo despliega en las relaciones jurídicas adquiere ahora un valor especial. Un plazo excesivamente dilatado entre el momento de la infracción delictiva y el momento de su enjuiciamiento, puede debilitar las bases mismas del sistema, convirtiendo en extemporánea –y, por tanto, inútil– una resolución jurisdiccional que nace con vocación educadora y que refuerza su justificación si acomoda el momento de su ejecución a los fines generales que inspiran el nuevo texto legal.

VIII. CELEBRACIÓN DE LA AUDIENCIA

El artículo 37 tiene por objeto regular el momento más relevante en el procedimiento llamado a exigir responsabilidades penales al menor de edad. La celebración de la audiencia supone el desenlace a un proceso que, por sus singularidades, por la especial naturaleza de los valores en juego y por la edad del sujeto pasivo, arbitra otras soluciones intermedias, orientadas precisamente a evitar lo que, en otros casos, podría considerarse el epílogo ordinario de toda investigación penal. Conviene no olvidar que la celebración de la audiencia, por más que pueda relativizarse su escenografía mediante la informalidad que tolera el enjuiciamiento de la conducta de un niño, constituye un acto procesal que, en no pocos casos, se traducirá en una experiencia inolvidable en la etapa formativa del menor de edad. De ahí su importancia y de ahí la necesidad de que los Sres. Fiscales huyan de la formal rutina con la que, en más de una ocasión, se aborda el desarrollo de las sesiones del juicio oral.

VIII.1 Régimen jurídico de la asistencia del menor. Principio de publicidad. Excepciones

El artículo 35 de la LORPM se integra por dos apartados, ocupándose el primero de determinar el régimen jurídico de la presencia o ausencia de quienes pueden ser llamados a la celebración de la audiencia. El segundo de los apartados admite la exclusión eventual del principio de publicidad y proclama la prohibición incondicional de que los medios de comunicación social obtengan o difundan imágenes del menor que es objeto de enjuiciamiento. La incidencia directa que el erróneo entendimiento del principio de publicidad puede tener en el desarrollo integral del menor, así como la necesidad de preservar algunos de los derechos que podrían verse comprometidos, obligan al Fiscal a una actitud vigilante, huyendo de cualquier rutina que desdeñe la importancia de los valores en juego.

Los Sres. Fiscales habrán de cuidar de que la presencia del menor, de su Letrado y del representante del Equipo Técnico que hubiera dibujado el perfil psico-educativo de aquél (art. 27), esté garantizada, huyendo de prácticas carentes de todo respaldo constitucional, tendentes a *dar por reproducido* lo que tiene que ser objeto de prueba durante el desarrollo de las sesiones. Todo intento de conferir al material incorporado al Expediente durante la fase de instrucción un valor procesal distinto al que le es propio, no sólo iría contra elementales exigencias del derecho a un proceso justo, sino que impediría al Juez un cabal conocimiento de la medida más apropiada para el logro del propósito reeducador que anima el sistema.

La singular naturaleza del enjuiciamiento de menores, que hace de la audiencia –en aquellos casos en que se estime procedente su celebración– uno de los instrumentos educativos puestos al servicio del desarrollo integral del menor infractor, impone ciertos condicionantes a la hora de cuestionarse los efectos asociables a la falta de presencia del menor. No existe duda que esa presencia constituye, por regla general, un ideal para el más adecuado tratamiento jurisdiccional de la acción del menor. No es obstáculo a esa afirmación lo previsto en el artículo 37.4, que autoriza la ausencia momentánea del menor de la sala de audiencia en aquellos supuestos excepcionales en que así lo acuerde el Juez, aspecto que será objeto de análisis *infra*. La lectura del artículo 35 evidencia el deseo legislativo de que la escenificación de la audiencia se lleve a cabo con la presencia, entre otros, del infractor. También es cierto que ese mismo precepto no contiene una prohibición expresa del juicio en ausencia del menor. Incluso una interpretación tolerante con la posibilidad de ausencia del menor podría deducirse de la expresión empleada por el legislador cuando, tras enumerar en el apartado 1 del artículo 35 quiénes han de estar presentes, abre una vía excepcional para los casos en que «...el Juez, oídos los citados Ministerio Fiscal, letrado del menor y representante del Equipo Técnico, acuerde lo contrario». Ciertamente no es claro el alcance de la excepción introducida por ese inciso. Sin embargo, sí lo es el que entre los mencionados se encuentra el propio menor. En cualquier caso, la conveniencia de arbitrar una vía absolutamente excepcional para un enjuiciamiento en ausencia viene impuesta por la propia realidad de los hechos. Baste pensar en aquellos casos –de frecuencia estadística apreciable– en que la infracción se produce en el esporádico lugar de vacaciones del menor, situado éste a una distancia más que considerable respecto del lugar de residencia. Imponer a toda costa el traslado forzoso del menor al lugar en que el juicio ha de celebrarse, puede acarrear efectos más nocivos de aquellos a los que la audiencia pretende hacer frente. No parece lógico, sin embargo, que esa posibilidad –cuyo carácter excepcionalísimo ha de presidir toda aproximación a su procedencia– se admita sin una limitación que evite indeseables consecuencias. De ahí que la aplicación supletoria de la LECrim –*ex* disposición adicional primera de la LORPM–, excluya la posibilidad del juicio en ausencia en aquellos casos en que la petición del Fiscal en el escrito de alegaciones se refiera a una medida, cualquiera que fuera su naturaleza, de duración superior a un año (cfr. artículo 793.1 LECrim).

La presencia del Letrado del menor constituye otro de los presupuestos indispensables para la válida celebración de la audiencia. Su exigencia es fácilmente justificable a la vista de la necesidad de posibilitar al menor de edad un adecuado ejercicio de su irrenunciable derecho de defensa.

El representante del Equipo Técnico que haya dictaminado acerca de las condiciones psicológicas, sociales y educativas del menor (cfr. artículo 27) también ha de hallarse presente en el momento de celebración de la audiencia. Como ya se ha apuntado *supra*, los informes y dictámenes del Equipo Técnico, en cuanto órgano al servicio de la Administración de Justicia, participan de la naturaleza de la prueba pericial, por más que la LORPM les confiera un reforzado papel protagonista a la hora de indagar el más acertado tratamiento educativo del menor. Aquellos informes carecen de fuerza vinculante, pese a su indudable peso argumental, pudiendo ser apreciados por el Juez de Menores conforme a las reglas generales de valoración de la prueba penal. El legislador ha querido, en todo caso, que el desarrollo de esa prueba pericial no esté sustraído al principio de inmediación. De ahí que imponga la presencia del miembro del Equipo Técnico como condición necesaria para el adecuado desarrollo de la audiencia. Su naturaleza pericial presenta, sin embargo, algunos matices que acentúan su singularidad. Se trata de una actividad probatoria de configuración legal, cuya realidad y existencia no se hace depender de la proposición de las partes o de la propia iniciativa judicial. Las partes carecen de verdadera disposición sobre aquélla, siendo obligada su práctica en todo caso.

El artículo 35 somete a un tratamiento individualizado la presencia o ausencia de los representantes legales del menor. A tal respecto, establece una regla general de carácter facultativo, con arreglo a la cual aquéllos podrán acompañar al menor. Al propio tiempo, abre la puerta a una decisión jurisdiccional de exclusión de esa presencia, decisión que impone al Juez, con carácter previo, oír al Fiscal, al Letrado del menor y al representante del Equipo Técnico. El criterio del Fiscal, cuando a tal efecto sea requerido su informe, habrá de huir de toda regla de carácter general y abstracto, centrando su atención en el caso concreto y en las consecuencias que, a su juicio, puedan derivarse de la presencia o de la ausencia del representante legal. A la vista de las normas civiles que regulan el ejercicio de esa representación legal y dada la importancia que en el proceso educativo del menor puede llegar a tener la celebración de la audiencia, todo parece indicar que la exclusión del representante legal ha de revestir el carácter de excepcional. Sin perjuicio de lo que la práctica cotidiana pueda aconsejar en cada caso, no parece que el orden de la enumeración que hace el artículo 35 acerca de quiénes han de ser oídos –Fiscal, Letrado del menor y representante del Equipo Técnico– pueda reputarse un orden inflexible y de obligado respeto. De ahí que en aquellos casos en que el Fiscal carezca de opinión formada al respecto o estime prudente contrastar su criterio con la valoración de un técnico, podría instar del Juez de Menores que alterara el orden del dictamen a fin de que fuera el representante del Equipo Técnico el que expresara su opinión con carácter previo.

El apartado 2 del mismo artículo 35 establece el régimen jurídico del principio de publicidad durante la celebración de las sesiones, autorizando al Juez a acordar una excepción al criterio general de publicidad, siempre que ello venga impuesto por «...el interés de la persona imputada o de la víctima». Se trata de una solución legal que reproduce el criterio previgente que ya estableciera la Ley Orgánica 4/1992. No es ésta, sin embargo, una cuestión pacífica. No han faltado autores que han sugerido invertir los términos del enunciado, de suerte que se proclamara un principio general de exclusión de la publicidad y se autorizara al Juez a permitir la celebración excepcional de las sesiones en régimen de audiencia pública. Esa propuesta doctrinal no ha encontrado acogida en la solución legal. Ello puede resultar explicable, pues la proclamación constitucional que del principio de publicidad lleva a cabo el artículo 120.1 de la Constitución, parece que hace aconsejable tratar como excepción lo que, de acuerdo con la norma fundamental, ha de ser excepcional.

Desde el punto de vista de la posición institucional del Fiscal, pese a que el artículo 35.2 hace recaer en la decisión del Juez la exclusión de la publicidad –criterio legal absolutamente acorde con el significado de la garantía jurisdiccional–, ello no debe ser obstáculo para que el Fiscal asistente a las sesiones de la audiencia refuerce su sensibilidad en relación con esta materia. No es ésta una cuestión ajena al espacio funcional del Fiscal. De hecho, la Instrucción de la Fiscalía General de Estado 2/1993, de 15 de marzo, recordaba los deberes que incumben al Fiscal para proteger la intimidad del menor. Todo ello, en fin, obliga al Fiscal, por propia iniciativa, a solicitar del Juez de Menores haga uso de la facultad que la ley le confiere y excluya la publicidad de las sesiones siempre que así venga impuesto por el superior interés del menor.

El mismo apartado 2 del artículo 35 –sin alternativa– excluye la posibilidad de que los medios de comunicación social obtengan o difundan imágenes del menor ni datos que permitan su identificación. Ello es congruente con el conjunto de textos que proclaman el derecho del menor a la intimidad. Las *Reglas Mínimas de Naciones Unidas para la Administración de Justicia de menores,* aprobadas por la Asamblea General el 29 de noviembre de 1985, e incluidas en el Anexo de la resolución 40/33, en su principio general 8, apuntan que «...para evitar que la publicidad indebida o el proceso de difamación perjudiquen a los menores, se respetará en todas las etapas el derecho de los menores a la intimidad», añadiendo el apartado segundo que «...en principio, no se publicará ninguna información que pueda dar lugar a la individualización de un menor delincuente». En similar línea se expresan el artículo 16 de la Convención de Derecho del Niño de 1989 o la Recomendación R (87) 20 del Comité de Ministros del Consejo de Europa.

La constatada tendencia a convertir la presencia de un menor ante los Tribunales de Justicia en un acontecimiento noticiable, que provoca la expectación colectiva y añade al impacto ocasionado por el delito el daño derivado de la injerencia, obligan al Fiscal a convertirse en un inflexible protector de la intimidad del menor, instando del Juez la adopción de cuantas medidas puedan resultar procedentes a fin de asegurar, en todo caso, la vigencia de aquel derecho.

El legislador ha querido arbitrar un régimen específico de conformidad previa al Expediente (arts. 32 y 36), solución que exige un comentario individualizado.

VIII.2 **La conformidad del menor. Momento procesal**

El régimen jurídico de la conformidad se obtiene a partir de dos preceptos claves, los artículos 32 y 36, cuya aplicación combinada plantea no pocas dudas acerca del verdadero propósito del legislador. Conviene tener presente que en el proceso penal que afecta al menor, la conformidad, como manifestación del principio de consenso, es algo más que un instrumento procesal puesto al servicio de una razón de economía procesal. Como ya se ha indicado *supra,* la audiencia es inseparable de un sentido educativo que no puede pasar desapercibido. Pero también la evitación de la audiencia puede contribuir de modo decisivo al proceso de formación del menor. De ahí que los Sres. Fiscales habrán de aproximarse a las posibilidades que ofrece el instituto de la conformidad con un criterio valorativo que vaya más allá de lo que ese mismo principio puede representar en el ámbito del proceso penal que afecta al mayor de edad.

El modelo de la regulación de la conformidad tal y como ha sido diseñado para otros procedimientos penales conoce diversos momentos para su exteriorización, cada uno de ellos con diferentes efectos. Y a ello se acomoda una reiterada práctica plenamente consolidada. La respectiva ubicación sistemática de los artículos 32 y 36 autoriza un entendimiento con arreglo al cual la LORPM estaría pensando en dos secuencias bien diferenciadas. Un primer momento en el que la conformidad tendría como vehículo formal el escrito de alegaciones de la defensa –art. 32– y un segundo momento en el que esa conformidad se exteriorizaría al inicio de las sesiones de la audiencia, al responder el menor a las preguntas que a tal efecto ha de formularle el Juez –art. 36–. Sin embargo, la literalidad de ambos preceptos conduce a concluir que la conformidad en la que piensa el legislador sólo puede tener un momento para su afirmación: el de la comparecencia a que alude el artículo 36 que, si bien se mira, está regulando ya el inicio formal de la audiencia propiamente dicha.

La inexistencia de un trámite previo al momento de la audiencia para derivar efectos de la conformidad, puede plantear un problema práctico nada desdeñable. Y es que, no faltarán casos en que, aun constando la conformidad, el órgano judicial habrá de practicar todas y cada una de las citaciones para la audiencia, a sabiendas de que ésta, con toda probabilidad, no llegará a celebrarse.

El legislador quiere –así se desprende del tenor gramatical del artículo 32– que la conformidad sólo tenga un momento y un vehículo para su exteriorización: el de la comparecencia ante el Juez de Menores a que se refiere el artículo 36. Sin embargo, el legislador no ha podido prohibir que esa aceptación de los hechos y de la medida subsiguiente se formule ya en el escrito de alegaciones. De acuerdo con esta idea, la comparecencia a que alude el precepto sería, no la que define el momento de la expresión de la conformidad, sino la que determina el momento de la producción de sus efectos.

En tales casos, habiendo sido anunciada la conformidad en el escrito de alegaciones de la defensa, examinada por el Juez la concurrencia de los presupuestos que impone el artículo 32 acerca de la naturaleza y límites de las medidas, nada parece oponerse a que la comparecencia a que se refiere aquel precepto *se emancipe* cronológicamente respecto del comienzo formal de las sesiones de la audiencia. De cerrarse esa posibilidad, el desenlace definitivo del juicio por razón de la conformidad del menor habría de quedar a expensas de un turno de señalamientos o de la práctica de numerosas diligencias de citación que no añadirían nada positivo a la siempre valorable celeridad. Se trataría, pues, de evitar dilaciones de tan perturbadores efectos cuando de lo que se trata es de enjuiciar el hecho ilícito cometido por un menor de edad. El criterio sugerido, además, no es ajeno al respaldo legal que proporcionan los artículos 791.3 y 793.3 LECrim, de aplicación supletorio por mandato de la Disposición Final primera.

Sin embargo, resulta absolutamente indispensable que la garantía jurisdiccional para la aceptación de la conformidad quede salvaguardada. De ahí que esa comparecencia haya de seguir el orden estricto impuesto por el artículo 36 y sirva al Juez para concluir la procedencia de la conformidad. Los Sres. Fiscales habrán de desplegar las iniciativas procesales que resulten necesarias a fin de impedir que ese control judicial devenga en pura rutina burocrática, oponiéndose a soluciones que pretendan sustituir la inmediación del Juez por fórmulas alternativas carentes de toda cobertura legal.

Nada impide que la conformidad sea expresada por el menor en el momento en el que, ya iniciadas las sesiones de la audiencia, sea interrogado por el Juez en los términos que exige el artículo 36 y el Letrado exprese su aquiescencia a esa conformidad. El hecho de que el escrito de alegaciones formulado en su día por el Letrado del menor no anticipara ninguna propuesta de conformidad, no debe ser obstáculo para su formulación en ese momento ulterior.

En definitiva, cualquiera que sea el momento de su exteriorización, los Sres. Fiscales habrán de cuidar a fin de que la conformidad ajuste su práctica a los fines que la justifican, cerciorándose de la inexistencia de obstáculos o límites a su adopción a la vista de la naturaleza de la medida solicitada en el escrito de alegaciones.

VIII.3 **Desarrollo de la audiencia: debate preliminar**

La celebración de la audiencia a que alude el artículo 37 se inicia con un trámite que evoca el *turno de intervenciones* a que se refiere el artículo 793.2 LECrim. Sin embargo, la lectura detenida de aquel precepto legal pone de manifiesto importantes dudas que relativizan la inicial identificación funcional. Así ocurre, por ejemplo, cuando se incluye entre los contenidos posibles de esa *audiencia previa* un debate promovido por el Juez de Menores acerca de «... la posibilidad de aplicar una distinta calificación o una distinta medida de las que hubieren solicitado..» el Fiscal y el Letrado del menor. Sin perjuicio de ulteriores matizaciones, no parece lógico que el debate sobre la correcta calificación jurídica y, sobre todo, sobre la idoneidad de una u otra medida se anticipe a la celebración de las pruebas propuestas. De ahí que la búsqueda de soluciones prácticas a partir de ese enunciado legal tenga que asumir la necesidad de una interpretación integrada con otros preceptos de la misma LORPM y de la propia LECrim, a fin de evitar criterios que no estén respaldados por elementales exigencias de sentido común.

VIII.3.A Posibilidad de nueva propuesta probatoria

El artículo 37.1 exige del Juez que *invite* al Fiscal y las partes a fin de que «...manifiesten lo que tengan por conveniente sobre la práctica de nuevas pruebas». El alcance de esa afirmación debe obtenerse poniéndola en relación con el apartado 2 del mismo artículo 37, toda vez que al regular la práctica de la prueba propuesta, este último precepto limita las posibilidades de aportación probatoria, en esa concreta fase del procedimiento, a aquellas que «...ofrezcan las partes para su práctica *en el acto*». La lectura relacionada de ambos enunciados ofrece algunas dudas. En el primero de los apartados no parece existir una preocupación legislativa por el hecho de que las pruebas propuestas se puedan o no practicar en el marco de las sesiones de la audiencia ya iniciada. Así parece desprenderse del último inciso del artículo 37.1 que admite *a contrario sensu* la posibilidad de que el Juez, a la vista de la novedosa y pertinente propuesta probatoria, pueda acordar la no continuación de la audiencia y la práctica de aquélla. En el segundo, como ya se ha indicado, se condiciona la validez de esa propuesta a su practicabilidad en el mismo acto de la audiencia.

Todo parece indicar que es esta segunda interpretación la que ha de prevalecer. A ello conducen una serie de argumentos. De un lado, conviene reparar en que la audiencia ya ha sido formalmente abierta, ha iniciado sus sesiones y, precisamente por ello, es en su seno donde habrá de concentrarse la práctica de la actividad probatoria propuesta por el Fiscal y las partes. Abrir la posibilidad de una nueva petición probatoria que pudiera conllevar la práctica de otras diligencias de investigación plantearía no pocos problemas interpretativos. De entrada, generaría la duda acerca de si la aceptación por el Juez de esa renovada propuesta probatoria implicaría una suerte de revocación de la conclusión del Expediente y su devolución al Fiscal para la práctica de las diligencias omitidas. Además, podría acarrear una nada deseable confusión funcional entre el papel que la ley confiere al Juez y al Fiscal.

Todo ello hace aconsejable, pues, que los Sres. Fiscales se opongan a cualquier solicitud de la defensa encaminada a la retroacción de la fase de audiencia para la práctica de nuevas diligencias de investigación. Ningún perjuicio se deriva de la admisión de este criterio para el Fiscal y las partes. El primero, en cuanto órgano instructor, habrá evitado omitir durante la investigación la práctica de las diligencias indispensables para la adecuada ponderación del hecho y de su autor. Desde el punto de vista de la defensa del menor, conviene poner el acento en las posibilidades de aportación que pone a su alcance el artículo 26 de la LORPM. El escrito de alegaciones, además, representa el vehículo ordinario para la deducción de las respectivas peticiones de prueba (cfr. arts. 30.2 y 31).

Todo parece indicar que el debate a que se refiere el artículo 37.1, que tiene por objeto la práctica de nuevas pruebas, ha de entenderse referido exclusivamente a aquellas que puedan practicarse durante el desarrollo de las sesiones de la audiencia. De ahí la importancia de que el Fiscal desarrolle su cometido durante la fase de investigación y formalice el escrito de alegaciones con la diligencia necesaria para evitar que, una vez iniciadas las sesiones, pueda percatarse de la existencia de un vacío probatorio que debió haber sido colmado con anterioridad. Ello no es obstáculo, claro es, para que en aquellas ocasiones en que las circunstancias así lo aconsejen, pueda instar al inicio de la audiencia la práctica de nuevas diligencias de prueba que puedan ser llevadas a cabo en el acto mismo de las sesiones.

VIII.3.B Vulneración de algún derecho fundamental

Al igual que sucede en otros modelos de enjuiciamiento, ha querido el legislador arbitrar un momento específico para hacer valer quejas relativas a posibles vulneraciones de derechos fundamentales que se hayan podido producir a lo largo de la distintas fases que preceden a la celebración de la audiencia. La LORPM, acorde con el mandato constitucional, traza una línea divisoria muy nítida a la hora de delimitar las facultades del Fiscal durante la instrucción del Expediente. Es precisamente el círculo representado por los derechos fundamentales del menor el que sirve de referencia excluyente de toda actuación del Fiscal que pretenda invadir lo que está reservado a la garantía jurisdiccional (cfr. arts. 23.3 y 26.3). Nada de cuanto afecte a los derechos fundamentales del menor puede permanecer ajeno al Juez. De ahí que la actividad instructora con potencial eficacia lesiva para los derechos fundamentales del menor, habrá tenido que ser conocida por el propio Juez de Menores que es quien, conforme a los preceptos antes citados, es el que ha de practicar por sí las diligencias de investigación que repercutan en el ámbito de los derechos fundamentales. Como es lógico, no es descartable –de hecho, será más bien frecuente– que la alegación de ese menoscabo por la defensa esté referida a la actividad instructora llevada a cabo por el Fiscal.

Con independencia de cuál sea el acto respecto del cual se promueve el debate, lo cierto es que el legislador ha querido dar entrada a este trámite con el fin de conceder una antesala depuradora de las posibles violaciones de los derechos fundamentales del menor. Una vez desarrollado el debate contradictorio entre el Fiscal y el defensor del menor, el Juez «...acordará la continuación de la audiencia o la subsanación del derecho vulnerado, si así procediere». Añade el mismo precepto que «...si acordara la continuación de la audiencia, el Juez resolverá en la sentencia sobre los extremos planteados». Muchas cuestiones de difícil respuesta se dan cita en ese enunciado legal. En principio, la utilización de la conjunción disyuntiva «o» que utiliza el primero de los incisos transcritos parece construir dos hipótesis alternativas –la continuación de la audiencia o la subsanación del derecho vulnerado–, olvidando que cabe perfectamente la posibilidad de subsanar el derecho vulnerado y acordar la continuación del

Expediente. El texto legal sólo parece pensar en la posibilidad de una subsanación que imponga la previa interrupción de la audiencia. La experiencia, sin embargo, enseña que ello no es así, pues cabe la acción subsanadora y, al propio tiempo, la continuación de las sesiones de la audiencia. Por otra parte, la terminología empleada en ese precepto no parece ser la más adecuada para expresar la finalidad que el mismo persigue. El efecto de subsanación es más propio de irregularidades procesales carentes de relevancia constitucional que de una genuina vulneración de algún derecho fundamental que, una vez acaecida, difícilmente se puede subsanar. Es el artículo 11 de la LOPJ el que proclama la ausencia de eficacia de aquellas diligencias que se hayan practicado con violación de derechos fundamentales. Y es la consolidada doctrina del Tribunal Constitucional acerca del alcance de la declaración de ilicitud la que determina las verdaderas consecuencias asociables a una actividad investigadora que no hubiera sido respetuosa con los derechos del menor enjuiciado.

Como ya se ha señalado *supra,* el mismo precepto apunta que, una vez acordada la continuación de la audiencia, el Juez resolverá en la sentencia que dicte las cuestiones planteadas por las partes. De nuevo la redacción legal conduce a algunos interrogantes. No parece que exista obstáculo para que el Juez resuelva en el momento mismo de las alegaciones preliminares –con adecuada constancia en acta– sobre las cuestiones invocadas y seguidamente decida la continuación de la audiencia. De hecho, será lo más conveniente, en la mayor parte de las ocasiones, que el debate se inicie con una resolución ya tomada respecto de ilicitudes probatorias u otras posibles quiebras del derecho a un proceso justo.

Sería deseable, en fin, que ese trámite previo que ha regulado el legislador en el artículo 37.1 desplegara la función depuradora que le ha de ser propia. No es bueno para el correcto desarrollo de las sesiones de la audiencia que la solución jurisdiccional sobre vulneración de derechos fundamentales que implique una verdadera deficiencia estructural para el discurrir del procedimiento, quede aplazada al momento de la redacción de la sentencia. Cuando el artículo 11 de la LOPJ proclama que *no surtirán efecto* las diligencias practicadas con vulneración de derechos fundamentales, está expresando una voluntad excluyente de toda significación procesal a unas diligencias que se han incorporado al proceso contraviniendo el derecho del menor a un proceso con todas las garantías. Cierto es que no faltarán casos en que la discusión promovida en el debate previo forme parte integrante de algunas de las cuestiones que definen el objeto mismo del proceso, haciendo muy difícil –si no imposible– una solución anticipada de aquélla. Sin embargo, en los restantes casos, la adecuada ordenación del procedimiento hará aconsejable que la actividad probatoria a desarrollar durante la audiencia no se construya sobre un acto cuya idoneidad procesal ha sido cuestionada y, precisamente por ello, puede ser luego objeto de exclusión del acervo probatorio por el Juez.

VIII.3.C El debate sobre la calificación de los hechos o la medida propuesta

La posibilidad de incorporar al debate preliminar un examen contradictorio –a iniciativa del Juez– acerca de una calificación jurídica alternativa o una medida diferente a la promovida por el Fiscal, conduce a una cierta desorientación del intérprete. De hecho, esa iniciativa judicial se compagina mal con el cometido funcional del Juez que, hasta ese momento y con las excepciones representadas por los artículos 23.3 y 26.3, ha debido permanecer ajeno a la instrucción. No será fácil al órgano jurisdiccional, con carácter previo al desarrollo de la práctica de la prueba, con anterioridad al examen del menor y sin haber oído todavía al Equipo Técnico, sugerir una calificación jurídica y/o una medida alternativa.

Los términos en que esa facultad se concede al Juez, obligan a estimar que, de hacer uso de ella, habría de limitar su alcance a la modificación de errores puramente materiales que pudieran haberse deslizado en la redacción de los respectivos escritos de alegaciones del Fiscal y de la defensa del menor.

Si, por el contrario, esa posibilidad legal se concibe como un Expediente de desvinculación del Juez respecto de las calificaciones y las medidas propuestas por las partes, será necesario aplazar la iniciativa jurisdiccional a un momento inmediatamente posterior a la práctica de toda la prueba propuesta. En tales casos, una interpretación integradora que tome como referencia la previsión de los artículos 733 y 793.6 párrafo 2 LECrim, habría de tener presente las singularidades que definen el enjuiciamiento de un menor de edad. En principio, la calificación jurídica del hecho no despliega un efecto idéntico respecto del proceso penal del mayor de edad. Como es sabido, la pena señalada en el tipo no resulta aplicable al menor que, precisamente por razón de su dificultad para captar el mensaje imperativo de la norma penal, está sujeto a un régimen de medidas de naturaleza bien distinta a la predicable de la pura sanción penal (art. 7).

Tampoco puede decirse que la calificación jurídica del hecho sea irrelevante para el enjuiciamiento del menor infractor. La garantía constitucional asociada al principio de legalidad se opone a cualquier intento de relativizar la importancia y el significado del tipo para todo proceso penal, con independencia de la edad del infractor. Además, supondría desconocer la importancia del límite que, en garantía del enjuiciado, establece el artículo 8 párrafo 2 que, como es sabido, prohibe imponer en los casos que ese precepto menciona, una medida privativa de libertad cuya duración exceda de la pena privativa de libertad que hubiera podido imponerse si el autor hubiera sido mayor de edad y declarado responsable de acuerdo con el Código Penal. Además, en el texto de la LORPM abundan los preceptos en los que la calificación jurídica del hecho actúa como dato determinante del desenlace mismo del proceso (cfr. art. 19.1) o como criterio definitorio de las posibilidades de acceso al Expediente por parte del perjudicado (art. 25 párrafo 2).

Conviene, además, no perder de vista la importancia que la calificación jurídica del hecho imputado despliega para asegurar la efectividad del derecho de defensa, descartando cualquier calificación sorpresiva que, por su falta de homogeneidad con el hecho inicialmente calificado, pueda acarrear un menoscabo del contenido esencial del derecho del menor a un proceso con todas las garantías. En definitiva, la aplicación de una calificación jurídica alternativa por parte del Juez habrá de acomodarse a los criterios jurisprudenciales que han venido definiendo las facultades del órgano jurisdiccional a la hora de desvincularse de la calificación jurídica suministrada por las partes. La homogeneidad entre el tipo invocado por el Fiscal y el fundamento jurídico de la sentencia constituye una exigencia irrenunciable para descartar toda posibilidad de indefensión.

El grado de vinculación del Juez de Menores respecto de la medida sugerida por las partes conoce en la propia ley algunas previsiones que facilitan la solución de dudas prácticas. En efecto, de acuerdo con lo dispuesto en el artículo 8 párrafo 1, el Juez no podrá imponer una medida que suponga una mayor restricción de derechos ni por un tiempo superior a la medida solicitada por el Ministerio Fiscal. A tal fin la enumeración contenida en el artículo 7 de la Ley Orgánica 5/2000, enumeración que se ordena «...según la restricción de derechos que suponen...», constituye un instrumento aplicativo de primer orden a la hora de fijar los límites y el alcance de los facultades del órgano jurisdiccional.

De acuerdo con lo expuesto, no parece que el debate promovido por el Juez al amparo del artículo 37.1, relativo a la calificación jurídica y a la medida propuesta por las partes, pueda identificarse, sin más matices, con un Expediente de desvinculación similar al contemplado por la LECrim para otros procedimientos ordinarios. La necesaria homogeneidad entre el título jurídico de imputación propuesto por el Fiscal y el que sirve de fundamento a la sentencia condenatoria, representa el verdadero límite a la capacidad jurisdiccional para apartarse de la calificación sugerida por el Fiscal. Desde el punto de vista de la medida, no parece que exista dificultad alguna para que el Juez pueda imponer una medida cualitativamente distinta a la propugnada por el Fiscal, sin perjuicio de respetar el límite cuantitativo que es objeto de afirmación expresa en el artículo 8 párrafo 1 de la ley.

VIII.4 **Práctica de la prueba e informe**

La práctica de las pruebas a desarrollar durante la audiencia se acomoda, a falta de previsión expresa, a los criterios generales que establece la LECrim al regular la actividad probatoria. No es obstáculo a esta afirmación la literalidad del inciso final del apartado 2 del artículo 37, cuando señala que «...por último, el Juez oirá al menor, dejando la causa vista para sentencia». Ese enunciado legal no persigue una extravagante alteración del orden lógico y tradicional para la práctica de la prueba. Tampoco abandona la práctica del interrogatorio del menor a una actividad exclusivamente judicial, sin intervención del Fiscal y la defensa. Este precepto, en sintonía con recientes pronunciamientos jurisprudenciales, recuerda la importancia de que la audiencia culmine con la *ultima palabra* del menor, como manifestación concreta del principio de contradicción que informa el íntegro desarrollo de las sesiones de la audiencia.

Pese al silencio del texto legal, conviene tener presente el papel que la Ley Orgánica 5/2000 reserva al perjudicado que, si bien carece de la capacidad legal necesaria para el ejercicio de la acción penal, puede asistir a la audiencia e intervenir activamente en el desarrollo de la actividad probatoria, al autorizarlo de modo expreso el artículo 25 párrafo 5.

El Fiscal habrá de velar de modo especial porque el orden de la actividad probatoria se acomode al superior interés del menor, instando del Juez, cuando ello resulte procedente, haga uso de la facultad que al efecto le concede el artículo 701 párrafo 6 LECrim. Paralelamente habrá de ponderar en todo caso la conveniencia de que el menor se halle presente o no durante la práctica de determinadas diligencias de prueba, cuyo desarrollo podría repercutir negativamente en el proceso de formación de aquél, solicitando del Juez invite al menor al abandono momentáneo de la sala, conforme autoriza el artículo 37.4.

En sus informes los Fiscales expondrán una valoración de la prueba, la calificación del hecho y la procedencia de las medidas propuestas. El artículo 37 no dibuja un trámite específico de ratificación o modificación del escrito de alegaciones. El carácter provisional de éste no ofrece dudas. Su formulación es fruto de una fase de investigación todavía ajena al desarrollo de la genuina actividad probatoria. Su funcionalidad, en no pocos casos, se agotará en la fase intermedia, justificando la apertura de la audiencia. El desarrollo de la actividad probatoria podrá confirmar la propuesta provisoria del Fiscal u obligará a éste a una modificación que, en todo caso, estará sujeta a los límites impuestos por la inalterabilidad del objeto del proceso. De verificarse ese cambio en la calificación provisional del hecho y/o en la medida propuesta inicialmente, los Sres. Fiscales habrán de cuidar a fin de que exista constancia documentada de ese cambio, bien mediante su reflejo en acta, bien mediante la formulación de un escrito que habrá de incorporarse al Expediente. Así lo exigen razones impuestas por el principio de congruencia y por la necesidad de que el ejercicio de cualquier acto impugnatorio cuente con el adecuado reflejo documental de la pretensión del Fiscal.

Nada dice el artículo 37 al respecto, pero los principios que informan la LORPM aconsejan que el informe del Fiscal huya de una exposición cuya monotonía convierta aquél en un recitativo puesto al servicio del más puro tecnicismo. El Fiscal habrá de esforzarse en la búsqueda de un nada fácil equilibrio entre el respaldo técnico a sus argumentos y el mensaje educativo al menor. Es indudable que el informe del Fiscal tiene al Juez de Menores como principal destinatario, mas no es éste el único que ha de extraer conclusiones de los argumentos de aquél. Aun reconociendo las dificultades para que ello constituya una regla general, sería deseable que la exposición del Fiscal permitiera al menor infractor conocer el *qué* y el *por qué* de la medida propugnada. De ahí que sin abdicar del razonamiento jurídico indispensable para avalar la pretensión ejercida, el Fiscal habrá de acomodar su exposición a un lenguaje que permita al menor captar el propósito educativo que, sin duda, se hallará latente en la justificación de la medida sugerida.

IX. SUSPENSIÓN DE LA EJECUCIÓN DEL FALLO

La necesidad de descartar toda concepción exclusivamente retributiva en la imposición de la medida, lleva al legislador a introducir un conjunto de reglas y presupuestos a los que se asocia la posibilidad de suspensión de la ejecución del fallo. El régimen jurídico de esa suspensión viene expresamente regulado en el artículo 40.

Son muchas las incertidumbres que el contenido de aquel precepto propicia. Algunas de ellas van a ser objeto de examen *infra*. La primera de ellas se refiere a la necesidad misma de esa regulación. El legislador parece haber llevado a cabo un elogiable esfuerzo de adaptación del mecanismo jurídico de suspensión condicional de la pena que regula el artículo 87 del Código Penal. Sin embargo, ese intento de modular para el menor infractor una institución tan arraigada en nuestro sistema penal, no parece haberse traducido en un resultado especialmente satisfactorio. Estamos en presencia de una institución construida sobre el transcurso del tiempo y sobre la aplicación aplazada de un fallo judicial en el caso en que el menor incumpla alguna de las condiciones a las que se subordina el disfrute de esa suspensión condicional. Sucede, sin embargo, que el tiempo despliega en la vida del menor un efecto tan intenso que hace especialmente difícil hacer depender de su transcurso y de otras circunstancias concurrentes la procedencia de la ejecución o remisión definitiva del fallo. La idea de obligar a cumplir a un menor de edad una medida impuesta dos años atrás por un hecho cometido hace todavía más tiempo, no parece que se acomode fácilmente a los principios que inspiran y definen el enjuiciamiento del menor de edad.

La anunciada duda acerca de la necesidad de regulación de ese instituto se hace más visible cuando se repara en la importancia y en las posibilidades aplicativas de otro precepto –art. 14– que permite al Juez, de oficio o a instancia del Fiscal o del Letrado del menor, con informe del Equipo Técnico, *dejar sin efecto* la medida impuesta, reducir su duración o sustituirla por otra, siendo suficiente para ello que esa modificación se considere procedente para el interés del menor y se haya expresado suficientemente a aquél el reproche merecido por su conducta. Como puede apreciarse, esta norma conduce a un efecto práctico idéntico al que permite la suspensión del fallo, a saber, privar a la medida impuesta de su eficacia inmediata, con la ventaja añadida de no abrir la puerta a una futura recuperación de la medida para el caso en que el menor incurra en una nueva infracción. Es dudoso que ese castigo aplazado –sobre todo, si el tiempo de la suspensión ha sido fijado con demasiada holgura–, pueda contribuir al desarrollo educativo del menor. Ello no significa que esa infracción añadida al historial del menor no debiera producir alguna clase de efecto. Quizás hubiera sido suficiente con que ese dato fuera ponderado para la elección de una medida en el procedimiento a seguir como consecuencia de la segunda infracción, sin necesidad de imponer legalmente la ejecución del fallo que fue objeto de aplazamiento.

En cualquier caso, no ha sido éste el criterio seguido por el legislador, que ha incorporado entre los preceptos de la LORPM la posibilidad de una suspensión de la ejecución del fallo, en los términos descritos por el artículo 40. Ello exige de los Fiscales, una vez más, una exhaustiva ponderación de lo que el interés del menor pueda sugerir a la hora de proceder a la ejecución o suspensión de lo resuelto. De ahí que los Sres. Fiscales habrán de asumir la importancia de la aplicación de este mecanismo jurídico de suspensión, huyendo de toda rutina que convierta el trámite previsto en el artículo 40 en un burocratizado epílogo a la fase de audiencia. Pese a todo y en línea con lo que ya ha sido expuesto anteriormente, los Sres. Fiscales habrán de extraer del artículo 14 todas las posibilidades aplicativas que ese precepto sugiere, atribuyendo a la suspensión del fallo un carácter excepcional que viene aconsejado por su propia naturaleza y efectos derivados.

Ya se ha anticipado que las dudas que suscita la regulación legal son de muy variado signo. Una de ellas, por ejemplo, va referida al propio fundamento de la institución, que parece ser traicionado por el artículo 40.3 cuando impone la obligada ejecución de lo resuelto para el caso en que, una vez concedida la suspensión, no se cumplan algunas de las condiciones que contemplan los tres párrafos del apartado 2 del artículo 40. Así, el hecho de que durante la suspensión le haya sido aplicado al menor infractor una medida en sentencia firme, determina de modo automático la revocación de la suspensión y la inmediata ejecución del fallo. Ese peso del nuevo delito a la hora de justificar el cierre de toda posibilidad de reconsideración acerca de la procedencia de ejecutar o suspender el fallo, no deja de ser llamativo, pues se halla en franco contraste con el valor que distintos pasajes de la LORPM confieren al historial delictivo del menor. Así, por ejemplo, durante la fase de investigación, la circunstancia de que el menor haya cometido con anterioridad hechos de la misma naturaleza, obliga al Fiscal a incoar Expediente, descartando la fórmula de archivo que ofrece el artículo 18 párrafo 2, pero no le impide la aplicación de una propuesta de sobreseimiento ulterior si considera «...inadecuado para el interés del menor cualquier intervención, dado el tiempo transcurrido desde la comisión de los hechos» (art. 27.4). No sucede lo mismo en relación con la suspensión del fallo que, como se viene comentando, obliga al Juez a alzar la suspensión y a proceder a ejecutar la sentencia en todos sus extremos. El problema surgirá en aquellas ocasiones en que el plazo transcurrido desde la infracción inicial convierta en absolutamente improcedente esa mecánica aplicación de lo resuelto. No faltarán casos, por otra parte, en que el diferente ritmo de tramitación de distintos Expedientes provoque un indeseado efecto aleatorio en el momento de la ponderación acerca de la conveniencia de suspender o ejecutar el fallo.

Todo ello conduce a la necesidad de que los Sres. Fiscales tomen especial interés en evitar, siempre que ello sea posible y atendiendo a cada caso concreto, que el plazo de suspensión sea excesivamente largo. El período máximo de dos años que contempla el texto legal (art. 40.1) no deja de ser un espacio de tiempo especialmente prolongado en la vida de un menor de edad. A ello habría que añadir el negativo efecto que podría producirse en aquellos casos en que, habiendo alcanzado el infractor la mayoría de edad, se procediera a la ejecución de lo resuelto y, precisamente por ello, a la aplicación de una medida cuya justificación podría ya no ser tan evidente. Se trata, en fin, de evitar, en cuanto fuera posible, la ultravigencia de un fallo que podría resultar inapropiado en el momento en el que las circunstancias obligan a su ejecución.

La libertad que el artículo 40.1 concede al Juez a la hora de documentar lo resuelto en materia de suspensión –«...se acordará en la propia sentencia o por auto motivado cuando aquélla sea firme...»– no es cuestión menor. Esa diferencia aparentemente reducida a lo meramente formal trae consigo un diferente régimen impugnatorio en uno y otro caso. Parece más conveniente que la exclusiva discrepancia respecto de la concesión o denegación de la suspensión del fallo no se traduzca en un recurso de apelación contra la sentencia que aplazaría la firmeza de aquélla y obligaría a un trámite mucho más complejo que el que se asocia a la impugnación de un auto. De ahí que, pese a que es al Juez al que incumbe decidir el vehículo formal de la suspensión, puede resultar de interés que el Fiscal haga llegar a aquél, en el momento de su informe, la conveniencia acerca de que esa decisión se segregue formalmente de la sentencia que ponga término a la audiencia y se acuerde en un auto.

Entre las condiciones que el artículo 40 señala para acceder a la suspensión del fallo se encuentra la necesidad de que «...el menor asuma el compromiso de mostrar una actitud y disposición de *reintegrarse a la sociedad*, no incurriendo en nuevas infracciones». Es indudable que la expresión por el menor de una voluntad encaminada a evitar nuevas infracciones, representa un presupuesto perfectamente exigible. Sin embargo, la literalidad del precepto puede no resultar la más adecuada para el logro del fin propuesto. Exigir del menor que se reintegre en la sociedad supone atribuir a la infracción cometida un efecto de exclusión respecto del grupo social y familiar en que el menor se desenvuelve. De ahí la conveniencia de que el Fiscal, en el ámbito de las facultades que le son propias, huya deliberadamente del empleo de expresiones que puedan dar pie a entender que el menor ha sido excluido del entorno social que le acoge, profundizando así en una idea de aislamiento que puede no haber calado en el menor y que, sin embargo, la terminología legal sugiere. Es, en definitiva, la inequívoca expresión del compromiso del menor de respetar los bienes jurídicos ajenos lo que debiera convertirse en el presupuesto al que asociar la concesión o rechazo de la suspensión del fallo.

No está exenta de dificultades la facultad que el artículo 40.2.*c)* confiere al Juez a la hora de acordar «...la aplicación de un régimen de libertad vigilada durante el plazo de suspensión o la obligación de realizar una actividad socio-educativa recomendada por el Equipo Técnico o la entidad pública de protección o reforma de menores (...), incluso con compromiso de participación de los padres, tutores o guardadores del menor, expresando la naturaleza y el plazo en que aquella actividad deberá llevarse a cabo». Y es que la rigidez que late en el artículo 40.3 a la hora de fijar los efectos del incumplimiento de alguna de las condiciones a que se asocia la suspensión del fallo, se convierte ahora en absoluta e ilimitada flexibilidad, llegando a autorizar al Juez a diseñar una nueva medida cuya aplicación parece bordear las exigencias impuestas por los principios de legalidad y acusatorio.

En efecto, el precepto transcrito permite al órgano jurisdiccional la aplicación de un régimen de libertad vigilada que, conforme al artículo 7.1.*h)* representa una verdadera medida. Lo propio puede decirse de la obligación de realizar una tarea socio-educativa que, de acuerdo con el artículo 17.1.*k)* constituye otra de las medidas asociables al hecho injusto cometido por el menor de edad. Ello supone que con la cobertura formal de la *suspensión* del fallo se puede desembocar en una verdadera *sustitución* del fallo que se realiza sin necesidad de audiencia previa por parte del Fiscal o el defensor del menor y que sólo exige, tratándose de la realización de una actividad socio-educativa, la recomendación en tal sentido por parte del Equipo Técnico o la entidad de protección o reforma. Desde el punto de vista exclusivamente práctico, ello complica la búsqueda de la medida más adecuada para el menor, obligando al Equipo Técnico a ofrecer una alternativa en función de que la medida vaya o no a ser sustituida por el Juez.

El problema se agrava si se repara en el criterio empleado por el legislador para la fijación de un límite temporal de esa medida de régimen de libertad vigilada o de realización de actividades socio-educativas. En el primero de los casos, su duración se asocia a la que se corresponda con el plazo de suspensión. En el segundo, no parece siquiera que exista una previsión específica, pues el Juez expresará –sin límite legal aparente– la naturaleza y el plazo en que aquella actividad deberá llevarse a cabo. Ello puede conducir a resultados notoriamente inaceptables.

Parece fuera de duda que el criterio de los Jueces de Menores llamados a la aplicación de la Ley Orgánica 5/2000 contribuirá a consolidar una interpretación acomodada a los principios que definen el derecho a un proceso justo, no avalando un entendimiento que permita, por la vía que ofrece la suspensión del fallo, eludir los límites que, en garantía del menor, establecen de modo expreso los dos párrafos que integran el artículo 8. Carecería de sentido, por ejemplo, imponer en sentencia una medida de libertad vigilada por tiempo de tres meses y suspender el fallo para imponer esa misma medida por espacio de un año.

Los Sres. Fiscales, pues, habrán de hacer uso de las facultades impugnatorias que la ley les otorga a fin de impedir que la suspensión del fallo pueda ponerse al servicio de una tan ilimitada como incontrolada facultad decisoria. Ello no es obstáculo, claro es, para que sean los propios Fiscales los que, al amparo del artículo 14, insten del Juez, en cualquier momento del procedimiento, la posibilidad de una modificación, sustitución o reducción de la medida, conforme permite el citado precepto, siempre que el superior interés del menor así lo aconseje. Lo propio puede afirmarse respecto de todos aquellos otros casos en que sea el Juez de Menores el que, de oficio, previa audiencia del Fiscal y del Equipo Técnico, acuerde una modificación, sustitución o reducción de la medida.

X. RÉGIMEN DE RECURSOS

El Título VI de la LORPM contiene la regulación del régimen de recursos frente a las resoluciones que se adopten en el curso de este procedimiento (arts. 41 y 42).

X.1 Inadmisibilidad de recurso frente a los Decretos del Ministerio Fiscal

Ha de tenerse presente, en primer lugar, que las decisiones que en el curso del procedimiento adopte el Fiscal, ya sea en la fase de Diligencias Preliminares o en el Expediente de reforma, que revestirán siempre la forma de Decretos, no son susceptibles de recurso alguno.

En algunos supuestos el Decreto del Fiscal podrá ser atacado indirectamente por la vía de reiterar la petición ante el Juez de Menores: así sucede en los casos contemplados en el artículo 25, párrafo 6.º, cuando el Fiscal deniega la personación del perjudicado en fase instructora o cuando rechaza la práctica de alguna prueba interesada por el perjudicado o por la defensa del menor.

En otros supuestos el Decreto determina directamente una resolución judicial. Así ocurre *v. gr.* en el caso en que el Fiscal acuerde por medio de Decreto interesar el sobreseimiento del Expediente de reforma por conciliación o reparación (art. 19) o por cualquier otra causa. En estos casos el recurso será posible frente a la resolución judicial de que se trate, pero no contra el Decreto del Fiscal que la hubiere propiciado.

Finalmente, en otros casos el Decreto del Fiscal no tiene reflejo en resolución judicial alguna. Así sucede con las decisiones adoptadas por el Fiscal en fase de Diligencias Preliminares, ya sea acordando el archivo, el desistimiento de la incoación del Expediente de reforma, la remisión al Juzgado de Instrucción o a la entidad protectora, o la incoación de Expediente de reforma. Todas estas decisiones del Fiscal no son susceptibles de recurso por el menor o por el perjudicado, tal y como sucede analógicamente con las resoluciones del Fiscal recaídas en el curso de las Diligencias de Investigación penal reguladas en el artículo 785 bis LECrim –aplicable supletoriamente por virtud de la Disposición Final primera– y en el artículo 5 del EOMF.

En todo caso y en relación con las decisiones del Fiscal de archivar las Diligencias Preliminares o de desistir de la incoación del Expediente, justo es reconocer que la cuestión de la irrecurribilidad se presenta en términos no idénticos en la LORPM que en el resto de los procedimientos.

Tratándose de Diligencias de investigación penal, el artículo 785 bis prevé que ante la decisión de archivo o de no ejercicio de acciones por el Fiscal el perjudicado pueda reiterar su denuncia ante la autoridad judicial. En este sentido, el ATC 219/1984, de 4 de abril, y el ATS de 20 de diciembre de 1990, rechazaron la posibilidad de revisar, tanto constitucionalmente como judicialmente, las decisiones del Fiscal de no ejercer acciones penales; si bien en ambos autos se hacía referencia, entre otros argumentos, a la posibilidad de ejercicio de la acción por el propio perjudicado al no ostentar el monopolio de la misma el Ministerio Fiscal. En este sentido se pronunció la Consulta 2/1995, de 19 de abril, de la Fiscalía General del Estado.

Por el contrario, si el Fiscal decide archivar las Diligencias Preliminares de la LORPM, el perjudicado no cuenta con ninguna alternativa distinta al recurso –que ahora se niega– para obtener la actuación del Juez de Menores; es decir, no puede ejercer por si mismo la acción ni reiterar su denuncia ante el Juez de Menores. El Fiscal ostenta el monopolio del ejercicio de acciones de reforma en el procedimiento de la LORPM.

Ahora bien, aun dándose tan importante diferencia, debe mantenerse la irrecurribilidad de la decisión del Fiscal en estos supuestos, en atención a los argumentos –que se dan ahora por reproducidos– manejados por las resoluciones y Consulta antes citadas, basados esencialmente en el carácter constitucional de la institución del Ministerio Público al que le corresponde determinar acerca del modo de ejercer sus funciones y, asimismo, se añade ahora, en atención a los principios que inspiran la Ley Orgánica 5/2000 los cuales han llevado a la negación de la existencia de acusación particular o popular (art. 25 párrafo 1.º) en este procedimiento, lo que resulta congruente con la atribución en exclusiva al Fiscal de la decisión de iniciar o no el Expediente, que –según la configuración legal– resulta irrecurrible.

Lógicamente, la irrecurribilidad se proclama sin perjuicio de la posibilidad de exigencia de responsabilidad disciplinaria del Fiscal en casos de decisiones absolutamente contrarias a los deberes inherentes al Ministerio Público, e inclusive a la exigencia de responsabilidades civiles o penales en sus respectivos casos.

X.2 Recursos frente a autos y providencias del Juez de Menores

Hemos de distinguir entre providencias, aquellos autos específicamente señalados en la ley y el resto de los autos.

X.2.A PROVIDENCIAS

Frente a las providencias del Juez de Menores cabe recurso de reforma, que se interpondrá ante el propio órgano en el plazo de tres días a partir de la notificación (art. 41.2), y, posteriormente, contra el auto resolutorio del recurso de reforma podrá interponerse recurso de apelación (art. 41.2 in fine). Se admite así reforma, que tiene carácter necesario, y posterior apelación contra todas las providencias del Juez de Menores.

X.2.B AUTOS EXPRESAMENTE SEÑALADOS EN LA LEY COMO SUSCEPTIBLES DE RECURSO DE APELACIÓN

Ese mismo régimen –reforma y apelación, si bien en este caso la reforma es potestativa (art. 787.3 LECrim)– es el procedente contra los autos señalados en el artículo 41.3. Tales autos son los siguientes:

– autos que pongan fin al procedimiento. Entre estos ha de incluirse el auto de sobreseimiento, tanto libre como provisional por cualquiera de las causas previstas en la LECrim (art. 33 b), y el de sobreseimiento en los supuestos del artículo 33 c) o por inhibición al Juzgado de Instrucción del artículo 33 d).

– autos resolutorios de modificación de medidas (art. 14).

– autos dictados para acordar las medidas cautelares de internamiento, libertad vigilada o convivencia con otra persona, familia o grupo educativo (art. 28).

– autos dictados en aplicación de medidas cautelares en los supuestos de exención de responsabilidad en los casos de los números 1.º, 2.º ó 3.º del artículo 20 del CP.

– autos que recaigan en materia de suspensión de la ejecución del fallo (art. 40).

– autos del Juez de Menores dictados en materia de derecho transitorio contemplados en la Disposición Transitoria única, apartado 5.

A estos autos debe añadírseles aquellos otros que se mencionan en el artículo 52 de la Ley. Conforme a este precepto, en materia de ejecución de medidas, tanto el menor por si mismo, ya sea de forma escrita o verbal, como el Letrado del menor, de forma escrita, podrán interponer ante el Juez de Menores o con posibilidad de presentación ante el Director del Centro de internamiento, recurso contra cualquier resolución adoptada durante la ejecución de las medidas. El Juez de Menores resolverá dicho recurso mediante auto que será recurrible en apelación (art. 52.2 en relación con el art. 41.3).

Guarda silencio el artículo 52 sobre la legitimación activa del Fiscal para la interposición de estos recursos en materia de ejecución de medidas. No obstante, resulta inadmisible negar al Fiscal legitimación para recurrir en materia de ejecución pues ello iría en contra de la función atribuida al Fiscal por los principios que inspiran esta Ley. Igualmente no se entiende que si el recurso se interpusiere por el menor o su Letrado cupiera posterior apelación y si se interpusiera por el Fiscal cupiera posterior queja al no alcanzar a su recurso la previsión expresa del artículo 52. Tal solución, a la que se llegaría en una interpretación literal del precepto, debe ser rechazada. Ha de entenderse que la referencia al menor y a su Letrado –y no al Fiscal– contenida en el apartado 1 del artículo 52 está ceñida a la forma de presentación del recurso (verbal o escrita; ante el Juez o ante el Director del centro), lo que no impide la legitimación activa del Fiscal sino que alcanza *a contrario sensu* a la forma en que el Fiscal habrá de presentar sus recursos –por escrito y ante el Juez de Menores–. En el apartado 2 del artículo 52 se establece el régimen de recursos contra el auto resolutorio del juez, y al admitirse la apelación se hace con independencia de que el recurrente sea el menor, su Letrado o el Fiscal.

X.2.C Restantes autos del Juez de Menores

Contra los restantes autos del Juez de Menores, por tanto aquellos no especificados en el artículo 41.3 ni en el artículo 52, se plantea cuál sea el régimen posible de recursos.

En el artículo 41, apartados 2 y 3, solamente se indica que estos autos serán objeto de reforma y, asimismo *a contrario sensu*, que están excluidos de la apelación. No se menciona si cabe o no el recurso de queja.

A favor de la admisibilidad de este último recurso debe invocarse la Disposición Final primera de la LORPM que establece como derecho supletorio las normas reguladoras del procedimiento abreviado. Por ello, al igual que sucede en ese procedimiento, contra los autos no expresados en la ley como susceptibles de apelación se ha de admitir el recurso de queja a tenor de lo dispuesto en el artículo 787.1 LECrim. Tal solución –reforma y queja– resulta, además, la única vía interpretativa que permite dar cierta coherencia al régimen de recursos establecido en la LORPM, pues resultaría inexplicable que contra los autos excluidos de la apelación únicamente cupiera reforma y, sin embargo, contra las providencias pudiera interponerse en todo caso reforma y apelación.

De este régimen se excepciona, no obstante, el auto del Juez de Menores en revisión de las sanciones disciplinarias impuestas al menor que, a tenor del artículo 60.7, ha de reputarse irrecurrible.

La tramitación de la reforma, apelación y queja se sujetará a las normas que disciplinan estos recursos en el procedimiento abreviado, con la única especialidad de que el órgano *ad quem* en la apelación y queja será la Sala de Menores del Tribunal Superior de Justicia.

X.3 **Especial consideración del auto del Juez de Menores resolviendo acerca de la personación del perjudicado**

Frente a la negativa del Fiscal de tener por personado en el Expediente al perjudicado en los supuestos del artículo 25, éste podrá reiterar su petición al Juez de Menores quien habrá de resolver por auto. Dicho auto será recurrible por el perjudicado o por el Fiscal conforme al régimen del artículo 41.2, pues así lo dispone el párrafo 9 del artículo 25.

El auto será, conforme a la interpretación que hemos sostenido del artículo 41.2, recurrible en reforma y queja, al no estar específicamente señalado entre los susceptibles de apelación.

X.4 **Especial consideración del auto del Juez de Menores resolviendo sobre la admisibilidad de alguna diligencia de prueba interesada por el perjudicado o por el Letrado del menor**

Si el Fiscal, a tenor del artículo 25, denegare al perjudicado alguna prueba que le hubiera sido solicitada, éste podrá volver a solicitarla del Juez de Menores «en el escrito de alegaciones o en la fase de audiencia» (art. 25, párrafo 6). Si la prueba denegada por el Fiscal hubiere sido interesada por el Letrado del menor, éste podrá reproducir su petición «en cualquier momento, ante el Juzgado de Menores» (art. 26).

Si se interesara del Juez la prueba en el escrito de alegaciones o en un momento anterior, la resolución del juez por la que se admita la práctica de la prueba –que habrá de revestir la forma de auto dado su contenido– será recurrible en reforma y queja por el Fiscal.

Surge la cuestión de si será también recurrible por el menor o por el perjudicado la denegación por el Juez de la prueba. La respuesta en principio parece afirmativa habida cuenta de lo dispuesto en el párrafo 9 del artículo 25 y en el artículo 33 e) que remiten al régimen de recursos del artículo 41.2 sin efectuar distinción alguna según el sentido admisorio o denegatorio de la prueba de la resolución. Sin embargo, la solución negativa se puede apoyar en la aplicación supletoria del artículo 792 LECrim, más acorde con el principio de economía procesal, en cuya virtud en supuestos de denegación de la prueba interesada no se interpondrá recurso sino que la prueba podrá ser nuevamente solicitada en el inicio de las sesiones de la audiencia, a tenor de los artículos 28. párrafo 8.º y 37.1 de la Ley.

Así, estimando preferible esta segunda interpretación, cuando la prueba se solicitara en el acto inicial de la audiencia, si el juez resolviera acerca de la práctica o no de la prueba sin suspender para ello la celebración de la audiencia, tal decisión sólo será recurrible mediante el correspondiente recurso que proceda frente a la sentencia de fondo.

X.5 **Recurso de apelación contra la sentencia**

La sentencia que dicte el Juez de Menores será recurrible en apelación ante la Sala de Menores del Tribunal Superior de Justicia, a tenor de lo dispuesto en los artículos 41.1 y 25 párrafo último de la Ley.

Esta apelación se rige por los citados preceptos y subsidiariamente por lo dispuesto en el artículo 795 LECrim para la apelación en el procedimiento abreviado. Como principales diferencias –además de la competencia del órgano *ad quem*– el plazo para la interposición del recurso se rebaja a 5 días frente a los 10 que se establecen para recurrir en el procedimiento abreviado, y, de otra parte, la celebración de vista, ya sea pública o a puerta cerrada, se erige en trámite esencial para la resolución del recurso.

X.6 **Recurso de casación para la unificación de doctrina**

En el artículo 42, estructurado en ocho apartados, se regula el recurso de casación para unificación de doctrina, inspirado en el recurso establecido en el orden jurisdiccional social en los artículos 217 y ss. de la Ley de Procedimiento Laboral, cuyo Texto refundido se aprobó por Real Decreto Legislativo de 7 de abril de 1995. También guarda cierta similitud con el recurso de casación en interés de ley que regulan los artículos 490 a 493 LEC de 2000.

Conviene advertir, en primer lugar, que se trata de un recurso difícilmente cohonestable con la materia de menores, que por definición es flexible y está necesitada de respuestas individualizadas.

Respecto de la aplicación del CP, habrá de jugar toda la jurisprudencia emanada de la Sala Segunda del Tribunal Supremo al interpretar los tipos penales y sus requisitos. Todo este cuerpo jurisprudencial es plenamente aplicable a la materia de menores. De otra parte, en la vertiente relativa a la medida a aplicar a cada menor, las reglas legales existentes se caracterizan por su marcada flexibilidad, en tanto que las exigencias educativas de cada menor y las circunstancias específicas de cada caso habrán de determinar la medida que en concreto resulte adecuada. Por tanto, la elección de la medida, en cuanto operación guiada esencialmente por criterios educativos sugeridos por los técnicos, es algo que se resiste a ser revisado a través de un recurso de casación. Partiendo de que la personalidad de cada menor influirá esencialmente en la determinación de la medida será difícil encontrar dos casos sustancialmente iguales.

Hechas estas iniciales consideraciones acerca de la operatividad de este recurso, conviene advertir ante todo de las dificultades interpretativas que se derivan de la regulación efectuada en el artículo 42 de la LORPM. Admitiendo, pues, que se trata de un tema abierto y sometido a matices y enfoques, procede abordar seguidamente tres cuestiones esenciales respecto de este recurso: las resoluciones recurribles, los problemas relativos a la preparación e interposición del recurso y –finalmente– la eficacia de la sentencia que dicte la Sala Segunda del Tribunal Supremo al resolver el recurso.

Las resoluciones recurribles se recogen en los apartados 1 y 8 del artículo 42. A tenor de los mismos, el recurso sólo podrá interponerse contra dos tipos de resoluciones: contra las sentencias dictadas en apelación por los Tribunales Superiores de Justicia en que se hubieren impuesto medidas de las reglas 4.ª y 5.ª del artículo 9 y contra los autos de tales Tribunales que resuelvan la apelación contra las decisiones del Juez de Instrucción en relación con la aplicación a los jóvenes del régimen de la LORPM conforme al artículo 4.

El artículo 42.1, delimita las sentencias recurribles exigiendo que en la misma «se hubiere impuesto una de las medidas a que se refieren las reglas 4.ª y 5.ª del artículo 9», en vez de expresar que «se hubiere impuesto o *solicitado*», por lo que, con arreglo a la letra de la ley, en el caso de sentencias absolutorias o que impongan medida distinta de las comprendidas entre las que contemplan las reglas 4.ª y 5.ª del artículo 9, pese a que la medida solicitada hubiere sido una de éstas, no procederá el recurso de casación.

Por otra parte, las sentencias recurribles podrán ser contradictorias entre sí con otras sentencias dictadas por la misma Sala, amén de con las dictadas por otras Salas de Menores de los Tribunales Superiores de Justicia, o con sentencias del Tribunal Supremo. A esta conclusión se llega a partir de una interpretación lógica del artículo 42.2 de la LORPM, pues la ausencia de una clarificadora coma, que pudiera haberse situado inmediatamente después de la locución «entre sí» que emplea aquel precepto, no parece autorizar una consecuencia interpretativa distinta de la ya expuesta, máxime si se repara en que dicha coma sí existe en la redacción del artículo 217 de la Ley de Procedimiento Laboral, idéntica por lo demás en este punto a la del artículo 42.2 que ahora comentamos.

Uno de los principales problemas que suscita la tramitación del recurso se encuentra en la deficiente y confusa regulación que de los escritos de preparación e interposición se efectúa en los apartados 3 a 5 del artículo 42.

Para la solución del problema ayuda poco el análisis comparativo de la regulación de este recurso en otros órdenes jurisdiccionales, habida cuenta de la disparidad de soluciones acogidas por el legislador. Así, en el recurso de casación para unificación de doctrina en materia laboral el recurso se prepara ante el órgano *a quo* y el escrito de interposición se presenta ante el órgano *ad quem* (arts. 219.1 y 221.1 de la Ley de Procedimiento Laboral). El recurso de casación en interés de ley en la jurisdicción civil carece de fase de preparación y se interpone directamente ante el órgano *ad quem*, la Sala de lo Civil del TS, a tenor del artículo 492.1 LEC 2000. En el orden jurisdiccional contencioso-administrativo, mientras que el recurso de casación para unificación de doctrina se interpone directamente, sin fase de preparación, ante el órgano *a quo* (art. 97.1 LJCA), el recurso de casación en interés de ley se interpone directamente ante el órgano *ad quem* (art. 100.3 LJCA). Por consiguiente, ante tan dispares modelos, habremos de atender en exclusiva a la redacción de los apartados 3 a 5 del artículo 42 de la LORPM para determinar la tramitación que corresponde a la fase de preparación e interposición del recurso.

La literalidad del apartado 5 del artículo 42, que se refiere a «... la Sala de Menores del Tribunal Superior de Justicia *ante quien se haya interpuesto el recurso...*», parece despejar las dudas existentes sobre cuál sea el órgano ante el que deba ser interpuesto el recurso. El escrito de interposición se presentará ante el órgano *a quo*, es decir, ante la Sala de Menores del Tribunal Superior de Justicia que hubiere dictado la sentencia o auto recurrido. Esta solución encuentra otro argumento favorable en el hecho de que resulta impensable que el legislador haya confundido la expresión «interpuesto», habiendo querido realmente decir «preparado», pues ello, además de ser difícilmente admisible –máxime cuando en el propio apartado 5 del artículo 42 se alude a la remisión de la documentación a la Sala Segunda del Tribunal Supremo–, supondría que debería ir alterado el orden de los apartados 4 y 5 del citado artículo 42.

Dicho lo anterior, es decir si la interposición se realiza ante el órgano *a quo*, no se explica la necesidad de un previo escrito de preparación del recurso, distinto del de interposición. En este sentido, aun reconociendo las dificultades que encierra la cuestión por la confusa regulación legal, debemos entender que el trámite de preparación es inexistente y que basta con un solo escrito de interposición.

A ello conducen los siguientes argumentos. De una parte, en los apartados 3 a 5 sólo se alude (art. 42.3) al plazo de 10 días para preparar el recurso, sin que para la interposición se mencione plazo alguno. Tal olvido no puede obedecer sino a la existencia de un único plazo –10 días– en tanto que existe un único trámite –el escrito de interposición–. De otro modo, surgiría la duda acerca del plazo para presentar el escrito de interposición. La integración de dicho plazo por aplicación supletoria de otras normas no resulta fácil; así, al no existir recurso de casación para unificación de doctrina en la LECrim parece que habría de acudirse por mor del artículo 4 de la LEC 2000 a lo dispuesto en el recurso de casación civil para unificación de doctrina, que fija en un año el plazo para interponer el recurso, duración que a todas luces resulta incongruente con la celeridad que ha de presidir la resolución en materia de menores. Por tanto, hemos de entender que no se trata de un olvido del legislador la fijación del plazo para la interposición del recurso, sino que dicho plazo de 10 días rige para el escrito de interposición, ya que no hay fase de preparación propiamente dicha.

Así las cosas, el apartado 3 del artículo 42 al referirse a que «el recurso podrá prepararlo el Ministerio Fiscal o el letrado del menor...», no está empleando el término *preparar* en sentido técnico, en tanto alusión a la fase procesal de preparación distinta de la de interposición, sino que emplea la expresión a modo de delimitación de las partes legitimadas activamente para presentar el escrito de interposición. Así se explica, además, el hecho de que, sin solución de continuidad, el apartado 4 del artículo 42 se refiera al «escrito de interposición», sin que se contenga ninguna otra alusión o referencia a la preparación del recurso.

Por último, razones de economía procesal aconsejan la solución que se acoge de refundir en un solo escrito, dirigido a la Sala de Menores del Tribunal Superior de Justicia, la preparación y la interposición del recurso. Igualmente apoyan esta tesis motivos de orden práctico, tendentes a evitar los problemas que se derivarían del hecho de presentar un breve y escueto escrito de preparación, confiando la argumentación a un momento posterior cual sería el de la interposición, con el riesgo de que la Sala interpretara que no existen dos, sino una única fase, además, ya agotada.

Finalmente, resta por analizar el problema derivado de la eficacia de las sentencias dictadas al resolver estos recursos. Surgen serias dudas acerca de la verdadera funcionalidad de este pretendido recurso unificador.

La invocación que lleva a cabo el artículo 42.7 de la Ley 5/2000 de que la sentencia que resuelva este recurso se dictará «del modo y con los efectos señalados en la Ley de Enjuiciamiento Criminal», resulta llamativamente vacía de contenido habida cuenta de que en la LECrim no se contiene recurso alguno para la unificación de doctrina. La existencia de sentencias sin efecto para el caso concreto –tal y como sucede en el recurso de casación en interés de ley en el orden civil en el que, como es sabido, el pronunciamiento judicial se limita a la fijación de criterios seguros para la unificación de la doctrina aplicable a los casos futuros–, se compadece mal con el orden jurisdiccional penal.

Por ello, los Sres. Fiscales habrán de asumir la doctrina recogida en las sentencias dictadas por la Sala Segunda del Tribunal Supremo al resolver estos recursos y hacerla valer en los asuntos de que conocieren a fin de modular conforme a la misma las medidas que hubieren sido impuestas.

Ciertamente la flexibilidad que en materia de imposición y ejecución de medidas se desprende de las amplias posibilidades que se brindan en los artículos 14 y 51 de la Ley (que permiten al Juez la sustitución de una medida por otra, la reducción de su duración o, incluso, la dejación sin efecto de la medida impuesta) habrán de ser incidentes que active el Fiscal cuando haya méritos para ello. Y no cabe duda de que la doctrina jurisprudencial recogida en una sentencia emanada del TS al resolver un recurso de casación para la unificación de doctrina puede y debe ser hecha valer a través de estos mecanismos cuando resulte oportuno, siempre con la mira en el favorecimiento del interés del menor y con el único límite de que la doctrina casacional no suponga una revisión de la situación del menor que le resulte más gravosa o perjudicial que la impuesta en sentencia firme.

XI. LA EJECUCIÓN DE LAS MEDIDAS

El Título VII de la LORPM está dedicado a la ejecución de las medidas. Muchos y muy variados son los problemas interpretativos que su articulado suscita. Por otra parte, aunque en la Ley las referencias a la intervención del Fiscal durante la ejecución sean esporádicas, no se puede perder de vista que su papel en esta fase del procedimiento sigue siendo fundamental, dada la general previsión contenida en el artículo 3.9 EOMF, que le encomienda «velar por el cumplimiento de las resoluciones judiciales que afecten al interés público y social», y muy especialmente a la vista de los intereses en juego que están presentes en la fase de ejecución; concretamente, el ejercicio y afectación de los derechos fundamentales de los menores, cuya protección, promoción y desarrollo especialmente atañen al Ministerio Fiscal.

XI.1 Principio de legalidad

Comienza el Título con un expreso reconocimiento de la vigencia del principio de legalidad en sus vertientes procesal y penitenciaria. Sin embargo, la afirmación de que «no podrá ejecutarse ninguna de las medidas establecidas en esta Ley sino en virtud de sentencia firme dictada de acuerdo con el procedimiento regulado en la misma» (art. 43.1) parece difícilmente conciliable con la facultad prevista en el artículo 50.2 *in fine*, que permite al Juez de Menores, excepcionalmente y a propuesta del Fiscal, oídos el Letrado, el representante legal del menor y el Equipo Técnico, en caso de quebrantamiento de una medida no privativa de libertad, sustituir ésta por la medida de internamiento en centro semiabierto, por el tiempo que reste para su cumplimiento. Esta cuestión es objeto de desarrollo *infra*, al tratar del quebrantamiento de la medida.

XI.2 **Competencias judicial y administrativa**

La ejecución material de las medidas corresponde a las entidades públicas, salvo que la LORPM expresamente prevea otra cosa, como en el caso de la amonestación, que es ejecutada directamente por el Juez de Menores (letra l del artículo 7). Tampoco resulta necesario el concurso de la entidad pública para que el Juez ejecute las medidas de privación del permiso de conducir o de licencias de armas; en este caso, bastará con que el juez remita los oficios correspondientes a las autoridades administrativas competentes.

Contempla la Ley la posibilidad, nada desdeñable, de que las Comunidades y Ciudades Autónomas puedan recabar la colaboración de otras entidades públicas o privadas sin ánimo de lucro. Permite de esta manera poder contar, en el proceso de reeducación y reinserción del menor, con todas las iniciativas existentes en la sociedad civil, estimulando y favoreciendo de este modo el desarrollo, y fomentando el compromiso de los agentes sociales en la consecución de los objetivos que marca la Ley. Por tanto, tan indeseable resultaría la dejación de responsabilidades por parte de las entidades públicas, que expresamente rechaza la Ley, como el desprecio por parte de éstas de la actividad de otras entidades que trabajan en los mismos campos de atención al menor. Los convenios y acuerdos de colaboración que menciona la Ley (con ONGs, entidades educativas o asistenciales, etc.) pueden resultar especialmente útiles para ejecutar adecuadamente medidas como la prestación de trabajos en beneficio de la comunidad o la realización de tareas socio-educativas.

La Ley incurre, sin embargo, en una petición de principio a la hora de determinar cómo comienza la ejecución de la medida. Por una parte, da a entender que es la entidad pública quien debe realizar un programa de ejecución, que deberá ser aprobado por el Juez antes de hacer la liquidación de condena (arts. 44.2.c y 46.1). Por otra, la remisión desde el Juzgado a la entidad pública del testimonio de los particulares de la causa relevantes para proceder a la ejecución de la sentencia está previsto que se realice una vez practicada la liquidación de condena, y que, recibidos los mismos por la entidad pública, designe ésta un profesional responsable de la ejecución así como en su caso el centro donde se haya ejecutar la medida de internamiento (art. 46.2 y 3). ¿En qué consiste entonces lo que se denomina programa de ejecución? Parece difícil que la entidad pública pueda elaborar un programa de ejecución sin siquiera tener conocimiento de cuál va a ser la duración exacta de la medida. Sin embargo, tampoco parece oportuno practicar una liquidación de condena, sobre todo de determinadas medidas no privativas de libertad (prestaciones en beneficio de la comunidad o realización de tareas socio-educativas, por ejemplo), sin conocer las posibilidades de ejecución efectiva de la medida con que cuenta la entidad pública. También en los casos de ejecución de medidas de internamiento, el inicio de le ejecución puede estar condicionado por la efectiva disponibilidad de plazas en los centros.

Parece lógico, por tanto, que la primera actuación del Juez en sede de ejecución de aquellas medidas que haya de ejecutar la entidad pública (se excluyen, por tanto, la amonestación y la privación de permisos o licencias administrativas) sea la comunicación con la entidad pública, a efectos de que ésta dé a conocer la fecha posible de inicio de la ejecución de la medida. Una vez se tenga conocimiento de la fecha de inicio de la medida, procede la aprobación de la liquidación de condena, que practica el Secretario y de la cual, aunque la Ley no lo mencione expresamente, deberá dar traslado al Fiscal (el art. 46.2 sólo alude a la notificación al Fiscal del inicio de la ejecución). Asimismo, como expresamente recoge el artículo 26.5, en la liquidación de condena habrá de ser tenido en cuenta tanto el tiempo de duración de las medidas cautelares adoptadas en esa causa como en su caso el de las medidas cautelares impuestas en causas distintas, siempre que no se trate de hechos cometidos con posterioridad a la adopción de dichas medidas cautelares.

En el caso de ejecución de medidas de internamiento, la determinación del centro donde haya de cumplir el menor es competencia de la entidad pública, que estará condicionada tanto por la disponibilidad efectiva de plazas en la fecha que se haya señalado para el inicio de la medida como por la necesaria proximidad al domicilio del menor (art. 46.3), ya que la propia Ley reconoce el derecho del menor a estar en el centro más cercano a su domicilio, de acuerdo con su régimen de internamiento (art. 56.2.e). Asimismo el traslado de centro es competencia de la autoridad administrativa pero, contrariamente a lo que sucede con los adultos que están cumpliendo penas de prisión, requerirá la aprobación del Juez de Menores competente, que será el titular del órgano sentenciador (art. 46.3).

La LORPM prevé que el Juez de Menores controle la ejecución resolviendo mediante auto motivado todas las incidencias que se puedan plantear durante la ejecución (art. 44.1). En tal sentido, la enumeración del artículo 44.2 no es un catálogo cerrado de funciones, sino una enumeración ejemplificativa, como claramente se deduce de los términos amplísimos en que está redactado su apartado a), que encomienda al Juez de Menores «adoptar todas las decisiones que sean necesarias para proceder a la ejecución efectiva de las medidas impuestas».

XI.3 **Intervención del Fiscal en la ejecución**

El papel del Fiscal en los incidentes que se puedan plantear en ejecución se concreta básicamente en dos aspectos. Por una parte, está legitimado para plantear todo tipo de incidentes (art. 44.2); por otra, debe despachar en los mismos el trámite de audiencia (art. 44.1). Su posición de garante de los derechos fundamentales, y de supervisor de la correcta ejecución de las resoluciones judiciales, habrá de llevar al Fiscal a extremar su celo a la hora de plantear o dictaminar los incidentes de ejecución, que en ningún caso podrán limitarse a formulismos rutinarios; deberá, por el contrario, valorar en cada caso el interés del menor como criterio supremo de actuación, y los restantes derechos e intereses en juego. La misma exigencia de motivación predicable de los autos del Juez de Menores es extrapolable en estos casos a los dictámenes del Ministerio Fiscal.

Para poder instar algunos de estos incidentes, es preciso un seguimiento activo por parte del Fiscal de la ejecución de las medidas impuestas. Por tal motivo, parece oportuno que, al margen de la ejecutoria que se lleve en el Juzgado y del expediente de ejecución que para cada menor haya abierto la entidad pública (art. 48.1), en las Fiscalías de Menores existan también expedientes o ficheros individuales de ejecución, en los cuales se vayan recopilando las sentencias firmes, los autos dictados en ejecución y los informes que en su caso emitan las entidades públicas (art. 49), una de cuyas finalidades puede ser precisamente solicitar del Ministerio Fiscal la revisión judicial de las medidas. La posibilidad de que se lleve en las Fiscalías este tipo de ficheros está expresamente prevista en el artículo 48.3, lógicamente con plena observancia de lo dispuesto en la legislación sobre protección de datos de carácter personal. El seguimiento periódico de los expedientes de ejecución que se lleven en cada Fiscalía, unido al cumplimiento de la función que el Fiscal tiene encomendada de visitar regularmente los centros de internamiento –téngase presente que el artículo 56 reconoce el derecho de los menores a comunicarse reservadamente con el Ministerio Fiscal, y a formularle peticiones y quejas–, facilitará enormemente el recto ejercicio de las facultades reconocidas al Fiscal en fase de ejecución, y muy particularmente le permitirá plantear oportunamente las propuestas de revisión de las medidas (arts. 14.1, 44.2.b, 50 y 51) o solicitar de la entidad pública la adopción de medidas protectoras si así lo exigiese el interés del menor.

XI.4 Ejecución de varias medidas

Particular atención presta la Ley al supuesto de cumplimiento de varias medidas impuestas a un mismo menor. En el caso de que se trate de medidas impuestas en una misma sentencia, el supuesto no reviste especial complejidad; corresponde al órgano sentenciador ordenar y controlar la ejecución de todas las medidas impuestas. Se plantea, no obstante, la cuestión del orden de cumplimiento de las medidas, a la que da repuesta la LORPM en su artículo 47. Siempre que sea posible, las medidas se cumplirán de manera simultánea (por ejemplo, permanencia de fin de semana y realización de tareas socio-educativas, o libertad vigilada y privación del permiso de conducir). En caso de que no sea posible el cumplimiento simultáneo, el citado precepto establece una serie de reglas generales, fácilmente excepcionables por el Juez cuando éste considere que el interés del menor aconseja seguir un orden distinto en el cumplimiento (art. 47.3). También es posible que el Juez sustituya todas o algunas de las medidas, y en cualquier caso el plazo total de cumplimiento de las medidas no podrá superar el doble de tiempo de la más grave (art. 13).

Mayor complejidad presenta el supuesto en que el menor haya sido condenado en procedimientos distintos. Por este motivo, resulta aconsejable hacer una interpretación amplia de las reglas de conexidad delictiva del artículo 17 LECrim –sobre todo, la prevista en su número 4– que permita el «enjuiciamiento de todos (los hechos) en unidad de expediente» como propugna la LORPM (art. 20.3). Ello no obstante, en ocasiones resultará inevitable el enjuiciamiento por separado de diversos hechos atribuidos a un mismo menor (ya sea por razón de la intervención en ellos de distintos copartícipes, ya sea por la distancia temporal entre los hechos). En tales casos, se plantea el problema de tener que coordinar la ejecución de sentencias distintas. El artículo 47.1 encomienda esta tarea al Juez que hubiere dictado la última sentencia firme, y añade que éste deberá ordenar, si fuese posible, el cumplimiento simultáneo de todas las medidas. Lo más frecuente será que cada Juez que ha impuesto una medida ordene su cumplimiento inmediato sin esperar a conocer el resultado de otros procedimientos en curso seguidos contra el mismo menor; lo contrario, en caso de infractores habituales, podría llevar a un aplazamiento *sine die* del inicio de cumplimiento de las medidas. En caso de recaer nueva sentencia condenatoria, el Juez que la haya dictado ordenará a la entidad pública la ejecución de la nueva medida impuesta, y será ésta la que ponga en conocimiento del Juez que ha dictado la última sentencia firme la existencia de otras medidas ejecutándose o pendientes de ejecución, para que el Juez de Menores dé las órdenes oportunas sobre el cumplimiento simultáneo o sucesivo de todas las medidas impuestas, con arreglo a las reglas previstas en el artículo 47.2.

En particular, siempre que sea posible la ejecución simultánea de las medidas, la entidad pública deberá ejecutarlas al mismo tiempo. En caso contrario, y salvo disposición expresa del Juez en otro sentido, ejecutará las medidas de internamiento antes que las no privativas de libertad; si la medida de internamiento hubiese sido impuesta una vez ya iniciada la ejecución de otra medida de diversa naturaleza, se interrumpirá la ejecución de esta última (regla 1.ª); la ejecución de la medida de internamiento terapéutico precederá a cualquier otra que se hubiere impuesto (regla 2.ª); en cualquier otro caso en que resulte imposible su ejecución simultánea, las medidas se ejecutarán según el orden cronológico de firmeza de las sentencias (regla 4.ª).

XI.5 Concurrencia de medidas y penas

Cuando un mayor de 18 años que esté cumpliendo alguna de las medidas previstas en la Ley resulte condenado por la comisión de un nuevo delito conforme al CP y no sea posible el cumplimiento simultáneo de la medida y la pena impuestas (paradigmáticamente, el joven esté cumpliendo una medida de internamiento y sea condenado a pena de prisión), se cumplirá primero la medida y a continuación la pena, salvo que se trate de condena por delito grave y el órgano sentenciador ordene el cumplimiento inmediato de la pena de prisión (regla 5.ª).

Al margen de la anterior posibilidad, en cualquier caso de condena por delito, ya sea éste grave o menos grave, el Fiscal habrá de valorar si el interés del menor realmente aconseja esperar a que finalice la medida para cumplir a continuación la pena privativa de libertad, o si es preferible instar del Juez de Menores que deje sin efecto la medida que le fue en su día impuesta, para no demorar innecesariamente el cumplimiento de la pena de prisión.

De manera similar, cuando quien esté cumpliendo una medida alcance la mayoría de edad, habrá que valorar si se han logrado ya los objetivos propuestos en la sentencia, en cuyo caso lo procedente será instar que se deje sin efecto la medida, o que se reduzca el tiempo preciso hasta completar el período de cumplimiento que se estime necesario para alcanzar dichos objetivos (art. 15). En cualquier caso, cumplidos los veintitrés años por quien esté sometido a una medida de internamiento, procederá o bien dejarla sin efecto o bien seguir su cumplimiento en un centro penitenciario.

XI.6 Modificación de la medida

La ejecución de las medidas previstas en la LORPM está presidida por lo que se puede denominar principio de flexibilidad en la aplicación de la medida. Así, el artículo 14.1 contempla tres posibilidades de modificación de la medida impuesta en la sentencia, en función de las vicisitudes del proceso de ejecución y atendiendo siempre al interés prioritario del menor.

La primera de ellas consiste en dejar sin efecto la medida, lo cual deberá acordarse tanto cuando se constate el cumplimiento de los objetivos que con ella se pretendían lograr, como la absoluta ineficacia de la medida impuesta para lograr dichos objetivos. Un supuesto concreto, que contempla expresamente la Ley, aunque no el único, como presupuesto para dejar sin efecto la medida es que se haya producido la conciliación del menor con la víctima (art. 51.2).

La reducción de la medida impuesta tendrá lugar cuando exista un pronóstico favorable de evolución que permita suponer que las metas educativas propuestas podrán alcanzarse en un plazo inferior al inicialmente previsto.

Por último, la sustitución de la medida podrá llevarse a cabo cuando se compruebe que otra medida distinta de la inicialmente impuesta puede ser más eficaz para alcanzar los fines de reeducación y de reinserción que se pretendían con la imposición de la primera medida. Esta facultad de sustituir la medida debe tener en cuenta el tiempo ya cumplido de la anterior medida, de tal manera que no puede exceder del tiempo que reste para su total cumplimiento (art. 51.1) ni puede suponer, so peligro de vulnerar el principio de legalidad en la ejecución, una mayor restricción de derechos. A estos efectos, para discernir qué medidas se pueden imponer en sustitución de otras, resulta sumamente orientativo el orden en que el artículo 7 enumera las medidas, «ordenadas según la restricción de derechos que suponen». Así, por ejemplo, el internamiento en centro cerrado puede sustituirse por el internamiento en centro semiabierto o abierto, el internamiento terapéutico por el sometimiento a tratamiento ambulatorio, cualquier género de internamiento por la asistencia a un centro de día o la permanencia de fin de semana, y en general cualquier medida privativa de libertad por otra no privativa de libertad, como la libertad vigilada, la convivencia con otra familia, las prestaciones en beneficio de la comunidad o la realización de tareas socio-educativas. Asimismo, una libertad vigilada puede ser sustituida por prestaciones en beneficio de la comunidad o tareas socio-educativas.

XI.7 **Quebrantamiento de la medida**

Supuestos particulares de sustitución de medidas durante la ejecución son los que la LORPM prevé para el caso de quebrantamiento (art. 50).

A las dificultades interpretativas que plantea la sustitución de una medida no privativa de libertad por otra de internamiento ya se aludió *supra*, y lo mismo cabe decir de la sustitución de una medida no privativa de libertad por otra más restrictiva de derechos (de acuerdo con el orden fijado en el artículo 7) aunque sea de la misma naturaleza.

Efectivamente, la facultad del artículo 50.2, entendida en los términos en que está redactada la Ley, supone admitir la posibilidad de que se le imponga al menor una medida más grave que aquélla a la que fue condenado en la sentencia, lo que podría resultar poco acorde con el entendimiento más clásico del principio de legalidad.

Una posible solución sería la de entender que la medida de internamiento en centro abierto sólo se podría imponer en una nueva sentencia, dictada en el procedimiento a que daría lugar el quebrantamiento de la medida, de acuerdo con lo previsto en el artículo 50.3. Esta solución no es satisfactoria, por varios motivos.

En primer lugar, es posible que el quebrantamiento tenga lugar cuando el menor ya haya alcanzado la mayoría de edad (párrafo primero del artículo 15), en cuyo caso no sería procedente incoar el expediente; obviamente, en este caso, aunque la Ley diga que «el Juez de Menores remitirá testimonio del quebrantamiento de los particulares relativos al quebrantamiento de la medida al Ministerio Fiscal», el Juez de Menores deberá remitir el citado testimonio al Juzgado de Instrucción competente; en caso de que lo remita al Ministerio Fiscal, deberá éste enviarlo al Juez de Instrucción.

En segundo lugar, ante la indefinición de la Ley, cabe preguntarse qué delito constituiría el quebrantamiento de una medida no privativa de libertad. Resulta evidente que el delito no podrá ser otro que el previsto en el tipo subsidiario que contempla el inciso final del artículo 468 CP, castigado con la pena de multa de doce a veinticuatro meses. Teniendo presente que la duración de la medida de internamiento no puede exceder del tiempo que duraría la pena que se le podría imponer al responsable mayor de edad (art. 8), y operando con la regla establecida en el artículo 53.1 CP para calcular el tiempo de privación de libertad que conllevaría el cumplimiento de la responsabilidad personal subsidiaria en caso de impago, resulta que la medida de internamiento que se impusiese a un menor por la comisión de un delito de quebrantamiento de una medida no privativa de libertad no podría exceder de trescientos sesenta días de duración, lo cual debería constituir una importante matización de la expresión «por el tiempo que reste para su cumplimiento». Por otra parte, imponer una medida de internamiento de tan larga duración –la duración máxima de las medidas no puede exceder ordinariamente de dos años (regla 3.ª del artículo 9)– por un delito que en el CP castiga tan sólo con pena pecuniaria supondría, sin duda, una vulneración del principio de proporcionalidad que debe presidir toda actividad de determinación y fijación de la pena o medida correspondiente al delito cometido.

Otra posibilidad de salvar el escollo interpretativo sería la de entender que, análogamente a lo dispuesto en el artículo 100.2 CP, de aplicación supletoria en todo lo no previsto expresamente en la Ley (Disposición Final primera), la medida quebrantada podría ser sustituida por la de internamiento «si ésta estuviese prevista para el supuesto de que se trate y si el quebrantamiento demostrase su necesidad». Surge aquí el problema de que *a priori* la medida de internamiento en centro semiabierto está prevista o, mejor dicho, no está excluida, salvo que se trate de faltas, para ninguna de las infracciones que pueden dar lugar a la incoación del expediente. En el CP, por el contrario, la medida de internamiento sólo está prevista para determinados supuestos de exención de responsabilidad, o de apreciación de eximentes incompletas siempre que se haya impuesto una pena privativa de libertad. Dado que en este último caso el CP sólo prevé la sustitución por el internamiento de penas privativas de libertad, y no de sanciones de otra naturaleza, se podría alcanzar la conclusión de que sólo pueden ser sustituidas por la medida de internamiento en centro semiabierto las medidas aplicables en caso de haberse apreciado la concurrencia de algunas de las causas de exención previstas en los números 1.º, 2.º ó 3.º del artículo 20 CP. Sin embargo, en tal caso, las únicas medidas que se pueden imponer son las de internamiento en centro terapéutico o tratamiento ambulatorio (regla 7.ª del artículo 9), por lo que esta vía interpretativa aportaría como única solución la posibilidad de sustituir por el internamiento en centro semiabierto el quebrantamiento de la medida de tratamiento ambulatorio, posibilidad que sólo tendría sentido si el centro semiabierto fuese a la vez centro terapéutico. Esta vía interpretativa se revela por tanto igualmente insatisfactoria.

Puede resultar útil, para encontrar una solución que permita al mismo tiempo aplicar la norma contenida en el artículo 50.2 y mantener íntegro el respeto al principio de legalidad, tener en cuenta que en la redacción inicial del Proyecto tan sólo se permitía la sustitución de la medida quebrantada por otra de la misma naturaleza, y que fue durante la tramitación parlamentaria cuando por aprobación de una enmienda se le dio la redacción actual al precepto, tomando como justificación los abundantes y reiterados incumplimientos que se producen de la medida de libertad vigilada. Es ésta una realidad que ya en la Instrucción 1/1993 de la Fiscalía General del Estado había sido advertida, concluyendo entonces que «si se comprueba que una libertad vigilada está resultando absolutamente ineficaz y no existe posibilidad de dotarla de mayores contenidos y de efectividad habrá que instar su cancelación».

Sin embargo, el marco legal permite otra solución cuando, de acuerdo con las propuestas del Equipo Técnico, se considere que lo más adecuado para el menor es la imposición de una medida de libertad vigilada u otra no privativa de libertad, y en caso de que el menor incumpla ésta, la medida de internamiento. La solución que se propugna es que, en tales casos y siempre que ello resulte justificado por la comisión de una pluralidad de hechos delictivos, el Fiscal solicite en su escrito de acusación la imposición tanto de la medida no privativa de libertad de que se trate (por lo general, la de libertad vigilada) como de la medida de internamiento por el tiempo que estime procedente, con la particularidad de que la medida no privativa de libertad habría de ejecutarse antes que la de internamiento, como excepción a la regla 1.ª del artículo 47.2, que el Juez de Menores podría alterar fundamentando su decisión en el interés del menor. De esta manera, si la sentencia recogiese la solicitud del Fiscal, la medida no privativa de libertad se ejecutaría en primer lugar y si el menor la cumpliese correctamente, el Fiscal debería solicitar que se dejase sin efecto la medida de internamiento, conforme a lo previsto en los artículos 14.1 y 51.1; en caso contrario, si se quebrantase la medida, el Fiscal debería solicitar que se dejase sin efecto la medida quebrantada y que se procediese a ejecutar la medida de internamiento. Un efecto similar se podría conseguir, pero sólo en el caso de que la medida propuesta fuese la de libertad vigilada o la de realización de tareas socio-educativas, por aplicación de lo previsto en el artículo 40 acerca de la suspensión de la ejecución del fallo, ya que se puede condicionar la no ejecución efectiva de una medida de internamiento en centro semiabierto al cumplimiento, durante un plazo de hasta dos años, al cumplimiento de dichas medidas. Sin embargo, en este caso, tanto la aplicación de un régimen de libertad vigilada como la obligación de realizar una actividad socio-educativa debe haber sido recomendada por el Equipo Técnico o la entidad pública en el precedente trámite de audiencia. En cuanto al quebrantamiento de la permanencia domiciliaria de fin de semana, la LORPM prevé su sustitución por una medida *sui generis*, que es el cumplimiento ininterrumpido del tiempo que reste en régimen de arresto domiciliario, medida de discutible contenido educativo y cuya duración habrá de ser computada aplicando analógicamente la regla del artículo 37.1 del CP de acuerdo con la cual cada fin de semana se convertirá en dos días de arresto domiciliario.

XI.8 **Archivo de la ejecutoria**

En cuanto la entidad pública considere que han sido ejecutadas en su totalidad las medidas impuestas, lo deberá poner en conocimiento tanto del Juez de Menores como del Ministerio Fiscal (art. 53.1). El Juez deberá valorar la información remitida por la entidad pública y en caso de estimarlo procedente acordar el archivo de la causa, mediante auto. De este auto se dará traslado al Fiscal para serle notificado. Lógicamente el Fiscal deberá comprobar que la ejecutoria está completa y que consta, aparte de los informes justificativos del cumplimiento de las medidas impuestas, la remisión de la sentencia firme al Registro especial previsto en la Disposición Adicional tercera de la Ley.

XI.9 **Ejecución de las medidas privativas de libertad**

Gran parte de las normas del Título VII de la LORPM (concretamente el Capítulo III, que comprende los artículos 54 a 60 y lleva por rúbrica «Reglas especiales para la ejecución de las medidas privativas de libertad») integran lo que podríamos denominar el Derecho Penitenciario de Menores, pudiéndose afirmar la existencia de un estrecho paralelismo entre estas normas y las correspondientes de la Ley Orgánica General Penitenciaria. A diferencia de ésta, sin embargo, que se encuentra hoy en día desarrollada por el Reglamento Penitenciario, y a pesar de que la Ley Orgánica 5/2000 haga expresas referencias a un desarrollo reglamentario ulterior (arts. 43.2, 55.3, 56.2.*e, h* y *n,* 59.1 y 2, 60.1), no debe desdeñarse la posibilidad de que la Ley entre en vigor sin que tal desarrollo reglamentario haya tenido lugar, lo cual generaría no pocos problemas. Para solucionar estos problemas, derivados de la existencia de lagunas normativas, la Ley deberá ser integrada por los principios generales aplicables, algunos de ellos de rango constitucional, como la finalidad resocializadora de las medidas (art. 25.2 Constitución y artículo 55 de la LORPM), los principios inspiradores de la Ley, como el del superior interés del menor, el catálogo de los derechos y deberes de los menores internos recogido en los artículos 56 y 57 LORPM, las Reglas de Naciones Unidas para la protección de menores privados de libertad (resolución 45/113, de 14 de diciembre de 1990, de la Asamblea General), los preceptos reglamentarios autonómicos de desarrollo de las leyes anteriores y que no hayan de considerarse derogados, y, en general, se deberá hacer uso –como ya se venía haciendo en la aplicación de la Ley Orgánica 4/1992– de la analogía *in bonam partem*, acudiendo a la legislación penitenciaria para fundamentar aquellas actuaciones que se reputen beneficiosas para el menor. Por el contrario, la ausencia de una norma que, de manera similar a lo previsto en la Disposición Final primera sobre aplicación supletoria respecto del CP y la LECrim, prevea la aplicación supletoria de la legislación penitenciaria impide operar cualquier restricción de derechos que no esté expresamente contemplada y determinada en la Ley Orgánica 5/2000.

Así, concretamente, en materia de permisos, la falta de desarrollo normativo no podrá interpretarse en ningún caso como imposibilidad de concesión de los mismos. Como criterio hermenéutico para determinar en qué casos han de concederse los permisos y el régimen de disfrute de los mismos, deberá acudirse, por tratarse de una aplicación analógica favorable al menor, a la normativa penitenciaria. Del mismo modo deberá actuarse para facilitar al menor el ejercicio de sus derechos de comunicación y visitas.

No podrán aplicarse analógicamente, sin embargo, las normas de la legislación penitenciaria relativas a una mayor restricción o limitación de derechos que la que de suyo comporta la privación de libertad asociada a la ejecución de la medida. Las autoridades responsables de la ejecución carecerán, por tanto, de facultades para intervenir las comunicaciones telefónicas de los internos o detener su correspondencia. Tampoco estas materias pueden ser objeto de regulación en ulteriores reglamentos, ya que la afección de derechos fundamentales implica reserva de Ley Orgánica (art. 81 de la Constitución). En consecuencia, la limitación de tales derechos no podrá fundarse en la relación de supremacía especial que genera el cumplimiento de la medida, como prevé el artículo 51.5 Ley Orgánica General Penitenciaria, sino tan sólo en los supuestos que contempla la legislación procesal penal, como medio de investigación de un delito y previa la oportuna autorización judicial. Únicamente se podrán practicar, pese a suponer una injerencia en el derecho a la intimidad de los menores, los registros de las habitaciones de los menores internados y los cacheos previstos en el artículo 59.1. Por su parte, el empleo de medios coercitivos sólo será admisible para el logro de las finalidades expresadas en el artículo 59.2.

La falta de desarrollo reglamentario impedirá asimismo la imposición de las sanciones previstas en el artículo 60, ya que en tanto no se tipifiquen las correspondientes infracciones la imposición de una sanción vulneraría el principio de legalidad en materia sancionadora. Como ya aclaró en su día la STC 2/1987, de 21 de enero, la remisión expresa que hace la ley a una ulterior tipificación de las sanciones por vía reglamentaria es acorde con las exigencias del principio de legalidad.

XII. RESPONSABILIDAD CIVIL

La satisfacción de las consecuencias civiles del acto infractor, o, al menos, el reconocimiento del daño y la disculpa ante los perjudicados, son considerados por la Ley factores positivos, no sólo cara a la efectiva protección de las víctimas, sino también para la educación del menor.

La LORPM presta especial atención a la reparación de los daños y perjuicios causados por la infracción penal cometida por el menor. El Título VIII contiene la regulación de la responsabilidad civil. Se ha establecido un procedimiento singular para el resarcimiento de daños y perjuicios, que presenta notables diferencias frente al sistema tradicional de ejercicio de la acción civil derivada de infracción penal, lo que suscita no pocas dificultades interpretativas.

El nuevo sistema instaurado por la Ley, artículos 61 a 64, crea un singular procedimiento civil a tramitar en pieza separada ante el Juez de Menores que corre paralelo y con una pretendida independencia de la suerte del procedimiento penal y que, de otra parte, al no producir efectos de cosa juzgada material no impedirá el ulterior proceso civil ordinario ante el Juez de Primera Instancia que eventualmente pueden instar los perjudicados para la reclamación de la responsabilidad civil. La coexistencia de tales procedimientos, por un lado Expediente penal y pieza separada civil ante el Juez de Menores y, por otro, los dos posibles procedimientos civiles, uno ante el Juez de Menores en la pieza separada y otro ante el Juez de Primera Instancia, genera complejos problemas.

XII.1 Ambito de la pieza de responsabilidad civil

En este procedimiento civil, que el Juez de Menores abrirá en cuanto el Fiscal le notifique el parte de incoación del Expediente de menores (art. 16.4) o la resolución de desistimiento de incoación (art. 18), se dilucidará la responsabilidad civil derivada de las infracciones penales cometidas por los sujetos a los que se les aplique el régimen de la Ley Orgánica 5/2000. No tienen cabida en este procedimiento las acciones para la reclamación de responsabilidad civil aquiliana o extracontractual.

El contenido de la responsabilidad civil se regirá por las reglas generales establecidas en los artículos 109 a 115 del CP, completadas con la previsión del artículo 61.3 respecto de la responsabilidad solidaria entre los menores de 18 años y sus padres, tutores, acogedores y guardadores legales o de hecho, por este orden.

A tenor de lo dispuesto en el artículo 61.2 se tramitará una pieza de responsabilidad civil por cada uno de los hechos imputados. Ello debe entenderse con independencia tanto del número de perjudicados como de partícipes en tal infracción penal. En consecuencia, en el proceso civil podrán existir varias partes activas –cuando varios hayan sido los perjudicados por tal hecho– y varias partes demandadas –cuando exista un solo sujeto activo demandado junto con sus representantes legales o incluso cuando sean varios los autores del hecho delictivo–.

Ante la posible existencia de un Expediente principal seguido por la comisión de varios hechos delictivos conexos se suscita la cuestión acerca de si se incoan tantas piezas de responsabilidad civil como hechos o si se ha de incoar una sola pieza de responsabilidad civil. En favor de la primera solución parece pronunciarse el tenor literal del número 2 del artículo 61 que se refiere a una pieza de responsabilidad civil «por cada uno de los hechos imputados». No obstante, esta solución no puede ser acogida. Es posible efectuar una interpretación del artículo 61.2 que supere la mera literalidad. Cuando se trate de hechos delictivos conexos varios argumentos militan en favor de la apertura de una única pieza civil comprensiva de la responsabilidad civil de todos los hechos delictivos.

En primer lugar, la conexidad penal determinante de un único Expediente penal justifica asimismo la existencia de un único procedimiento civil. Basta pensar que muchas vicisitudes procesales del Expediente principal afectarían por igual a los eventuales distintos procedimientos civiles que se abrieran. En la mayoría de las ocasiones se estará ante un supuesto de acumulación de acciones de los artículos 71 y ss. LEC de 2000, máxime cuando sea el Fiscal quien ejercite la acción civil contra los mismos demandados por los diferentes hechos. Además, a la solución de único procedimiento se habría de llegar, en todo caso, en virtud de la institución de la acumulación de autos, en aplicación de lo dispuesto en el artículo 76.2.º LEC de 2000 (en la LEC derogada resultarían aplicables los artículo 161.5.ª en relación con el artículo 162 en alguno de sus apartados según los casos concretos que se contemplen, pero especialmente los apartados 4.º y 5.º).

En segundo lugar, razones de economía procesal imponen la solución que se propugna. Resultaría absurdo tramitar procedimientos separados y celebrar diferentes vistas orales civiles en las que las pruebas a practicar serían prácticamente coincidentes, lo que conllevaría inexplicables reiteraciones y consiguientes retardos.

En consecuencia, se habrá de abrir un único procedimiento civil cuando se trate de un único hecho o de varios conexos, ya existiera un único autor o varios. Todo ello, sin perjuicio de que la apertura de piezas separadas civiles independientes se estime posible cuando con ello y en atención a las circunstancias del caso concreto se facilite la ordenación del procedimiento.

Es de señalar por otra parte, que el procedimiento de responsabilidad civil ante el Juez de Menores no se seguirá cuando los hechos hubieren sido cometidos por menores de 14 años. En tales casos, regulados en el artículo 3 de la Ley, los perjudicados habrán de ejercitar la acción civil contra tales menores y sus representantes ante la jurisdicción civil. No obstante, cuando la acción tienda a exigir la responsabilidad de la Administración con fundamento en la responsabilidad patrimonial de las entidades públicas competentes en materia de protección de menores derivada de los actos de los menores a su cargo, el conocimiento de tales pretensiones compete a la jurisdicción contencioso-administrativa, a tenor de lo dispuesto en el artículo 144 de la Ley 30/1992, de 26 de noviembre, de Régimen Jurídico de las Administraciones Públicas y Procedimiento Administrativo Común y en el artículo 2, apartado e), de la Ley 29/1998, de 13 de julio, Reguladora de la Jurisdicción Contencioso-administrativa.

De otra parte, si el hecho se hubiere cometido por un joven, mayor de 18 y menor de 21 años, sólo se podrá seguir el procedimiento civil ante el Juez de Menores cuando, a tenor del artículo 4, se acordare la aplicación de esta Ley. No obstante, es particularmente importante señalar que, conforme al artículo 61.3, no se dará la responsabilidad solidaria de los padres, tutores, y demás personas mencionadas en el precepto, sino que se aplicarán las disposiciones generales del CP y LECrim (en concreto, artículos 120 y concordantes del CP). La razón es bien sencilla: el contenido de la responsabilidad civil y la determinación de las personas responsables no varían por el hecho de que se aplique la jurisdicción penal ordinaria o la de menores a los jóvenes que cometieran alguna infracción penal.

XII.2 **Intervención y legitimación del Ministerio Fiscal**

En la jurisdicción penal, a tenor de los artículos 108 y concordantes LECrim, el Fiscal ejercita la acción civil derivada de delito, salvo renuncia o reserva del perjudicado, en el propio proceso penal conjuntamente con la acción penal y con independencia de que el perjudicado la ejercite por sí –como acusador particular o como actor civil– o no haga uso de tal facultad.

El sistema instaurado por la LORPM difiere notablemente de la regla general expuesta. En el artículo 61.1 se confiere al Ministerio Fiscal una legitimación activa cuya naturaleza es subsidiaria por hallarse supeditada a la decisión del propio perjudicado acerca de la renuncia, reserva e incluso ejercicio por sí mismo de la acción civil. El Fiscal no intervendrá en la pieza separada de responsabilidad civil, ni consiguientemente en la fase de ejecución de la sentencia, en los supuestos en que se produzca el ejercicio, la reserva o la renuncia por el perjudicado.

Hemos de examinar seguidamente en qué supuestos y bajo qué condiciones está prevista la intervención del Fiscal en el procedimiento civil ante el Juez de Menores.

XII.2.A Supuestos en los que el Fiscal no interviene, ejercitando la acción civil, en la pieza separada de responsabilidad civil

a) *Renuncia de la acción civil por el perjudicado*

La renuncia no presenta ninguna especialidad, rigiéndose por las reglas generales. Consecuentemente, podrá ser manifestada por el perjudicado en cualquier momento, antes del inicio o durante la tramitación del procedimiento.

Si la renuncia del perjudicado se produjera una vez ejercitada la acción civil por el Fiscal en el proceso ante el Juez de Menores, tal acto determinaría la extinción de dicha acción y la conclusión de la pieza separada de responsabilidad civil a petición del Ministerio Público (art. 20.1 LEC de 2000).

La renuncia impedirá también el ulterior seguimiento de proceso civil ante la jurisdicción civil.

b) *Reserva de la acción civil por el perjudicado para ejercitarla por el procedimiento ordinario civil que corresponda ante la jurisdicción civil*

La manifestación de voluntad del perjudicado expresando la reserva de la acción, cuando recayere dentro del plazo conferido al perjudicado en el artículo 61 determinará *ab initio* la falta de legitimación activa del Fiscal.

Ahora bien, hemos de plantear la eficacia de la reserva manifestada una vez transcurrido dicho plazo y, por ende, pudiendo haber formulado demanda el Fiscal en el proceso civil ante el Juez de Menores o incluso en algún momento posterior del procedimiento. En tales casos, el Fiscal deberá desistir de la acción civil e instar la conclusión del proceso civil a tenor del artículo 20.2 LEC de 2000. Con arreglo a este precepto si el demandado ya hubiere sido emplazado para contestar a la demanda el Juez de Menores habrá de darle traslado por plazo de 10 días para que manifieste su conformidad o no oposición al desistimiento, en cuyo caso el Juez dictará auto de sobreseimiento. En otro caso el Juez adoptará la decisión que proceda, pudiendo acordar la continuación del juicio civil a tenor del párrafo último del artículo 20.3 LEC de 2000.

Abona esta postura el tenor del artículo 61.1 que únicamente anuda el plazo de un mes al supuesto de ejercicio de la acción civil por el perjudicado, pero no establece plazo alguno para la renuncia ni para la reserva, lo cual obliga a acudir al régimen del citado artículo 20 LEC.

Cierto es que la decisión del Juez de Menores acordando la continuación del proceso civil ante la formulación de reserva por el perjudicado que no fuere aceptada por el demandado, resulta un tanto incongruente con la no producción de efecto de cosa juzgada material (art. 64.10) de la sentencia que dicte el Juez de Menores, en tanto que pese a dicha sentencia el perjudicado podrá verse nuevamente sujeto al pleito civil que ante el Juez de Primera Instancia pudiera entablar el perjudicado. En dicho proceso ante el Juez de Primera Instancia no será parte el Fiscal.

c) *Ejercicio de la acción civil ante el Juez de Menores por el perjudicado*

Al perjudicado habrá de serle notificada por el Juzgado la apertura de la pieza separada de responsabilidad civil. En dicha notificación se le informará de sus derechos a renunciar, reservarse o ejercitar por sí mismo la acción, con indicación de que fuera de tales casos será el Ministerio Fiscal quien proceda al ejercicio de la acción. La notificación contendrá la expresión de que para el ejercicio por sí mismo de la acción civil deberá personarse en la pieza, dentro del plazo máximo de un mes cuya fecha final le habrá de ser indicada en la notificación, mediante un escrito de personación en el que haga constar las personas que considere responsables de los hechos cometidos y contra las que pretenda reclamar.

El escrito del perjudicado personándose en plazo a efectos del ejercicio por sí de la acción civil produce un importantísimo efecto respecto del Ministerio Fiscal: implica la no intervención del Fiscal en dicha pieza. Así se desprende del artículo 61.1 de la Ley, que impone al Fiscal el ejercicio de la acción civil «salvo» que el perjudicado «la ejercite por sí mismo en el plazo de un mes...». Ciertamente el escrito de personación que presenta el perjudicado, aunque posteriormente dejare transcurrir el plazo de 10 días que se le confiere para presentar demanda, es determinante de la no intervención del Fiscal en el proceso civil.

XII.2.B SUPUESTOS EN LOS QUE EL FISCAL EJERCITA LA ACCIÓN CIVIL EN LA PIEZA SEPARADA ANTE EL JUEZ DE MENORES

Es muy importante que en la notificación que se haga a los perjudicados, bien por el Juzgado (art. 64.1) o por la Fiscalía (art. 22.3), se evite incurrir en una fórmula meramente rituaria. Por contra, se ha de procurar obtener del perjudicado una respuesta clara en orden a si ejercitará por si la acción, si la renuncia o si se la reserva. En la respuesta del perjudicado debe cuidarse de que exprese si tiene interés en que el Fiscal ejercite la acción civil o si, pese a no ejercitarla por si mismo ni renunciarla, no tiene interés en que el Fiscal siga el procedimiento civil, lo cual equivale a la reserva. En este caso, el Fiscal carecería de legitimación activa. La indagación del perjudicado es esencial, por tanto, para evitar procesos civiles a instancias del Fiscal cuyo carácter innecesario hubiera podido fácilmente ser detectado con una correcta indagación de la voluntad del perjudicado.

Fuera de los casos señalados en el apartado anterior (ejercicio de la acción civil por el propio perjudicado ante el Juez de Menores, renuncia y reserva) el Fiscal ejercitará la acción civil en la pieza separada de responsabilidad civil ante el Juez de Menores. Así se desprende del artículo 61.1 de la Ley. La legitimación del Fiscal es de *carácter subsidiario*: interviene en defecto de que lo haga el propio perjudicado o manifieste su reserva para ejercitar la acción o su renuncia.

Si el escrito de personación del perjudicado, expresando su intención de ejercitar la acción, se presentare fuera del plazo de un mes referido en el artículo 61.1, habrá de ser inadmitido por el Juez. En tal caso, el Fiscal será quien ejercite la acción civil en la pieza separada. El perjudicado, habida cuenta del transcurso del plazo preclusivo, no podrá intervenir en el proceso civil seguido ante el Juez de Menores, sin perjuicio de su derecho tanto a decidir la conclusión del proceso civil ante el Juez de Menores, lo que tendría lugar si renuncia a la acción o se la reserva, cuanto a entablar la acción civil ante la jurisdicción civil una vez finalizado el proceso civil ante el Juez de Menores, habida cuenta de la falta de efecto de cosa juzgada material de la sentencia civil dictada por el Juez de Menores.

En casos de existencia de varios perjudicados el Fiscal ejercitará la acción civil sólo respecto de aquellos quienes no la ejercitaren por sí, o no la hubieren reservado o renunciado.

XII.3 Algunas cuestiones acerca de la tramitación de la pieza de responsabilidad civil

XII.3.A Apertura de la pieza de responsabilidad civil

Debe comenzar señalándose que en el proceso civil ante el Juez de Menores se distinguen inicialmente dos momentos: de un lado, la apertura de la pieza separada de responsabilidad civil (art. 61.1.ª), y, de otra parte, el inicio del procedimiento (art. 61.4.ª). En la primera fase, a la que se dedica este apartado, el Juez de Menores ha de llevar a cabo una serie de actuaciones tendentes a establecer cuáles son las partes que van a intervenir como actoras y como demandadas. La segunda fase comienza con el auto de iniciación del procedimiento, que indica la identidad de tales partes y, al tiempo, confiere a los demandantes un plazo de 10 días para ejercitar la acción civil formulando demanda.

No se abrirá el procedimiento civil ante el Juez de Menores en todos aquellos casos en los que el Fiscal mantenga la investigación en el seno de las Diligencias preliminares del artículo 16.2. El Fiscal impedirá la apertura de la pieza civil en aquellos casos en que, conforme al artículo 16.2, acuerde la inadmisión a trámite de la denuncia, así como el archivo de las Diligencias Preliminares por no revestir los hechos caracteres de infracción penal o por no ser el autor conocido.

La pieza civil sólo se incoará cuando tales Diligencias Preliminares concluyan bien mediante resolución del Fiscal acordando que se transformen en Expediente de menores o bien expresando que se desiste –art. 18– de tal incoación.

Es importante que en los casos en que el hecho no lleve aparejada responsabilidad civil el Fiscal lo haga constar en el parte de incoación o en la resolución de desistimiento expresamente, a fin de evitar que el Juez proceda a la apertura de piezas separadas civiles que carezcan *ab initio* de objeto procesal.

El Juez de Menores abrirá la pieza de responsabilidad civil en cuanto le sea comunicado por el Fiscal el parte de incoación del Expediente (art. 16, apartados 3 y 4 y art. 64.1) o la decisión de desistimiento de la incoación (art.18).

Dicho parte de incoación, que ha de ser remitido por el Fiscal al Juzgado, deberá contener datos suficientes para posibilitar la actuación del Juez. No basta con un parte expresivo del número de procedimiento y de la persona imputada. Por el contrario, se habrán de indicar en el parte cuantas circunstancias consten en relación con la responsabilidad civil: descripción del hecho, pudiendo a tal efecto adjuntarse copia de la denuncia o del atestado; indicación de los intervinientes menores y de sus guardadores, así como de los perjudicados, haciendo constar sus nombres y apellidos, fecha de nacimiento, DNI, domicilio y cuantos datos identificativos obren en el Expediente; e igualmente testimonio de las notificaciones a los perjudicados que hubiere efectuado el Fiscal al amparo del artículo 21.3 de la Ley.

Asimismo, según se señaló anteriormente, cuando el Fiscal desista de la incoación del Expediente, en virtud de lo dispuesto en el artículo 18, deberá, no obstante, remitir al Juez copia del Decreto o de la resolución en la cual acuerde el desistimiento de la incoación, expresiva de todas aquellas circunstancias que permitan la tramitación del proceso civil. En tal caso, por imperativo del inciso final del párrafo 1 del artículo 18, la pieza de responsabilidad civil habrá de tramitarse. La resolución de desistimiento dictada por el Fiscal se entenderá como una de las «resoluciones definitivas» a que se refiere el artículo 64.8.ª, por lo que el procedimiento de responsabilidad civil se tramitará sin esperar ni depender en nada del Expediente principal que, por decisión del Fiscal, no llegó a incoarse.

XII.3.B Plazo para la personación por los particulares a fin de ejercitar por sí mismos la acción civil

Conforme dispone el artículo 61 los perjudicados podrán ejercitar por sí la acción civil si dentro del plazo preclusivo de un mes a contar desde la notificación de la apertura de la pieza separada se personaren. Por su parte, el artículo 64 no señala la duración del citado plazo y establece que el Juez notificará a los perjudicados su derecho a ser parte y les fijará el «plazo límite para el ejercicio de la acción».

Surge, pues, la cuestión de si el Juez puede establecer en la notificación a los perjudicados un plazo de duración distinta a la de un mes.

Nada obsta a que, en atención a las circunstancias concurrentes, el Juez pueda establecer un plazo de duración superior. Pero debe negarse, en virtud del principio *pro actione*, la posibilidad de que se señalen plazos inferiores al del mes que preconiza el artículo 61.

El transcurso del plazo marcará el momento último para la posible personación de los perjudicados, tal como se señaló supra. Ahora bien, debe tenerse en cuenta que los perjudicados que no hayan sido notificados de la apertura de la pieza, debe entenderse que podrán personarse en cualquier momento hasta la fase de audiencia inclusive, transcurrida la cual y pendiente únicamente la sentencia sólo les quedará el derecho de acudir a la vía civil ordinaria.

XII.3.C Escritos de personación y auto de iniciación del procedimiento

Los perjudicados que pretendan ejercitar la acción civil (lo que se articula mediante demanda) habrán de presentar previamente un escrito de personación que, al menos, contendrá indicación genérica de las personas contra las que se pretenda dirigir la acción civil.

El Juez, transcurrido el plazo conferido para la personación, háyanse presentado o no escritos de personación, dictará auto acordando el inicio del procedimiento y señalando las partes intervinientes actoras y demandadas.

Contra el auto del Juez inadmitiendo la personación de alguien como perjudicado podrá interponerse recurso que, a tenor del artículo 41, será de reforma y ulterior queja.

El Juez, cuando no se hayan personado o no conste la renuncia o la reserva de la acción de todos los perjudicados, incluirá en el auto al Fiscal como parte actora. Ello es conforme con la legitimación activa subsidiaria del Fiscal en este procedimiento civil.

El Fiscal, por ello, no necesita presentar escrito de personación en la pieza de responsabilidad civil, sin perjuicio de que nada impide que pueda hacerlo en aquellos supuestos en que conozca previamente –por resultar de la notificación a los perjudicados de sus derechos según el artículo 21– datos que afirmen su legitimación activa.

Ahora bien, al Fiscal habrá de serle notificado, en todo caso, el auto del Juez de Menores acordando el inicio del procedimiento y fijando las partes actoras y demandadas. La procedencia de tal notificación resulta evidente cuando el Fiscal figure entre las partes actoras, pues a partir de ahí se contará el plazo de 10 días para formular el escrito de demanda. Ahora bien, el contenido de dicho auto, en el que, en definitiva, consta si ha habido o no renuncia, reserva o personación para ejercicio por sí de la acción civil por los perjudicados, conviene que sea conocido por el Fiscal, incluso aun cuando el resultado sea su no intervención en el proceso civil; conocimiento que interesa desde una doble perspectiva: tanto para que el Fiscal pueda controlar efectivamente las circunstancias que determinan su falta de legitimación en la pieza de responsabilidad civil, como para que en el Expediente penal consten, por tratarse de datos de interés en todo caso, cuál sea la postura del perjudicado ante la acción civil, interesando se lleve testimonio de dicho auto al Expediente penal.

XII.3.D Valoración del ejercicio de la acción civil por el Fiscal. Desistimiento

Pese a que en el Expediente sancionador se confieren al Fiscal, como manifestaciones del principio de oportunidad, amplios márgenes de decisión para no incoar o para desistir del Expediente ya incoado, por contra, en la pieza de responsabilidad civil no hay mención alguna de atribución al Fiscal de facultades discrecionales que le permitan decidir, una vez establecido su carácter de parte interviniente, acerca del ejercicio o no de la acción civil. El artículo 61 señala que el Fiscal «ejercitará» la acción si se dan los presupuestos para ello. La Ley no contiene ninguna norma que permita al Fiscal adoptar discrecionalmente la decisión de no ejercicio de la acción civil, ya sea so pretexto de que el perjudicado podía haberse personado y no lo hizo voluntariamente, o de que siempre le queda la posibilidad de acudir a la vía civil ordinaria o, finalmente, de que no se verá definitivamente afectado por la decisión civil del Juez de Menores al carecer ésta de eficacia de cosa juzgada.

Por ello, el Fiscal habrá de ejercitar la acción civil cuando se den los presupuestos para ello. Ahora bien, esto no implica que en todo caso, automáticamente, el Fiscal haya de formular demanda necesariamente, ni que imperativamente deba instar la sentencia estimatoria de la reclamación civil. Caben supuestos de crisis procesal en los que el Fiscal, como parte legitimada activamente, no sólo puede sino que debe, en el curso del proceso civil ante el Juez de Menores, interesar la conclusión del proceso ya sea no formulando demanda o desistiendo de la ya formulada. Es tarea del Ministerio Fiscal la de impulsar y procurar la reparación civil de la víctima y, al tiempo, la de evitar la iniciación o continuación de litigios civiles innecesarios.

En este sentido, y sin ánimo exhaustivo, cabe señalar que el Fiscal debe o puede no entablar la demanda o desistir de la acción civil entablada en atención a las siguientes circunstancias:

a) *Sobreseimiento libre del Expediente*

Cuando en el Expediente de menores se hubiere interesado por el Fiscal o acordado por el Juez el sobreseimiento libre por no constituir los hechos infracción penal o por estar acreditada la no producción de los hechos, el Fiscal habrá de desistir del ejercicio de la acción civil.

La improsperabilidad de la acción civil, que por definición deriva de la comisión de una infracción penal, resulta palmaria cuando se niega, con los efectos propios de un sobreseimiento libre, el hecho mismo, su carácter de infracción penal o la participación del menor. En tales casos, ante la declaración con efectos de cosa juzgada material de la inexistencia de infracción penal atribuible al menor, resulta obligada la conclusión de la pieza de responsabilidad civil.

Aún más, aunque la cuestión no sea en modo alguno pacífica: si el auto de sobreseimiento libre declarara probado que el hecho no se produjo, el cierre del proceso civil no sólo alcanza a la pieza seguida ante el Juez de Menores sino también al proceso civil ordinario ante la jurisdicción civil (en este sentido, art. 116 LECrim).

b) *Sobreseimiento provisional del Expediente*

Si se acordare el sobreseimiento provisional por no resultar suficientemente acreditada la producción del hecho o por no estar acreditada suficientemente la participación del menor, aunque, a diferencia del sobreseimiento libre, es posible teóricamente una valoración por el Juez de Menores de la prueba a practicar en la audiencia civil que permitiera la estimación de la demanda, ha de tenerse en cuenta que es más que probable que el Fiscal, en atención a lo actuado, desista del ejercicio de la acción civil. Para ello, o no formulará demanda o si ya la hubiere formulado podrá presentar escrito de desistimiento de la acción civil que desencadena la crisis procesal y conclusión del proceso civil (art. 22 LEC).

c) *Sobreseimiento del Expediente por conciliación o acuerdo de reparación*

El sobreseimiento del Expediente, regulado en el artículo 19, por conciliación o por reparación entre el menor y la víctima, no implicará necesaria ni automáticamente la conclusión de la pieza de responsabilidad civil. De hecho, la conciliación –cuyo contenido procura esencialmente la satisfacción psicológica del perjudicado– y la reparación –que incide en el compromiso asumido por el menor de restauración del daño causado– no siempre alcanzarán a todo el posible contenido de la responsabilidad civil que pudiera reclamarse.

No obstante, es perfectamente posible que la actividad de mediación efectuada en ambas figuras –conciliación y, más frecuentemente, reparación– implique en algunos supuestos el cumplimiento por el menor de la satisfacción íntegra de la responsabilidad civil del perjudicado, supuesto éste en que nada impide, antes al contrario determinará, que el Fiscal interese la conclusión del proceso civil por carecer sobrevenidamente de objeto a tenor del artículo 22 LEC.

En todo caso, de seguirse la pieza de responsabilidad civil en estos supuestos de sobreseimiento provisional el Juez de Menores habrá de pronunciarse en la sentencia, a los solos efectos prejudiciales, acerca de la existencia de la infracción criminal que sustenta la responsabilidad civil objeto de condena.

d) *Posible valoración por el Fiscal de determinadas circunstancias relativas al contenido de la responsabilidad civil*

En determinados casos, fundamentalmente ante el manifiesto desinterés expreso o tácito del perjudicado por la reclamación, o en supuestos de manifiesta insolvencia del menor y ausencia de cualquier otra persona que pueda responder solidariamente con él, o incluso de ínfima cuantía de los daños causados, también ha de afirmarse y permitirse que el Fiscal, convenientemente valoradas aquellas circunstancias, desista del ejercicio de la acción civil. No puede afirmarse, por ser contrario al principio de economía procesal, la obligatoriedad del Fiscal en la obtención a toda costa de un título de ejecución de la responsabilidad civil cuando determinadas circunstancias –desinterés del perjudicado, ínfima cuantía, insolvencia, etc.– hagan patente la inutilidad del ejercicio de la acción civil. A este razonamiento cabe agregar la inexistencia del efecto de cosa juzgada de la sentencia civil y, en definitiva, el mantenimiento de la posibilidad de ejercicio de la acción civil en manos del perjudicado.

En todos estos supuestos de los cuatro anteriores apartados, en que la petición del Fiscal implica la conclusión del proceso civil sin sentencia, nos encontramos realmente ante casos de no ejercicio de la acción o de desistimiento de la acción ya entablada por el Fiscal y no ante supuestos de renuncia del derecho, habida cuenta de que al ostentar el Fiscal una legitimación activa subsidiaria y carecer de efectos de cosa juzgada el pronunciamiento del Juez de Menores, siempre queda viva la acción civil para que el perjudicado pueda ejercitarla ante la jurisdicción civil.

XII.3.E DEMANDA

El Fiscal formulará la demanda en los diez días siguientes a la notificación del auto de inicio del procedimiento.

La demanda no podrá alcanzar a los copartícipes del hecho cometido por el menor que fueren mayores de 21 años o mayores de 18 a los que no se les aplique las reglas de esta Ley.

Cuando hubiere varios perjudicados la demanda se limitará a solicitar la responsabilidad de aquellos que no hubieren renunciado o reservado la acción civil o que no hubieren presentado escrito de personación.

XII.3.F EFECTO SUSPENSIVO DEL EXPEDIENTE PENAL SOBRE LA PIEZA SEPARADA DE RESPONSABILIDAD CIVIL

La coexistencia del Expediente penal y de la pieza separada civil ante el Juez de Menores puede suscitar problemas de prejudicialidad.

La pieza separada civil cabe que se tramite paralelamente y sin esperar a las actuaciones que se practiquen en el Expediente penal. Es posible que la vista oral civil se realice antes de la audiencia penal, tal y como se deduce del artículo 64.6.ª, que establece que el Juez de Menores convocará «inmediatamente que tenga en su poder los escritos» de demanda y contestación a la vista civil.

Ahora bien, conforme al artículo 64.8.ª, celebrada la vista civil el Juez de Menores habrá de esperar a dictar sentencia a la celebración de la audiencia en el Expediente penal y a que recaiga sentencia u otra resolución definitiva. Existe, pues, una suerte de prejudicialidad, siquiera mínima, pero determinante de que el pronunciamiento de la sentencia civil (no así las fases anteriores) deba esperar a la finalización del Expediente penal. Ello resulta lógico para evitar que se produzca una disparidad insalvable otorgando en sentencia civil una responsabilidad civil derivada de una infracción penal, cuya comisión o producción la sentencia penal negare.

Con base en lo anterior, y a fin además de evitar una duplicidad de actuaciones y procurar la simplificación del procedimiento, parece razonable que el Fiscal acompase su actuación penal a la que siga en el Expediente civil, de modo tal que, en aras del principio de economía procesal y para evitar disparidades infranqueables entre los pronunciamientos del Juez de Menores de carácter penal y los de orden civil, formule demanda sobre la base del escrito de alegaciones penal y, por otra parte, trate de hacer coincidir sucesivamente y sin solución de continuidad la audiencia penal y la vista oral civil, lo que supondría la evitación de duplicidad de citaciones y comparecencias al menor, representantes, testigos, y demás intervinientes. De hecho, las pruebas que se practiquen en la audiencia penal servirán vía testimonio en muchos casos para la pieza civil, sin que parezca razonable duplicar éstas.

XII.4 Proceso civil ante la jurisdicción ordinaria

Se haya seguido o no proceso civil ante el Juez de Menores, al no producir éste efectos de cosa juzgada material (art. 64.10.ª), nada impide que los perjudicados puedan iniciar un ulterior proceso civil ordinario ante el Juez de Primera Instancia para la reclamación de la responsabilidad civil.

La coexistencia de estos dos posibles procedimientos civiles, uno ante el Juez de Menores en la pieza separada y otro ante el Juez de Primera Instancia, genera complejos problemas de prejudicialidad y de cómputo de plazos para la prescripción de acciones.

El proceso civil ante la jurisdicción ordinaria no podrá entablarse antes de la conclusión tanto del Expediente penal de menores, como, en su caso, del proceso civil ante el Juez de Menores. Por ello, las sentencias penal y civil del Juez de Menores habrán de notificarse a los perjudicados, dando lugar la última de tales notificaciones al inicio del cómputo de prescripción de la acción civil.

La acción a ejercitar ante el Juez de primera instancia prescribirá a los 15 años si fuere derivada de infracción penal (a excepción de la derivada de los delitos de calumnia e injurias que será de un año por disposición expresa del art. 1968.2 CC). Si fuere derivada de culpa extracontractual, lo que sucederá en todos aquellos casos en los que en el Expediente penal no haya resultado acreditada la comisión de infracción penal (sentencia absolutoria o sobreseimiento), el plazo de prescripción será el de un año (art. 1968.2 CC).

Además, en el juicio civil se reputarán hechos probados (efecto positivo o prejudicial de la cosa juzgada) los hechos que el Juez de Menores haya estimado acreditados y la participación del menor. Esos hechos acreditados, a que se refiere el artículo 64.10.ª, lo son los de la sentencia penal del Juez de Menores y no los de la civil, habida cuenta de que ésta no goza de fuerza de cosa juzgada y del principio de verdad formal y no material que impera en la jurisdicción civil.

XIII. RÉGIMEN TRANSITORIO

La Disposición Transitoria única de la LORPM regula el régimen transitorio de la Ley en seis apartados que tratan de dar respuesta a los problemas que la sucesión temporal de la norma plantea en relación con tres situaciones procesales previas: los procesos de reforma de menores incoados bajo la vigencia de la anterior Ley Orgánica 4/1992, reguladora de la competencia y procedimiento de los Juzgados de Menores, los procesos penales de adultos no conclusos por Sentencia firme a la entrada en vigor de la nueva Ley, y los procesos penales de adultos conclusos por Sentencia firme condenatoria, los cuales plantean un problema específico de revisión de las penas impuestas a quienes delinquieron durante su minoría de edad, pero cumplidos los 16 años.

XIII.1 Procedimientos de reforma de menores incoados con arreglo a la Ley Orgánica 4/1992, de 5 de junio

El apartado 1 de la Disposición Transitoria única de la Ley prorroga la vigencia de la derogada Ley Orgánica 4/1992, de 5 de junio, para todos aquellos hechos que se hubiesen cometido con anterioridad a su entrada en vigor. Esto significa que los procedimientos de reforma incoados antes del día 14 de enero del 2001, o pendientes de incoación por hechos cometidos antes de dicha fecha se regirán por la Ley anterior y que las medidas impuestas en los mismos se ejecutarán conforme a las previsiones contenidas en dicha Ley.

Esta prórroga general de la vigencia de la Ley sólo conoce la excepción recogida en el apartado 2 de la Disposición Transitoria: las medidas de reforma que estuvieren cumpliendo a la entrada en vigor de la Ley personas menores de 14 años se alzarán, extinguiéndose las correspondientes responsabilidades.

La literalidad del precepto debe ser corregida de acuerdo con su evidente finalidad: también habrá de declararse extinguida la responsabilidad de aquellos que, siendo mayores de 14 años a la entrada en vigor de la Ley, estén cumpliendo o se hallen a la espera del cumplimiento de una medida impuesta por hechos cometidos antes de los 14 años de edad, pues la nueva Ley declara irresponsables penalmente, sin excepción, a todos los menores de 14 años y prohibe toda intervención sobre los mismos que no sea de carácter exclusivamente tuitivo (art. 3), determinando con su entrada en vigor la atipicidad sobrevenida de tales conductas lo que obliga a su incondicionada aplicación retroactiva.

XIII.2 **Revisión de condenas impuestas en el ámbito de la jurisdicción penal de adultos**

Los apartados 3, 4 y 5 abordan, sin la aconsejable separación conceptual, los aspectos procedimentales y de fondo implicados en la revisión de las sentencias condenatorias dictadas por los órganos de la jurisdicción penal de adultos contra menores de edad. Entendemos que la claridad expositiva y la lógica sistemática demandan un tratamiento separado.

XIII.2.A El Incidente de Revisión

Desde el punto de vista procedimental la regulación legal presenta importantes peculiaridades en lo que se refiere a la legitimación activa para instar la incoación del incidente y a la competencia objetiva para su enjuiciamiento.

En relación con el primer punto, la legitimación activa para instar la revisión la posee en régimen de aparente exclusividad el Fiscal, pues siguiendo la letra de la Ley la sustitución de pena por medida educativa se verificará por el Juez de Menores «a instancia del Ministerio Fiscal», según el apartado 3, o «a petición del Ministerio Fiscal» según el apartado 4.

Esta atribución de la iniciativa al Ministerio Fiscal plantea una primera cuestión de gran relieve referida al ámbito de discrecionalidad de que goza el mismo para instar o no la revisión. A este respecto hay que partir de la evidencia de que la LORPM instaura un sistema específico y autónomo de exigencia de responsabilidad penal que resulta en conjunto más favorable para el reo, y que el elenco de medidas educativo-sancionadoras previsto en la misma es por su propia naturaleza y finalidad, por su flexibilidad y por las condiciones de su cumplimiento, beneficioso en comparación con el sistema general de penas establecido en el CP y con el sistema de ejecución penitenciaria regulado en la Ley Orgánica General Penitenciaria y en el Reglamento Penitenciario.

La fuerza expansiva que se ha de atribuir al principio general de retroactividad favorable que el artículo 2.2 CP DE 1995 aplica a todas las leyes de naturaleza penal –y la LORPM desde luego lo es–, su virtualidad informadora, vincula la interpretación de los apartados 3 y 4 de la disposición transitoria única e impone como necesidad la revisión sistemática

PAIS (12.IV.2001)

El espíritu de la ley

VICENTE GARRIDO GENOVÉS

La opinión pública ha seguido con mucha atención el primer gran test de la Ley de Responsabilidad Penal del Menor, es decir, el caso de San Fernando, en el que se juzgaba a dos chicas menores de edad por la muerte de una compañera de instituto, Klara. Desgraciadamente, el debate suscitado ha sido unilateral, planteando la cuestión de en qué medida las agresoras iban a recibir un castigo adecuado y si la flamante ley constituía una burla impune ante los derechos de las víctimas, al ser muy benévola.

¿Es cierto que los españoles estamos inermes ante los jóvenes menores de 18 años que cometen delitos de violencia muy graves? Urge explicar que esto no es así en absoluto. La condena a "ocho años en centro de internamiento más cinco años de libertad vigilada" es prácticamente análoga a la que, en términos de privación de libertad, podría corresponder a un joven de esa edad que fuera juzgado por el Código Penal anterior a 1995 (que incluia redenciones de pena por el trabajo), y un poco inferior a lo que correspondería con el Código vigente.

Pero otra cuestión me interesa destacar aquí. ¿Somos conscientes de que la actual ley de menores busca, por encima de todo, incidir en la personalidad de los jóvenes para evitar que se conviertan en delincuentes adultos sin esperanza? Si lo que queremos es, por encima de todo, una ley que castigue *de modo ejemplar y sin paliativos,* no deberíamos haber desarrollado un marco legal *progresista y humanista;* para ese viaje no hacían falta estas alforjas. Sin embargo, esa interpretación no es una buena idea. Por dos razones principales. En primer

mente, las medidas claramente punitivas, alejadas de complejos programas de intervención, las que más probabilidad tienen de producir una reincidencia posterior. Aunque pueda satisfacer los deseos vindicatorios de parte de la sociedad, a la larga el castigo ejemplar produce más dolor en esa misma sociedad, porque contribuye a que haya más violencia a manos de los delincuentes juveniles.

La segunda razón es de índole filosófica, subyacente a la misma naturaleza del espíritu de la ejecución de la ley. Ésta es una ley educativa, por encima de todo. Y su máxima es: elaboremos programas educativos eficaces (que sí existen) para tratar a cada caso de acuerdo con lo que necesita. Los jóvenes con graves carencias de personalidad requieren de programas elaborados para responder a esas carencias. Cuando se impone el castigo, por mero reflejo del escándalo del crimen o de la "alarma social", estamos conculcando este principio máximo de la ley.

Las chicas de San Fernando tienen problemas muy graves de personalidad y, se quiera reconocer o no, tales patologías afectaron de modo decisivo a su libertad y, por consiguiente, a la misma génesis del delito.

aplicable a los adultos de si el sujeto "era consciente de lo que hacía y si quería hacerlo", porque estamos hablando de personas cuya inteligencia social (de las emociones) estaba seriamente afectada. Sus vidas se construyeron de modo desviado porque su realidad psicológica estaba seriamente desvirtuada, debido a su incapacidad para relacionarse con los demás y percibir la realidad de modo plenamente humano y coherente con los principios éticos más sagrados: que prohíben matar.

Desde este punto de vista, una medida de internamiento en régimen cerrado es un error, porque aquí se prima la socialización de normas, en hábitos de conducta. Está pensada esta medida para jóvenes subculturales o profesionales del delito. Las jóvenes de San Fernando no tienen ese déficit, sino el que se deriva de un mundo interior patológico y errático. Los menores con patologías graves de personalidad requieren programas especiales en el contexto de un internamiento terapéutico, sin que tenga que haber merma en la seguridad de su custodia.

Es más importante de lo que parece la interpretación que hagamos de este caso. Muchos otros casos seguirán, ya están en la puerta esperando. En San Fernando no sólo murió una joven (y es comprensible el dolor de sus padres, aunque ello no implica que tengan razón en sus pretensiones); puede morir también el espíritu de la ley.

Vicente Garrido Genovés participó en la elaboración de la Ley de Responsabilidad Penal del Menor y fue perito en el caso de San Fernando. Es profesor de la Universidad de Valencia y autor de *El psicópata* y que este es un tema que, aunque estaba en el programa electoral del PP, en estos momentos el Gobierno no se lo planteaba".

Programa electoral

Trias dijo también: "El hecho de que existiese tal propuesta lo sabemos desde antes de las elecciones, porque estaba en su programa electoral. De todos modos, tras leer la información de prensa hablé con el vicepresidente del Gobierno Mariano Rajoy quien me dijo que los sorprendidos fueron ellos, incluido el presidente Aznar, ya que un texto sobre el tema no existe. Rajoy me dijo que, en caso de que haya alguna cosa, a lo máximo que se llegará es a regular las conferencias sectoriales", y que se informaría a CiU del proyecto. "No estoy preocupado, aunque tampoco totalmente tranquilo", concluyó.

Este periódico informó de que el Gobierno pretende con esta futura Ley de Cooperación cerrar de manera ordenada el proceso autonómico, y también con un carácter más estable y duradero. El PSOE, IU y los nacionalistas mostraron de inmediato sus recelos. Los socialistas, por entender esta ley "insuficiente" para resolver los retos pendientes del Estado autonómico. PNV, BNG, Par y CiU también desconfiaron ante el proyecto, si bien esta última formación decidió moderar sus críticas tras la conver-

sólo ha explotado por un frente: el de la política en el País Vasco.

Izquierda Unida nació en 1986. Aprovechando el clima de movilización en torno al referéndum de la OTAN, una serie de partidos, grupos y personajes independientes se unió al histórico PCE en un nuevo proyecto para crear una alternativa a la izquierda del PSOE, que entonces gobernaba con una cómoda mayoría absoluta. A él se sumaron partidos como Izquierda Republicana, los herederos de la formación liderada por Manuel Azaña, el Pasoc, formado por expulsados del PSOE como Pablo Castellano, y un conglomerado integrado por independientes, grupos ecologistas, el Partido Humanista e incluso los carlistas.

Poco a poco, en los últimos 15 años, se han ido produciendo abandonos paulatinos de estos grupos y casi ninguna nueva incorporación. Hace años que se escucha la crítica en IU de que el PCE domina todo. Sus dirigentes siempre lo han negado, pero la realidad, forzada por las expulsiones o los abandonos, se ha impuesto. La crisis más sonada fue la de Nueva Izquierda, en 1997, que se llevó por delante a una parte importante de la organización.

Hoy, tras el reciente abandono del Pasoc y el distanciamien-

dor de la última asamblea, lidera el mayoritario. Gaspar Llamazares, el coordinador general de IU, capitanea otro, y el tercero está compuesto por los llamados críticos, cuya máxima exponente es Ángeles Maestro.

La crisis del Pasoc, aunque con escasas repercusiones prácticas —ninguno de los dirigentes que tienen cargos públicos lo ha abandonado de momento—, ha destapado la división interna, mantenida en sordina durante los últimos meses. Pero el enfrentamiento ya no está centrado, como el año pasado, en una encarnizada lucha por el poder, que se encuentra muy diluido por el empate entre las dos grandes facciones.

El asunto en el que se está diluyendo toda la crispación generada en las últimas luchas de poder es el del País Vasco. Allí se da una situación excepcional. Mientras en el resto de España el PCE es hegemónico dentro de IU, allí está en la oposición. Javier Madrazo, miembro del PCE, domina la organización con un escaso margen. Le apoya un conglomerado de fuerzas

Frutos acusa a Madrazo de provocar la pérdida de imagen en Euskadi y le llama "sectario"

na. Frut...

este apoyo ante un posible Ejecutivo de concentración con todas las formaciones vascas, salvo Euskal Herritarrok.

Precisamente porque saben que el proyecto de IU tal y como fue ideado en 1986 ya no existe, la dirección actual, liderada por Llamazares, pretende reconstruir el espacio a la izquierda del PSOE acercándose a otras fuerzas. Pero no para que entren en IU, algo ya muy difícil, sino para presentarse juntos a las elecciones y tener más fuerza. En esta línea van las conversaciones con Iniciativa per Catalunya, que rompió relaciones con IU en 1997 y ahora acogerá a los críticos de Nueva Izquierda que no han querido irse al PSOE. También hay acercamientos con otros grupos de la izquierda, como el Bloque Nacionalista Galego o la Chunta Aragonesista, aunque de momento sin mucho éxito. La dirección actual, dominada ampliamente por miembros del PCE, sabe que éste partido solo no tiene futuro, aunque cada vez le cuesta más encontrar nuevos socios.

de todas las penas en fase de ejecución o pendientes de cumplimiento y su sustitución por medidas de corte educativo en los términos previstos en la propia Ley.

Por lo tanto, aunque la Disposición Transitoria única en su apartado 3 prevea en su literalidad que la sustitución de las penas por medidas se verificará siempre a instancia del Fiscal, y en su apartado 4 a petición del Fiscal, hay que entender que éste no goza de genuina discrecionalidad para optar por la no revisión y que en todo caso ha de solicitar la sustitución y poner en marcha el Incidente de Revisión, pues a partir de la entrada en vigor de esta Ley ningún infractor menor de edad debe verse sometido al sistema penal y penitenciario de adultos, con la sóla excepción, expresamente enunciada en la norma, de quienes hubieran ya cumplido los 23 años de edad –art. 15 LORPM–.

En cuanto a la competencia objetiva para el conocimiento del incidente los apartados 4 y 5 la atribuyen al Juez de Menores, encomendando así el juicio de revisión de las condenas a un órgano jurisdiccional diferente del sentenciador.

Procedimentalmente el Juez o Tribunal sentenciador en el que se halla residenciada la correspondiente ejecutoria dará traslado de la misma y de la liquidación provisional de las penas al Fiscal –apartado 3, *in fine*– el cual a su vez evacuará su dictamen ante el Juez de Menores correspondiente a dicha demarcación, determinándose así la competencia territorial de la jurisdicción de menores en el conocimiento de los Incidentes de Revisión en función del lugar que sea sede del Juez o Tribunal sentenciador.

Desde el punto de vista de la organización interna de la Fiscalía, no tiene por qué ser necesariamente la Sección de Menores la encargada de despachar todos los Incidentes de Revisión. Los Jefes de cada Fiscalía dispondrán lo oportuno en cuanto a la atribución del despacho de los asuntos en función de las disponibilidades de personal de cada Fiscalía. En principio, serán los Fiscales encargados del despacho de las ejecutorias de cada Juzgado o Tribunal quienes dictaminarán sobre la revisión de las penas, sin perjuicio de atender a una adecuada comunicación interna con la correspondiente Sección de Menores con el fin de recabar criterios unitarios y eficaces para la óptima resolución de los Incidentes.

En relación con los condenados que se hallaren cumpliendo la pena en centro penitenciario, los Sres. Fiscales deberán tomar la iniciativa y reclamar de los Juzgados y Tribunales el envío de la ejecutoria y de la liquidación provisional con el fin de formar su criterio en materia de revisión con una cierta anticipación a la entrada en vigor de la LORPM para poder de este modo solicitar y obtener de los órganos judiciales sentenciadores la acomodación de la situación personal de los reos.

La Ley no prevé que el Juez o Tribunal sentenciador adjunte el informe del Equipo Técnico incorporado al proceso penal por imperativo de la Disposición Transitoria duodécima de la Ley Orgánica 10/1995, de 23 de noviembre, omisión que no debe ser óbice para que los Fiscales recaben en todo caso la remisión del mismo, pues el conocimiento de su contenido puede resultar sumamente útil en la decisión del incidente.

Tampoco se prevé que los centros penitenciarios comuniquen a las Fiscalías las liquidaciones penitenciarias de las penas de prisión impuestas por hechos cometidos por menores de edad. Los Fiscales también recabarán estos informes pues necesitan conocer en relación con los reos que rinden condena en prisión el período extinguido a la fecha de entrada en vigor de la Ley y el período pendiente de cumplimiento efectivo con el fin de acomodar sus solicitudes de revisión a los presupuestos de los apartados 3 y 4 según que el tiempo pendiente de prisión sea de dos o más años o inferior a dos años y con el fin de contar con la información necesaria respecto de los períodos de condena ya extinguidos que deben ser descontados del plazo de duración de la medida.

La liquidación penitenciaria referirá por separado cada una de las condenas pendientes, y detallará la porción de pena ya extinguida por cumplimiento efectivo, abono de prisión preventiva, redención o indulto parcial. No se precisa sin embargo que se anticipe el cálculo de la redención futura, pues el dato legalmente relevante es el de la pena pendiente de cumplimiento a la fecha de la entrada en vigor de la LORPM, con independencia de la extensión efectiva que dicha pena hubiera de tener después por razón de la redención que eventualmente pudiera ganarse en fechas posteriores.

En lo que se refiere al desarrollo del procedimiento de revisión y a las partes intervinientes, los apartados 3 y 4 plantean ciertas dudas que deben ser aclaradas por medio de una interpretación de la norma ajustada a las evidentes necesidades de contradicción y defensa que todo proceso penal debe satisfacer.

Así, el apartado 3, para las penas de prisión de dos o más años de duración, no prevé que se dé audiencia al sentenciado, ni a su representante legal si es menor de edad, ni a su Letrado, a diferencia de lo que ocurre en el apartado 4 para las penas de prisión de menos de dos años y para las penas diferentes de la prisión o de distinta clase.

En sentido inverso, el apartado 4 no exige ni prevé siquiera el informe del Equipo Técnico, frente a lo dispuesto en el apartado 3, que sí lo prevé.

Ante estas aparentes incongruencias en el diseño del trámite procedimental aplicable a los Incidentes de Revisión de condenas, se impone la formulación de dos tipos de consideraciones:

En primer término, que no es oportuno ni razonable articular procedimientos de revisión diferentes en función de la clase y duración de las penas que se revisan, y menos prever un trámite más garantista y respetuoso con las exigencias dimanantes del principio de defensa y contradicción, mediante la participación activa del Letrado del reo y del propio reo, precisamente en el procedimiento de revisión de las penas de menor entidad (apartado 4). La interpretación racional y sistemática del contenido de la Disposición Transitoria demanda la integración de los trámites previstos en los apartados 3 y 4 en un mismo procedimiento, por lo que la audiencia previa del Letrado, del sentenciado y si es el caso de su representante legal, la entenderemos también preceptiva en los supuestos del apartado 3.

A este respecto hay que matizar que aunque la Ley habla de Letrado del menor, y de representante legal del mismo, no podemos olvidar que quien a la entrada en vigor de la nueva Ley se halla pendiente de cumplimiento de la pena impuesta por hechos cometidos durante su minoría de edad puede ser perfectamente un mayor de edad, o hallarse emancipado. Tampoco hay que perder de vista que puede no disponer de asistencia letrada, por lo que habría de designársele, en su caso, Abogado de oficio, a poder ser del turno de especialistas en menores.

La Disposición Transitoria no contempla la personación en el Incidente de Revisión, ni siquiera la mera audiencia, del ofendido o perjudicado por el delito que se hubiera personado como acusación particular en el previo proceso penal, por lo que habrá de entenderse excluida su participación. Obviamente tampoco participarán quienes hubieran ejercido la acción popular.

En segundo lugar, y en lo que se refiere a la intervención del Equipo Técnico en el Incidente de Revisión, tras la incorporación al mismo del informe en su día emitido en el proceso penal en aplicación de la Disposición Transitoria decimosegunda de la Ley Orgánica 10/1995, los Fiscales podrán reclamar un nuevo informe actualizado si lo consideran necesario para formar su criterio antes de evacuar su dictamen. El informe de la correspondiente entidad pública de reforma o protección puede servir de complemento a la información recabada en la medida en que el sentenciado haya sido explorado y atendido con anterioridad en dichas instituciones o en la medida en que puede suministrar información relevante sobre los recursos que al efecto tiene disponibles la comunidad para aplicar una adecuada intervención educativa al reo.

Las decisiones del Juez de Menores se adoptarán en forma de auto recurrible directamente en apelación, en el plazo de cinco días hábiles, ante la Sección de Menores del correspondiente Tribunal Superior de Justicia. Hay que entender que el recurso de apelación se tramitará conforme al artículo 787,3 de la Ley de Enjuiciamiento Criminal de acuerdo con la previsión de aplicación subsidiaria de las normas reguladoras del procedimiento abreviado (disposición final primera de la LORPM).

El auto judicial de revisión será puesto en conocimiento del Juez o Tribunal sentenciador y de la entidad pública de reforma que haya de hacerse cargo de la ejecución de la medida.

XIII.2.B Criterios de fondo

En cuanto a los criterios de fondo aplicables a la revisión de condenas, los apartados 3 y 4 distinguen dos supuestos: el que plantean las penas de prisión que a la entrada en vigor de la LORPM tengan pendientes de extinción un período igual o superior a dos años, y el que plantean las penas de prisión que no se hallen en dicha circunstancia y cualesquiera otras penas distintas de la prisión.

Las penas de prisión que tengan pendiente de cumplimiento un período de dos o más años al entrar en vigor la LORPM podrán ser sustituidas por cualquiera de las medidas previstas en el artículo 7 de la misma. Se ha de considerar con la debida atención que lo que determina la inclusión de la pena de prisión en el apartado 3 de la Disposición Transitoria no es la duración de la pena en sí tal y como aparece fijada en sentencia, sino la parte de pena pendiente de cumplimiento al entrar en vigor la LORPM, pues si la pena de prisión impuesta en sentencia fuera de duración igual o superior a dos años, pero el reo hubiere cumplido una parte de la misma, de modo que a la entrada en vigor de la LORPM el período de cumplimiento pendiente fuera inferior a dos años, en ese caso no sería de aplicación el apartado 3 de la Disposición Transitoria, sino el apartado 4, que se aplica, según su propia literalidad, cuando «la pena impuesta o pendiente de cumplimiento fuera de prisión inferior a dos años».

La diferencia es sumamente relevante, pues en los supuestos del apartado 4 de la Disposición Transitoria única LORPM no es posible ya sustituir la pena por cualquiera de las medidas educativas previstas en la Ley, sino sólo y exclusivamente por la medida de libertad vigilada simple o, en su caso, por la mera declaración de cumplimiento de la pena y de extinción de la responsabilidad penal. Para el reo la revisión operaría en el peor de los casos mediante sustitución por medida no privativa de libertad, por lo que habría de ser puesto en libertad tan pronto entrase en vigor la LORPM.

En definitiva, por imperativo legal, de acuerdo con el contenido de la Disposición Transitoria única LORPM, apartado 4, las penas no privativas de libertad, las penas privativas de libertad distintas de la prisión –responsabilidad personal subsidiaria y arresto de fines de semana– y las penas de prisión que tengan pendiente de cumplimiento un período inferior a dos años, tienen considerablemente restringida su conversión, pues en caso de verse sustituidas por una medida, lo serán siempre por medida de libertad vigilada simple por el tiempo que restara de cumplimiento de la condena.

El concepto de libertad vigilada simple no aparece explicado en la Ley, pues el artículo 7.1.h no acuña modalidades diversas de libertad vigilada como lo hace con la medida de internamiento en los apartados a, b, c y d. Entendemos que la libertad vigilada simple es aquella en la que no se imponen al sujeto actividades socioeducativas o reglas de conducta complementarias distintas de la escolarización o asistencia al centro de trabajo.

En cuanto a la referencia al tiempo que restara de cumplimiento de condena como límite de duración de la medida de libertad vigilada, la pena de multa se computará de acuerdo con la equivalencia establecida para el cumplimiento de la correspondiente responsabilidad personal subsidiaria en el artículo 53.1 CP DE 1995 y el arresto de fines de semana de acuerdo con la equivalencia a dos días establecida en el artículo 37.1 CP DE 1995.

En todo caso, tomando en consideración que por imperativo del artículo 9.3 de la Constitución la aplicación de la LORPM constituye una forma de aplicación retroactiva de una norma sancionadora favorable, al fijar la duración de la medida sustitutiva habremos de atender siempre a los límites legales previstos en el artículo 9 LORPM en función de las circunstancias concurrentes en el hecho y en el autor, que operarán como límites absolutos de la duración de la intervención sancionadora-educativa, y en segundo lugar a la duración de la pena sustituida impuesta en sentencia, que operará como límite concreto de su extensión temporal, pues la medida educativa no podrá tener una duración superior a la de la concreta pena sustituida.

Se tomará en consideración también el tiempo de condena que el reo hubiere extinguido con anterioridad, sea por cumplimiento efectivo de la pena, sea por aprobación de redenciones, sea por imputación de períodos de prisión preventiva, tiempo éste que integrará el patrimonio penitenciario del reo –como en alguna ocasión ha denominado el Tribunal Supremo a los períodos de redención ganados– y que como tal le habrá de ser descontado de la duración de la medida.

XIII.3 **Procesos penales incoados con anterioridad a la entrada en vigor de la LORPM**

De conformidad con el apartado 6, los procedimientos penales en curso a la entrada en vigor de la Ley en los que se encuentren imputadas personas por hechos cometidos durante su minoría de edad serán remitidos al Ministerio Público para que instruya el procedimiento regulado en la LORPM.

El Fiscal deberá registrar estos procedimientos asignándoles un número de Diligencias Preliminares a efectos de localización y control estadístico procediendo a continuación a la incoación del Expediente de reforma.

Si el imputado lo fuere por hechos cometidos cuando era mayor de 18 años y menor de 21, el Juez de Instrucción acordará lo que proceda según lo dispuesto en el artículo 4 de la Ley.

En consecuencia, el régimen transitorio aplicable a los procesos penales inconclusos se ceñirá rigurosamente al principio *tempus regit actum* que impone la adaptación inmediata de todos ellos al trámite previsto en la nueva Ley tan pronto entre en vigor.

XIV. ENTRADA EN VIGOR

La disposición final séptima ha establecido el plazo de un año de *vacatio legis*. Teniendo en cuenta que la ley ha sido publicada en el Boletín Oficial del Estado del día 13 de enero de 2000, su entrada en vigor se produce en fecha 14 de enero de 2001 (art. 5 CC, STS –Sala 3.ª– de 21 de diciembre de 1987, que, a su vez, se apoya en otros muchos precedentes jurisprudenciales y en concordancia con el criterio mantenido en las Circulares 3/1995 y 1/1996, dictadas con ocasión de la entrada en vigor de la ley reguladora del Tribunal del Jurado y del CP).

En dicho momento entran igualmente en vigor los artículos 19 y 69 del Código Penal de 1995 y, asimismo, quedan derogados los artículos 8.2, 9.3, la regla 1.ª del artículo 20 –en lo que se refiere al número 2 del art. 8–, el segundo párrafo del artículo 22 y el artículo 65 del Código Penal de 1973.

INSTRUCCIÓN número 1/2000, de 26 de diciembre, sobre la necesaria acomodación a la LORPM de la situación personal de los menores infractores que se hallen cumpliendo condena en centro penitenciario o sujetos a prisión preventiva

SUMARIO

INSTRUCCIÓN número 1/2000, de 26 de diciembre, sobre la necesaria acomodación a la LORPM de la situación personal de los menores infractores que se hallen cumpliendo condena en centro penitenciario o sujetos a prisión preventiva.

I. INTRODUCCIÓN

El Boletín Oficial del Estado del día 23 de diciembre de 2000 publica el texto de la Ley Orgánica 9/2000 de 22 de diciembre, sobre medidas urgentes para la agilización de la Administración de Justicia (LOMUAAJ) cuya Disposición adicional tercera modifica los apartados 5 y 6 de la disposición transitoria única de la Ley Orgánica 5/2000, de 13 de enero (LORPM), introduciendo dos importantes novedades en relación con el texto original de la Ley tal y como se publicó en el «BOE» núm. 11, de 13 de enero del 2000.

En primer lugar, la previsión expresa de que la situación personal de quienes hubieran sido condenados por hechos ejecutados durante su minoría de edad y que se hallaren cumpliendo condena a la fecha de entrada en vigor de la LORPM podrá verse prorrogada durante la tramitación de los Incidentes de Revisión de dichas penas hasta un límite de dos meses (inciso final del apartado 5 de la disposición transitoria única).

En segundo lugar, que la situación de prisión preventiva de quienes se hallaren imputados en un proceso penal de adultos por la comisión de hechos criminales durante su minoría de edad habrá de ser inmediatamente adaptada a la nueva regulación legal tan pronto entre en vigor la LORPM, para lo que el Fiscal habrá de instar la adopción de la medida cautelar de internamiento que estime pertinente en el plazo de las cuarenta y ocho horas siguientes a la vigencia de la Ley (párrafo 2.º del apartado 6 de la Disposición transitoria única).

Como es bien conocido de los Sres. Fiscales, la entrada en vigor de la LORPM, que acaecerá el próximo día 14 de enero, obligará a emprender un trámite de revisión y acomodación al nuevo marco legal de todas las penas que hubieren sido impuestas a menores de 18 años como consecuencia de la ultravigencia de los artículos 9.3 y 65 del Código Penal de 1973 proclamada en el punto 1, letra *a)* de la Disposición Derogatoria de la Ley Orgánica 10/1995, de 23 de noviembre, aprobatoria del Código Penal.

Por su parte la vigencia del artículo 19 CP, temporalmente suspendida por mandato de la Disposición Final séptima de la Ley Orgánica 10/1995, quedará activada sin restricción alguna, dejando de estar sujetos a los preceptos del Código Penal todos los infractores que perpetraren el hecho criminal durante su minoría de edad, incluidos los que hubieren delinquido con anterioridad a la vigencia de la LORPM, a quienes les será retroactivamente aplicable la nueva norma por razón de lo dispuesto en el artículo 2.2 CP en su calidad de ley penal posterior favorable.

Para la revisión de las condenas firmes recaídas sobre menores infractores se habrá de atender a las reglas y trámites procedimentales previstos en los apartados 3, 4 y 5 de la disposición transitoria única de la LORPM, materia ésta que es objeto de tratamiento específico en el apartado XIII de la Circular núm. 1/2000 de la Fiscalía General del Estado relativa a los criterios de aplicación de la LORPM, a cuyo contenido nos remitimos.

No obstante, la presencia de internos en centros penitenciarios cumpliendo penas privativas de libertad impuestas por hechos cometidos durante su minoría de edad exige, ante la inminencia de la entrada en vigor de la LORPM, una rápida intervención del Ministerio Fiscal para la inmediata adecuación de la situación personal de estos reos al nuevo sistema penal.

En atención a estas situaciones, es preciso que los miembros del Ministerio Fiscal formen su criterio de revisión con una cierta anticipación a la entrada en vigor de la LORPM, y que de acuerdo con el mismo deduzcan ante los órganos judiciales sentenciadores la solicitud más adecuada.

Para ello deberán adoptar una postura procesal activa, reclamando de los Juzgados y Tribunales el envío de la ejecutoria y de la liquidación provisional de las condenas, y del Equipo Técnico el correspondiente informe, reclamando también del centro penitenciario la información que precisen sobre períodos de condena extinguidos por cumplimiento efectivo, aprobación de redenciones, imputación de períodos de prisión preventiva e indultos parciales y en su caso la especificación del período de condena pendiente de cumplimiento a la fecha de entrada en vigor de la LORPM.

Recabada dicha información, habrán de dispensar un tratamiento diferenciado a los dos grupos de penados que distingue la disposición transitoria única de la LORPM en sus apartados 3 y 4 y que son:

1.º Los que a la fecha de entrada en vigor de la Ley se hallen extinguiendo pena de prisión y tengan todavía pendiente de cumplimiento un período igual o superior a dos años.

2.º Los que en dicha fecha tengan pendiente de cumplimiento un período de prisión inferior a los dos años, bien porque la pena impuesta en sentencia fuera en origen de extensión menor a los dos años, bien porque siendo de duración superior, ya hayan extinguido una porción de la misma y la parte remanente sea inferior a los dos años mencionados. A éstos se suman los que estén extinguiendo penas privativas de libertad distintas de la prisión: responsabilidad personal subsidiaria o arresto de fin de semana de ejecución continua por previo quebrantamiento.

II. PENADOS COMPRENDIDOS EN EL SUPUESTO DEL APARTADO 3 DE LA DISPOSICIÓN TRANSITORIA ÚNICA DE LA *LORPM*

Los internos del primer grupo podrán ver prolongada su situación de privación de libertad más allá de la fecha de entrada en vigor de la LORPM si el Juez de Menores decide aplicarles una medida de internamiento; para ello será necesario que el Fiscal se lo haya solicitado, pues en los Incidentes de Revisión de penas el Juez no podrá seleccionar medidas más graves o de mayor duración que las instadas por el Fiscal, en concordancia con las exigencias del principio acusatorio recogido en el artículo 8.

Esto significa que si el Fiscal, atendidas las circunstancias del hecho y las necesidades educativas del menor, decide no solicitar la imposición de una medida de internamiento y opta por una medida de naturaleza diversa, deberá simultáneamente adoptar las previsiones que sean necesarias para que el interno sea puesto en libertad.

Con este fin, dirigirá sin demora un escrito al Juez o Tribunal sentenciador solicitando su puesta en libertad con efectos a la fecha de entrada en vigor de la LORPM y ello sin perjuicio de solicitar del Juez de Menores la incoación del correspondiente Incidente de Revisión para instar la imposición de la medida educativa que haya considerado más adecuada.

Si por el contrario el Fiscal entiende que procede solicitar del Juez de Menores la sustitución de la pena por medida de internamiento, entonces dirigirá un escrito al Juez o Tribunal sentenciador reclamando el traslado del interno a un centro de reforma de menores en uso de la facultad judicial conferida por el artículo 65 CP 1973 –sustitución de la pena impuesta por internamiento en centro educativo– con el fin de que al día 14 de enero del 2001 el reo ya no se encuentre en una institución penitenciaria de adultos.

Ello igualmente sin perjuicio de que el Fiscal solicite del Juzgado de Menores la incoación del Incidente de Revisión y la aplicación de la medida de internamiento que estime más adecuada entre las previstas en el artículo 7 LORPM, en el bien entendido de que el reo debe ver revisada su condena por el Juez de Menores a la mayor brevedad posible y en todo caso en un plazo no superior a los dos meses desde la entrada en vigor de la LORPM, de acuerdo con lo exigido en el inciso final del apartado 5 de la Disposición Transitoria única de la LORPM.

Si de la documentación penitenciaria resulta que el interno tiene enlazada la pena de prisión con otras condenas privativas de libertad impuestas por hechos ejecutados durante su mayoría de edad, su permanencia en el centro penitenciario tras la entrada en vigor de la LORPM se justificará en el cumplimiento del resto de las condenas refundidas, sin perjuicio de lo dispuesto en el artículo 47.5.ª LORPM en materia de ordenación de ejecución de penas y medidas si el Incidente de Revisión concluye con la aplicación de una medida de internamiento.

Finalmente, si el reo hubiese cumplido un período de prisión superior al límite máximo de extensión previsto para las medidas de internamiento en el artículo 9 LORPM, el Fiscal deberá solicitar del Juzgado o Tribunal sentenciador la puesta en libertad del mismo con efectos al día de entrada en vigor de la LORPM, pues el tiempo de condena cumplido le será abonado al cumplimiento de la medida por analogía con lo previsto para las medidas cautelares en el artículo 28.5.

III. PENADOS COMPRENDIDOS EN EL SUPUESTO DEL APARTADO 4 DE LA DISPOSICIÓN TRANSITORIA ÚNICA DE LA *LORPM*

Para los internos del grupo segundo, esto es, para aquellos que tengan a la fecha de entrada en vigor de la LORPM pendiente de extinción un período de prisión inferior a los dos años, y para los que se hallen cumpliendo una pena privativa de libertad que no sea de prisión, esto es, una pena de responsabilidad personal subsidiaria al impago de multa o una pena de arresto de fines de semana de ejecución continuada por previo quebrantamiento, los Sres. Fiscales deducirán en todo caso ante el Juez o Tribunal sentenciador solicitud de libertad con efectos aplazados al día 14 de enero del 2001, pues la única medida posible de sustitución es la libertad vigilada.

Es indudable que con esta restricción en la modalidad de sustitución la vigencia de la LORPM impone la liberación del interno, sin perjuicio de que se inste del Juez de Menores la incoación del Incidente de Revisión en orden a resolver si procede aplicarle la medida de libertad vigilada o la mera declaración de cumplimiento de la pena y extinción de la responsabilidad penal.

IV. EL PROBLEMA ESPECÍFICO QUE PLANTEA LA PRISIÓN PREVENTIVA

La Disposición Transitoria única, apartado 6, prevé que los procedimientos penales en curso a la entrada en vigor de la LORPM serán remitidos por el Juez o Tribunal competente al Ministerio Fiscal, al objeto de que por éste se proceda a la instrucción del procedimiento previsto en dicha Ley.

La entrada en vigor de la LORPM, por lo tanto, privará de competencia a los órganos de la jurisdicción penal de adultos para la adopción y el mantenimiento de medidas cautelares personales sobre los infractores menores, que pasarán a depender de la jurisdicción de menores.

Esto significa que la privación cautelar de libertad no podrá fundarse ya en las previsiones normativas del sistema penal de adultos, pues con arreglo a la Disposición Final séptima, párrafo 2.º de la Ley Orgánica 10/1995 y artículo 19 CP, este sistema habrá dejado de ser aplicable a los infractores menores de edad.

En este aspecto de la sucesión temporal de normas el problema más urgente lo plantean quienes actualmente se hallan en prisión preventiva. La reforma introducida por la Disposición Adicional tercera de la LOMUAAJ en el apartado 6 de la Disposición Transitoria única LORPM introduce una previsión específica, que no se incluía en la redacción original de la Ley, en materia de adaptación de las medidas cautelares a la nueva regulación, exigiendo de un lado que los presos preventivos sean conducidos a centros de reforma de menores, y de otro que en el plazo de cuarenta y ocho horas inmediato a la entrada en vigor de la LORPM el Fiscal solicite del Juez de Menores, si estima procedente la prolongación de la medida cautelar de privación de libertad, la adopción de una medida de internamiento cautelar en los términos previstos en el artículo 28.2 LORPM.

De acuerdo con esta previsión normativa, los Sres. Fiscales procederán a estudiar la situación personal de los presos preventivos con el fin de decidir con una cierta anticipación a la entrada en vigor de la LORPM si estiman procedente que continúen privados de libertad, y si es el caso, adoptarán en consecuencia las medidas que estimen oportunas para tener preparadas las pruebas de que vayan a valerse en la comparecencia cuya celebración habrán de instar del Juez de Menores de acuerdo con el artículo 28.2 LORPM.

Antes de tomar decisión alguna a este respecto los Sres. Fiscales habrán de tener bien presente que la medida cautelar de internamiento tiene una duración máxima de tres meses prorrogables por otros tres –art. 28.3 LORPM– y que el tiempo que el imputado hubiere pasado en prisión preventiva antes de la vigencia de la LORPM le habrá de ser computado en el cálculo de dicho límite cronológico, de acuerdo con reiterada doctrina constitucional que atribuye naturaleza absoluta a los límites legales de las privaciones cautelares de libertad exigiendo el cómputo cumulativo de todos los períodos de privación de libertad sufridos en una misma causa –SSTC 147/2000, fj. 8; 98/1998, fj. 2– por lo que se recomienda un uso prudente y mesurado de esta facultad.

Si el imputado se hallare también preso por otras causas penales distintas incoadas por hechos delictivos cometidos durante su mayoría de edad, la entrada en vigor de la LORPM no precipitará necesariamente el cambio de su situación personal, pues su permanencia en prisión podrá quedar amparada por los autos judiciales adoptados en dichas causas. Ello no obsta sin embargo para que se interese la imposición de la medida cautelar que se estime más adecuada en relación con los hechos cometidos durante su minoría de edad, para lo cual los Sres. Fiscales deducirán ante el Juez de Menores las peticiones que sean pertinentes de acuerdo con la LORPM.

Las instrucciones reseñadas habrán de ser puestas en práctica de un modo inmediato con el objeto de que los menores infractores actualmente internos en centros penitenciarios puedan beneficiarse el día mismo de entrada en vigor de la LORPM de la situación personal que mejor se acomode a los principios que informan el nuevo sistema de exigibilidad de responsabilidad penal.

INSTRUCCIÓN número 2/2000, de 27 de diciembre, sobre aspectos organizativos de las Secciones de Menores de las Fiscalías ante la entrada en vigor de la Ley Orgánica 5/2000, de la Responsabilidad Penal de los Menores

SUMARIO

INSTRUCCIÓN número 2/2000, de 27 de diciembre, sobre aspectos organizativos de las Secciones de Menores de las Fiscalías ante la entrada en vigor de la Ley Orgánica 5/2000, de la Responsabilidad Penal de los Menores

La Ley Orgánica 5/2000 que definitivamente finaliza con la provisionalidad existente en la materia, atribuye una gran responsabilidad al Ministerio Fiscal, lo que ha de interpretarse, como de otra manera no podía ser, como una prueba de la confianza que en nuestra Institución deposita el legislador, debido ello sin duda alguna a la brillante labor que vienen desarrollando sus miembros en cumplimiento de la función que al Fiscal se atribuye en la todavía vigente Ley de 1992.

Siendo la nueva ley sumamente avanzada en su conjunto, no por ello deja de plantear problemas, unos desde el punto de vista técnico-jurídico, otros afectan al sistema de organización y funcionamiento de las Fiscalías para poder atender a todas las novedades que la nueva ley introduce. Con el fin de contribuir a resolver los primeros recientemente se ha elaborado una Circular que obra ya en poder de las Fiscalías, respondiendo la presente Instrucción, complemento de aquella, a la misma finalidad respecto a los segundos.

El papel asignado en la nueva ley al fiscal, se resalta en su Exposición de Motivos, en su doble función de promover la acción de la justicia y la defensa de la legalidad, así como de los derechos de los menores, velando por el interés de estos. Por su parte, el artículo 6 define los principios que rigen la actuación del Ministerio Fiscal, configurándolo prioritariamente como Órgano defensor de los derechos que a los menores reconocen las leyes, al que se encomienda la vigilancia de que las actuaciones se efectúen en su interés y la observancia de las garantías del procedimiento, y todo ello desde la responsabilidad en la investigación de los hechos, el impulso del procedimiento que ha de instruir conforme al artículo 16.

La disposición final cuarta de la Ley Orgánica 5/2000, de 12 de enero, reguladora de la responsabilidad penal de los menores, dispone que en todas las Fiscalías existirá una Sección de Menores compuesta por miembros de la Carrera Fiscal, especialistas, con las dotaciones de funcionarios administrativos necesarios.

La entrada en vigor de la Ley Orgánica 4/1992, de 5 de junio, sobre reforma de la Ley reguladora de la competencia y el procedimiento de los Juzgados de Menores, ya determinó que las Fiscalías de mayor extensión y con mayor volumen de asuntos de reforma constituyeran Servicios de Menores para atender esta materia ante su especial régimen jurídico y sector de población a quien se aplica.

El número de fiscales adscritos a estos Servicios se ha ido adecuando, atendiendo tanto al volumen de procedimientos en tramitación como a la dedicación exclusiva o compartida con otros cometidos. En algunas Fiscalías estos fiscales se han venido encargando del despacho de los asuntos de Reforma y de los de Protección, lo que ha de considerarse sumamente positivo, siendo ello de otra parte lo aconsejable si las circunstancias lo permiten, ante las importantes vinculaciones de una y otra materia.

En Fiscalías más pequeñas, sin constituir propiamente una especialidad, el despacho de los procedimientos de Reforma se ha encomendado a fiscales concretos. Por último, solo algunas Adscripciones Permanentes de Fiscalías tramitan, en todo o en parte, procedimientos de menores por hechos cometidos en su ámbito territorial.

La especialidad de la reforma de menores, la necesidad de lograr una mejor preparación jurídica de los fiscales encargados ante los conflictos que se ventilan en estos procesos, y la necesaria unidad de actuación del Ministerio Fiscal, también en este campo, ha llevado a la programación y celebración de cursos de formación y perfeccionamiento para miembros de la Carrera Fiscal, de acuerdo con las previsiones establecidas en la Instrucción 5/1993 de la Fiscalía General del Estado sobre los Planes Anuales de Formación de Fiscales.

Pues bien, la realidad actual de existencia de Servicios de Menores en las Fiscalías pasa a recibir carta de naturaleza con la constitución formal de las Secciones de Menores en la Ley Orgánica 5/2000, pretendiendo su integración con fiscales especialistas, así como la adecuación de la plantilla de la carrera fiscal y del personal colaborador de la Administración de Justicia para atender a las necesidades orgánicas resultantes de su aplicación y del servicio a desarrollar.

La Ley exige la formación de fiscales especialistas en materia de menores, atribuyéndoles preferencia para desempeñar el cargo en las Secciones correspondientes de cada una de las Fiscalías, conforme a lo que establezcan las leyes y reglamentos. (Disposición final tercera y cuarta). Preferencia basada en la especialización, que en la reforma del Estatuto introducida por Ley 2/2000 de 28 de diciembre, se contempla desde una perspectiva funcional, al establecer que será valorada la realización de funciones anteriores, haber impartido o superado cursos, o haberse especializado de otra forma análoga en la materia. (art. 18.1).

Las medidas para ampliar las plantillas de ambos Cuerpos están siendo adoptadas por las Administraciones estatal y autonómica competentes, lo que deberá complementarse con la dotación de medios materiales que faciliten la eficaz intervención que nuestro Estatuto contempla.

Con base en la experiencia lograda con la Ley Orgánica 4/1992, y dictada la Circular 1/2000 sobre los criterios de aplicación de la nueva Ley, a través de la presente Instrucción se complementa su tratamiento con algunas cuestiones convenientes al funcionamiento interno de las Fiscalías, al control y registro de los procedimientos de menores en la oficina fiscal y otros aspectos organizativos de las Secciones, con el fin de velar en todo instante por el principio de unidad de actuación, consustancial a nuestro Ministerio.

En respuesta a lo anteriormente expuesto, se abordarán cuestiones como las relativas a las condiciones que han de reunir los fiscales que de tal materia se encarguen, la ubicación de tales Secciones, el papel que han de desempeñar los Secretarios o funcionarios habilitados para el desempeño de tales funciones, programas de informatización, libros que han de llevarse, diligencias preliminares y expedientes, custodia de los mismos, carpetillas que han de abrirse, extractos que han de elaborarse, visados, juntas de sección, guardias, comunicaciones con otras fiscalías, resolución de las discrepancias que puedan surgir, piezas de responsabilidad civil y ayuda a las víctimas de los delitos violentos y contra la libertad sexual.

A esta Instrucción se acompañarán sendos Anexos conteniendo relación de documentos normalizados de tramitación e incidentes del proceso de menores, así como cuadros estadísticos, y que además se integran en el programa informático que se ha elaborado y que sin duda serán de gran utilidad a los fiscales.

El establecimiento del nuevo marco jurídico para exigir responsabilidad penal a los menores de edad y los diversos cometidos atribuidos al Ministerio Fiscal, justifica las previsiones organizativas, así como las reformas legales expuestas anteriormente.

Si por las funciones tradicionalmente encomendadas, el Fiscal ha de velar porque la función jurisdiccional se ejerza eficazmente, conforme a las leyes en los términos y plazos en ellas señalados, esta eficacia ahora le es exigible al Ministerio Fiscal en la labor instructora que específicamente se le encomienda.

Pese a las dificultades de adaptación que el cambio legislativo supondrá, la preparación, dedicación y experiencia desarrollada durante estos años por los Fiscales, permitirá hacer frente al reto que la nueva ley supone para el Ministerio Público.

Secciones de Menores en las Fiscalías

Fiscales integrantes.

La ampliación del ámbito personal de la nueva ley y los nuevos cometidos legales del fiscal han determinado la ampliación de la Plantilla de la Carrera Fiscal para adscribir a este Servicio –que entrará en funcionamiento el día 14 de enero de 2001– los fiscales precisos para ser desempeñado con eficacia.

El número de plazas creadas asciende a 129, todas ellas de la categoría segunda, sin perjuicio de la posible creación de otras 19 en los primeros meses del año 2001, completando así el total de las 148 previstas, y de instar la Fiscalía General del Estado sucesivos aumentos si las necesidades así lo aconsejaren o impusieren.

La Ley 5/2000 exige que los fiscales sean especialistas, otorgándoles preferencia para desempeñar funciones en la Sección de Menores. El artículo 18.1 del Estatuto, reformado en virtud de la Ley 12/2000 de 28 de Diciembre dispone que a las Secciones sean adscritos los Fiscales de las respectivas plantillas con preferencia de los que se hayan especializado por haber realizado funciones anteriores de esta naturaleza, hayan impartido o superado cursos de esta materia, o de forma análoga se hayan especializado.

A estos efectos, el Fiscal Jefe ponderará la formación en la materia del fiscal y sus condiciones para intervenir en ella, tanto de los que actualmente desempeñan esas tareas como de los solicitantes para ocupar las nuevas plazas y desempeñar el cargo en la Sección de Menores.

Al tiempo de su constitución, cada Fiscalía deberá elaborar una Memoria de la situación en que comienzan a funcionar las correspondientes Secciones, tanto en lo que se refiere a instalaciones como a medios personales y materiales, debiendo remitir una copia de la misma, en el plazo de 10 días, a la Inspección Fiscal.

El Fiscal Jefe podrá designar un Fiscal entre los integrantes de la Sección de Menores que, además de ejercer los cometidos propios de cualquier fiscal, tendrá la responsabilidad de coordinar las actividades propias del Servicio. La coordinación se extenderá a los casos excepcionales de delegación y colaboración de las Adscripciones. Será de su responsabilidad organizar la distribución de trabajo entre los fiscales de la Sección, tras oír a sus integrantes y la aprobación del Fiscal Jefe. Regulará también el trabajo del personal colaborador, sin perjuicio de las funciones que al Secretario o funcionario habilitado correspondan.

Con arreglo al sistema organizativo de cada Fiscalía, las Secciones de Menores podrán seguir compartiendo actividades de Reforma y tareas de Protección. En Fiscalías con plantillas más reducidas, la Sección siempre estará constituida al menos por dos fiscales, para hacer frente a situaciones que pudieran derivarse de hipotéticos traslados de los fiscales encargados, permisos, enfermedad, etc. La dedicación podrá ser exclusiva o compartida con otras funciones, según las circunstancias concurrentes en cada Fiscalía lo aconsejen.

La aplicación de la Ley 5/2000, en lo que se refiere al sistema actual de distribución de trabajo de los fiscales, exigirá su modificación por el Fiscal Jefe, previo debate en las Juntas que para tal finalidad deberán celebrarse en las Fiscalías. El reparto de trabajo que se determine respetará los criterios de equidad entre todos los fiscales de los diversos Servicios de las Fiscalías y sus Adscripciones Permanentes. Por ello, la asignación al Servicio de Menores no impedirá que el Fiscal Jefe les atribuya otras funciones, lo que a la inversa también podrá ocurrir con los restantes fiscales de la plantilla. La Circular 1/2000 prevé, en este sentido, que la Sección de Menores no tenga necesariamente que ser la encargada de despachar los incidentes de revisión de condenas, sino el fiscal encargado de las ejecutorias de cada Jugado o Tribunal, lo que sin duda impulsará al conocimiento por todos los fiscales de la problemática de aplicación de las medidas susceptibles de ser impuestas a los menores.

Las Actas conteniendo los acuerdos adoptados en las Juntas, estableciendo el nuevo sistema de reparto de trabajo y la composición de los fiscales integrantes de las Secciones, serán remitidas con la mayor brevedad a la Inspección Fiscal.

Los fiscales asignados a las Secciones de Menores, deberán ser titulares. Excepcionalmente, en el supuesto de que en una Fiscalía el número de sustitutos fuere muy alto, podrán destinarse a tal Servicio fiscales de esta clase, exponiendo razonadamente los motivos a la Inspección, para recibir en su caso la correspondiente autorización, cesando tal situación a medida que en la Fiscalía de que se trate se vayan incorporando fiscales titulares. En ningún caso el número de fiscales sustitutos podrá ser superior al de la mitad de los que efectivamente integren la Sección.

Hasta pasado algún tiempo puede que no se conozca con exactitud la dimensión personal que deban alcanzar las correspondientes Secciones, porque es previsible la tramitación de un alto volumen de procedimientos de menores que se han de acomodar al régimen transitorio derivado de la atracción hacia su sistema de enjuiciamiento de procesos penales de mayores incoados antes de la entrada en vigor de la Ley Orgánica 5/2000, y también por los incidentes de revisión de sentencias. El transcurso del tiempo y el conocimiento práctico de los problemas que suscitará la intervención atribuida al fiscal en el nuevo procedimiento permitirá desvelar y fijar con mas rigor las necesidades de medios personales de cada Sección de Menores de las Fiscalías.

El secretario de las Secciones de Menores.

La modificación de los artículos 473 y 476 de la LOPJ (por Ley Orgánica 9/2000), supone el reconocimiento de la existencia de Secretarios en las Secciones de Menores de las Fiscalías, al establecer que aquellos ejercen la fe pública y asisten a los jueces, Tribunales y Secciones de Menores de las Fiscalías, ... correspondiéndoles la jefatura directa del personal de la Secretaría de que son titulares, con respeto a las potestades de organización atribuidas a los Fiscales Jefes.

Aunque el artículo 483 de la LOPJ regula la forma de sustitución de los Secretarios, estableciendo que los Secretarios de los Juzgados se sustituirán entre sí dentro del mismo orden jurisdiccional, y cuando no fuere esto posible o lo aconsejaren las necesidades del servicio, sustituirá al Secretario un Oficial, con preferencia de aquel que sea Licenciado en Derecho, la reforma de la LOPJ viene a implantar una especie intermedia de sustitución, con una peculiar asistencia conjunta del Secretario al Juzgado y a la Fiscalía. Concretamente en el apartado 4 del artículo 476, al regular la forma de cobertura de las plazas de Secretario en las Secciones de menores, se prevé que de no existir Secretario de estas Secciones, serán atendidas por los Secretarios de los Juzgados de Menores.

Esta solución en ningún caso debe ser obstáculo para que se pueda llevar a cabo la habilitación en un oficial de la Fiscalía, que se realizará en los términos prevenidos en el artículo 9 del Reglamento Orgánico del Cuerpo de Secretarios Judiciales.

Funciones.

Las funciones que les corresponde realizar, sin perjuicio de las que específicamente les encomiende el Fiscal Jefe respectivo, serán las recogidas en los artículos 279 y 473 de la LOPJ, y que se concretan en los artículos 6, 7,8, 9 y 10 del citado Reglamento.

Según el artículo 279, los Secretarios podrán expedir copias certificadas o testimonios de las actuaciones judiciales no secretas ni reservadas a las partes interesadas bajo su responsabilidad, con sujeción a lo establecido en las leyes.

Asimismo corresponderá a los Secretarios la práctica de las notificaciones y demás actos de comunicación y de cooperación judicial en la forma que determinen las leyes.

Por su parte, en el artículo 473.3 se dispone que a los Secretarios corresponde la guarda y depósito de la documentación, su archivo y la conservación de los bienes y objetos afectos a los expedientes judiciales, así como responden del debido depósito, en las instituciones legales, de cuantas cantidades y valores, consignaciones y fianzas se produzcan.

Igualmente estará a su cargo la confección de la estadística.

Cuantas referencias al ámbito de lo judicial se contienen en la LOPJ serán de aplicación en las actuaciones que realicen en las Fiscalías.

Presunción de autenticidad de las diligencias realizadas por el Fiscal en los procedimientos de menores.

La Circular de la Fiscalía General del Estado 1/89, de 8 de marzo, refiere que las diligencias de investigación del fiscal no precisan del aval del Secretario Judicial que de fe de ellas porque no han de hacer prueba, carecen del valor probatorio de las diligencias practicadas de forma contradictoria ante el Juez de Instrucción...

Por su parte, el Ministerio Fiscal –dice la Circular 1/2000– «no es un órgano jurisdiccional y, en consecuencia, no puede anticipar la prueba que ha de servir para fijar los hechos probados en sentencia; la única prueba de cargo eficaz para hacer exigible la responsabilidad penal es la que se practica en la vista oral de la audiencia, la instrucción del expediente constituye un mero trabajo preparatorio...».

Sin embargo, todas las diligencias que el Ministerio Fiscal practique o que se lleven a cabo bajo su dirección, gozan de presunción de autenticidad (art. 5 del Estatuto). Esta presunción quiere decir que las diligencias gozan del beneficio de la verdad formal, hace fe de la realización efectiva de las diligencias y que su resultado es el que consta reflejado documentalmente, pero no hace fe de la verdad material, no obliga a que se tenga que tomar necesariamente como cierto su contenido material, quedando siempre sometido a la apreciación judicial (Circular 1/89).

Por tanto, ante la previsión del artículo 5 del Estatuto, no modificada en sus términos por la Ley 5/2000, y que se mantiene en la nueva redacción que del mismo hace la Ley 12/2000, que lo reforma, las diligencias de procedimientos de menores, necesariamente han de ser practicadas siempre ante el Fiscal instructor, y no requerirá para su validez de la intervención de ningún otro funcionario, debiendo observarse en la forma de esos actos todas las garantías legales

No obstante, en determinadas actuaciones de la instrucción del expediente de menores, (diligencias de reconocimiento, inspecciones oculares...). la presencia de Secretario puede adquirir otra dimensión.

El personal auxiliar en las Secciones de Menores.

La Sección de Menores estará apoyada por personal colaborador que realizará las tareas propias de su puesto necesarias para atender los servicios (art. 488 LOPJ).

Los oficiales realizarán funciones de tramitación de asuntos, actos de comunicación, elaboración de actas y diligencias de constancia...; los auxiliares funciones de colaboración en el desarrollo general de la tramitación, registro en libros o medios informáticos, actos de comunicación, sustitución en tareas del oficial...; los agentes funciones de comunicación, porteo, análogas...

El personal colaborador deberá dar cuenta al Fiscal de los escritos y documentos que se presenten en los expedientes o diligencias preliminares de las que estén encargados, correspondiéndoles la llevanza de libros y registros, documentación e igualmente la conservación de las actuaciones, responsabilizándose de la autenticidad de los hechos o actos que acrediten (art. 282.2 LOPJ).

Especial cuidado deberá adoptarse ante la recepción de escritos en las secretarías de las Secciones de Menores, pues la firma del acuse de recibo por un miembro del personal auxiliar de la Fiscalía es suficiente para acreditar la fecha en que la comunicación se ha recibido. (Consulta 3/1994, de 29 noviembre, sobre notificaciones por correo al Ministerio Fiscal).

El personal colaborador bajo cuya custodia se encuentren los expedientes, previa autorización expresa o tácita del fiscal de acuerdo con las instrucciones que haya recibido, y salvo impedimento por haberse acordado el secreto, será el encargado de «dar vista del expediente» al letrado designado para la defensa del menor o perjudicado (art. 23.2 y 25 Ley), mediante visualización directa en dependencias de la oficina fiscal, o entregando copia de lo actuado.

Programa informático.

Para dar soporte técnico a la gestión de los expedientes que se han de tramitar en las Secciones de Menores, se ha diseñado un programa informático, estando previsto diseñar una aplicación integral de Juzgados y Fiscalías. Básicamente el programa, que se ha elaborado con la colaboración de Jueces y Fiscales designados por el Consejo General del Poder Judicial y la Fiscalía General del Estado, realizará las siguientes funciones:

– Registro y mantenimiento de asuntos.

– Tramitación informatizado de expedientes y piezas.

- Control de impulso procesal.
- Consultas.
- Expedición de libros, estadísticas y listados.

El sistema seguido para desarrollar el programa informático se ha basado en las líneas generales trazadas en la Circular 1/2000 de la FGE, por lo que responde a las necesidades que *a priori* se van a presentar en la Fiscalías, sin perjuicio de que puedan introducirse las correcciones y mejoras que resulten de su funcionamiento diario, para lo que se constituirá una Comisión de Control y Seguimiento del funcionamiento de la aplicación que reúna y valore las modificaciones propuestas al actual programa.

La necesidad de establecer un funcionamiento homogéneo en todas las Fiscalías, asegurando la plena aplicación del principio de unidad de actuación en una actividad que en muchos aspectos hay que considerar una novedad en nuestra legislación, requiere disponer de una herramienta que facilite a los fiscales un conocimiento puntual del estado de los procedimientos que tramitan, que permita a los Fiscales Jefes el control del funcionamiento de la Sección, y a la Fiscalía General del Estado el de todas las Fiscalías. Por ello es preciso que cualquiera que sea el sistema informático utilizado en cada territorio, se garantice un sistema de comunicaciones capaz de proporcionar esta información de manera inmediata.

Además, para poder cumplir con esta exigencia, una vez implantado el sistema informático, toda la gestión de las Secciones de Menores deberá realizarse con este tipo de soporte, debiendo los Fiscales Jefes responsabilizarse de su correcta utilización.

Libros que llevarán las Secciones de Menores de las Fiscalías.

Cada Sección de Menores llevará:

- Libro de diligencias preliminares.
- Libro de expedientes.
- Libro de expedientes de derecho transitorio.
- Libro de registro del auxilio fiscal.
- Libro de menores sujetos a medidas.
- Libro de piezas de convicción.
- Libro de consignaciones y cuentas.
- Libro de actas.

Los Libros podrán revestir la forma convencional cuando no se hayan implantado medios informáticos. Además, se conservarán debidamente archivadas las copias de las actas de las visitas a los Centros de Internamiento.

Ubicación de las Secciones de Menores.

Las Secciones de Menores radicarán en las capitales sedes de las Fiscalías. Aunque razones prácticas determinan centralizar a través de las Secciones la intervención del Fiscal en materia de Reforma, excepcionalmente puede convenir la delegación de determinadas intervenciones de esta naturaleza en los fiscales de las Adscripciones. El reconocimiento de la realidad insular –la mayoría con Adscripciones de Fiscalía–, y las Ciudades Autónomas de Ceuta y Melilla, obliga especialmente en estos casos a conferirles atribuciones propias de los fiscales asignados al Servicio centralizado.

Consecuencia de lo anterior, parece procedente que a la Sección se asignen fiscales con destino en la capital sede de la Fiscalía, aunque excepcionalmente podrán serlo fiscales destinados en Adscripción, y siempre sin perjuicio de la colaboración que deban prestar a la Sección de Menores desde las Adscripciones Permanentes cuando sea preciso.

Tratamiento de algunos aspectos de la dirección personal en la investigación e instrucción por el Fiscal

Las diligencias preliminares y los expedientes.

La recepción en la Sección de Menores de denuncias en que aparezcan implicados menores, testimonios de procedimientos judiciales, o procedimientos penales en curso a que se refiere la disposición transitoria única regla 6 párrafo 1.º, determinará siempre la incoación –mediante decreto– de diligencias preliminares y su correspondiente registro en el programa informático. Por medio de nuevos decretos el Fiscal decidirá sobre la admisión o no a trámite, y sobre la continuación de la tramitación. La carátula de las diligencias preliminares o del expediente dejará constancia de sus datos de numeración, hechos y nombre del menor o menores.

Las actuaciones de la Fiscalía en materia de Derecho Transitorio y Auxilio Fiscal, se registrarán como tales en la aplicación informática. Excepcionalmente y cuando la documentación recibida no guarde relación alguna con las anteriores materias, o se trate de comunicaciones de tipo gubernativo ajenas a cualquier proceso, su registro se realizará del modo especialmente previsto en la aplicación informática para «asuntos de otra naturaleza».

Cuando la autoridad policial curse al Ministerio Fiscal, la comunicación sobre detención y lugar de custodia de los menores (art. 17), se procederá a la apertura de diligencias preliminares por la Sección de Menores, quedando estas diligencias a la espera de la recepción del atestado policial.

El control directo de las diligencias preliminares y expedientes será responsabilidad de los fiscales de la Sección que los dirigen e instruyen, correspondiéndoles su impulso (art. 6) para evitar dilaciones indebidas con lesión del derecho ciudadano a la tutela judicial efectiva, sin perjuicio de la colaboración que deba prestar el personal auxiliar.

Custodia de los expedientes.

Los procesos de reforma de menores en tramitación se custodiarán siempre en dependencias de la oficina fiscal. Al expediente se incorporará cuanta documentación referente al mismo se produzca o reciba (acuses de recibo, copias de las resoluciones, y en especial las adoptadas en las piezas separadas de los expedientes...), debiendo también quedar unidas las copias fechadas de cuantos oficios se ordenen cursar. Especialmente se cuidará la incorporación a las diligencias preliminares del acuse de recibo notificando al perjudicado su archivo (art. 16.2.de la Ley 5/2000), o la remisión de testimonio a la entidad pública de protección de menores (art. 3).

La tarea de documentación y conservación de las actuaciones exigirá que los procedimientos de menores (diligencias preliminares y expedientes) a lo largo de su instrucción sean debidamente foliados o numerados para mantener su adecuada y rigurosa ordenación, especialmente antes de «dar vista del expediente», en el trámite de audiencia del perjudicado (párrafo 8 del art. 25) o de remitirlo concluso al órgano judicial.

El «expediente personal» del artículo 20 de la Ley.

Cada Sección de Menores dispondrá en Secretaria de un fichero informático individualizado de cada uno de los menores sometidos en su territorio a expediente o a diligencias preliminares en que se haya desistido de la incoación de expediente (art. 18 de la Ley). El «expediente personal» del menor, recogerá sus datos de identidad y de todos los procedimientos –en tramitación o concluidos– que tenga abiertos, así como la resolución y medidas adoptadas.

Las carpetillas.

La Secretaria de la Sección de Menores abrirá una carpetilla de organización interna, al menos, desde el momento de remisión de los expedientes al Juzgado. En ella se hará constar, además de los datos del expediente, la intervención del fiscal en la fase de instrucción y en la posterior de audiencia. En el interior de la carpetilla se guardará copia del escrito de alegaciones, del informe del equipo técnico, de cuantos documentos se considere oportuno conservar y del extracto de pruebas. En casos de acumulación por conexidad en un solo expediente, se dictarán los oportunos decretos de acumulación, y se anotarán tales circunstancias en carpetillas, y libros u ordenador.

Extractos.

A efectos internos, y de igual manera que para los procesos de mayores, los fiscales deberán confeccionar extractos con un somero resumen de la prueba de los expedientes de menores cuando se confecciona el escrito de alegaciones. La finalidad que se persigue con este resumen es facilitar el conocimiento de la prueba practicada en el expediente al fiscal de la Sección o Fiscalía que asistirá a la audiencia, como recuerda la Instrucción 1/1987 y dispone el artículo 116 del Reglamento. El extracto debe gozar de claridad, pudiendo acompañarse de copias de diversa documentación (atestado, declaraciones...) además de la del informe del equipo técnico..., pero en este caso, para permitir una adecuada y rápida comprensión de las pruebas, el fiscal deberá destacar los apartados o párrafos de las fotocopias que sean procedentes.

Visados y Consultas.

Deben ser visados los escritos de alegaciones de los expedientes de menores, de igual forma que se viene haciendo con las calificaciones de los procesos de mayores. El deber de visado, que se llevará a cabo de acuerdo con las estructuras organizativas de cada Fiscalía, y normalmente por el Fiscal Jefe, en las Secciones de Menores de grandes Fiscalías –con importante volumen de trabajo y numerosos componentes de plantilla– podrá ser delegado.

Caso de disentirse del visado del Fiscal responsable de la Sección, se podrá acudir al Fiscal Jefe para que este resuelva definitivamente, como previene la Instrucción de la Fiscalía General del Estado 1/1987, de 30 de Enero, sobre «normas de funcionamiento interno del Ministerio Fiscal».

El sometimiento a visado debe extenderse a los proyectos de decreto en los que el fiscal decida solicitar el sobreseimiento del expediente. También resulta conveniente realizarlo en los supuestos de desistimiento de la incoación del expediente por corrección en el ámbito educativo y familiar (art. 18 de la Ley Orgánica 5/2000).

En estos últimos casos los acuerdos adoptados por los Fiscales deberán recoger motivación suficientemente justificadora de la decisión o pedimento, evitando escuetos y formularios dictámenes, exigencia de motivación establecida para los procesos de mayores en la Instrucción de la Fiscalía General del Estado 3/1993, de 16 de marzo.

Deberá quedar constancia del visado –reflejando la fecha en que se realizan– en las copias o borradores de los escritos, que se guardarán en las carpetillas abiertas a los expedientes, sin que tal intervención de control, cuya práctica resultará especialmente conveniente en los primeros momentos de aplicación de la Ley, deba suponer retardo en la tramitación de los procedimientos.

Juntas de Fiscales de las Secciones de Menores.

Su práctica debe servir para establecer criterios de actuación uniformes sobre cuantos temas se considere procedente relativos al ejercicio de la función u organización. Este mecanismo propiciará soluciones flexibles especialmente útiles en la materia que estamos analizando, donde debe primar la actuación en interés del menor, todo ello sin perjuicio del planteamiento de la consulta correspondiente al Fiscal Jefe, y en su caso, a la Fiscalía General del Estado.

Entre los criterios generales que deben discutirse en Junta, y a los que han de acomodarse los Fiscales de las Secciones de Menores en sus pautas de actuación, se halla la promoción de soluciones consensuadas que como recoge la Circular 1/1989, de 8 de marzo, de la Fiscalía General del Estado, sobre el procedimiento abreviado, deben discutirse y establecerse en Juntas, valorando la problemática específica de la criminalidad en el territorio y la flexibilidad requerida en su ejecución ante el caso concreto, dentro de los criterios generales acordados.

Especialmente resulta conveniente fijar criterios uniformes para adoptar las soluciones previstas en los artículos 18 y 19 de la Ley,

Guardias.

El servicio de guardia se prestará por los fiscales conforme a las directrices que el Fiscal Jefe imparta, que tendrá en cuenta la normativa sobre guardias establecida para cada Fiscalía. Podrán desempeñarlo tanto los Fiscales de la propia Sección como los del resto de plantilla de la Fiscalía.

En todo caso la organización interna de cada Fiscalía deberá garantizar la disponibilidad de los fiscales para atender de inmediato la puesta a disposición de los detenidos, contando igualmente con el personal colaborador preciso, teniendo en cuenta que el menor detenido debe permanecer en esta situación el tiempo estrictamente necesario a los fines de la investigación. (art. 17.4 y 5).

En las Fiscalías se adoptarán las medidas organizativas que aseguren la presencia efectiva de un miembro del Ministerio Fiscal en las declaraciones de menores detenidos cuando no estén presentes sus padres, tutores o guardadores, distinto del que sea o vaya a ser instructor del expediente. Esta presencia también tendrá lugar cuando el fiscal instructor tome declaración al menor detenido. (art. 17.2).

Habeas corpus.

Cuando se formulen solicitudes de «habeas corpus» por menores detenidos gubernativamente o privados de libertad estando a disposición del fiscal de menores, intervendrá informando su substanciación el fiscal adscrito al Juzgado de Instrucción competente (art. 17.6).

Los Fiscales cuidarán del respeto a las garantías de los menores detenidos que se recogen en el artículo 17 de la Ley, y especialmente de los tiempo máximos de detención previstos en el precepto.

Control de menores con medidas cautelares.

Un registro específico se establecerá para control de los menores contra los que se acuerde medidas cautelares durante la tramitación del expediente, sean constitutivas o no de privación de libertad (art. 28).

El fiscal instructor, responsable del seguimiento de la situación personal del menor, dará tramitación preferente al expediente con menor sometido a medidas, y se reflejará en su carátula inicial la medida cautelar adoptada, agilizándolo especialmente cuando esta sea la de internamiento (Instrucción 1/1993, de 16 marzo, sobre líneas de actuación del Ministerio Fiscal en el procedimiento de la Ley 4/1992).

Comunicaciones con otras Fiscalías.

El auxilio necesario para la práctica de diligencias acordadas en el curso de un proceso de menores y que hayan de efectuarse en territorio de otra Fiscalía, se solicitará directamente de su Sección de Menores, a través de cualquier medio de comunicación, incluso el telefónico. Se solicitarán a través de las respectivas Secciones de Menores la práctica de diligencias acordadas en un proceso de menores que hayan de realizarse en territorio de otra Fiscalía.

El auxilio, se insiste, se instará a través de cualquier medio de comunicación, de manera que quede suficientemente acreditada su procedencia. En el menor tiempo posible y debidamente se remitirá lo cumplimentado, recordándose en su caso la pendencia. Quedará constancia de la petición y del auxilio fiscal prestado mediante las oportunas anotaciones en los libros de auxilio fiscal que abrirán las Secciones de Menores.

Para evitar dilaciones, los fiscales adscritos a los Juzgados de Instrucción cuidarán que ante resoluciones judiciales de inhibición, por cometer los hechos investigados personas a las que es de aplicación la Ley Orgánica 5/2000, se disponga la remisión de los procedimientos penales directamente a las Fiscalías en vez de a los Juzgados de Menores.

El informe del Equipo Técnico.

El oficio con el requerimiento para la elaboración del informe se dirigirá por el fiscal instructor directamente al Equipo Técnico, sin mediar intervención alguna del Juzgado de Menores. En su caso se remitirá copia de la documentación del expediente que resulte precisa para facilitar su confección. El informe original se incorporará por el fiscal instructor al expediente, remitiendo copia al Juez de Menores y al letrado del menor (art. 27).

Resolución de discrepancias.

De suscitarse controversia entre dos Secciones de Menores de diferentes Fiscalías, por razón de la competencia para conocer de los hechos objeto de unas diligencias preliminares de reforma, de no existir acuerdo en sus comunicaciones, sin perjuicio de continuar la tramitación quién estuviere conociendo, se remitirá copia de ella con informe para su resolución, al Fiscal Jefe de la Fiscalía del Tribunal Superior de Justicia, si la misma fuera órgano fiscal superior común de ambas Secciones. De lo contrario, la remisión se efectuará a la Fiscalía General del Estado.

Visitas a los Centros de cumplimiento de medidas de internamiento y control de menores ingresados.

Las Secretarías de las Secciones de Menores conservarán debidamente archivadas las actas, aun breves, que se levanten ante las visitas que los Fiscales periódicamente realizarán a los centros o establecimientos de internamiento de menores de su respectivo territorio, sean de régimen cerrado, semiabierto, abierto, terapéutico (arts. 4.2 Estatuto y 7 Ley 5/2000), estableciéndose un sistema de fichas para posibilitar el control activo del Ministerio Fiscal sobre los menores ingresados en ejecución de medidas impuestas.

Piezas de Responsabilidad civil.

La intervención del Ministerio Fiscal en la pieza de responsabilidad civil (arts. 61 y 62) quedará reflejada a través de la carpetilla inicialmente abierta al expediente o a las diligencias informativas en el caso del artículo 18, guardándose en su interior las copias de los escritos que presente el Fiscal o que le den traslado y de la resolución judicial definitiva.

Ayuda a las víctimas de delitos violentos y contra la libertad sexual.

Durante la fase de instrucción de los expedientes, cuidarán los fiscales de cumplimentar, cuando fuera procedente, la información de auxilios económicos, y de asegurar la incorporación al expediente de los elementos de prueba relativos a la realidad de los daños físicos y psíquicos sufridos por los agraviados para hacer posible la aplicación de la Ley 35/1995, de 11 de diciembre, tal como dispone la Circular 2/1998 de la Fiscalía General del Estado, sobre ayudas a las víctimas de delitos violentos y contra la libertad sexual. Igualmente adoptarán en su caso las previsiones protectoras establecidas en la Ley de Protección de Peritos y Testigos (Ley Orgánica 19/94).

Tratamiento de la normativa de Reforma de Menores en las Memorias.

La actividad del Ministerio Fiscal en materia de reforma de menores, y el funcionamiento de las Secciones de Menores de las Fiscalías, será objeto de obligado tratamiento en las Memorias de las Fiscalías para su ulterior reflejo en la Memoria de la Fiscalía General del Estado, lo que permitirá conocer los problemas suscitados, el alcance de sus causas y las dificultades que pueden encontrarse en la ley y el procedimiento. Igualmente se confeccionará una estadística empleando los documentos-modelo que se adjuntan. Estos datos serán también objeto de examen preceptivo en las Memorias

Semestralmente deberá remitirse comunicación a la Inspección de la Fiscalía General del Estado con los datos estadísticos disponibles, a fin de conocer el alcance de las diligencias preliminares y expedientes incoados por las Secciones de Menores de las Fiscalías y su evolución, especificando su estado de actualización, así como cuantas sugerencias estime de interés VE/VI, sobre los problemas surgidos en la aplicación de la Ley para lograr más eficazmente el resultado que pretende esta Instrucción.

Excepcionalmente, para evaluar el funcionamiento de las Secciones y la carga de trabajo que pese sobre ellas, se remitirá a la Inspección Fiscal, antes del 28 de febrero de 2001 un resumen de las incidencias surgidas durante el primer mes de vigencia de la Ley a fin de poder afrontar las carencias que puedan haberse planteado, sin perjuicio de que si se produjeran deficiencias notables, que dificulten la correcta intervención del Ministerio Fiscal, se pongan inmediatamente en conocimiento de la Fiscalía General para procurar solventarlas con la mayor urgencia posible.

III. TEXTOS INTERNACIONALES

NACIONES UNIDAS

- Convención sobre los Derechos del Niño.
  Adoptada por la Asamblea General de las Naciones Unidas el 20 de noviembre de 1989 y ratificada por España el 30 de noviembre de 1990 («Boletín Oficial del Estado» número 313, de 31 de diciembre).
- Reglas mínimas de las Naciones Unidas para la administración de la justicia de menores («Reglas de Beijing»).
  Adoptadas por la Asamblea General en su Resolución 40/33 de 28 de noviembre de 1985.
- Reglas mínimas de las Naciones Unidas para la protección de los menores privados de libertad.
  Adoptadas por la Asamblea General en su Resolución 45/113, de 14 de diciembre de 1990.

CONSEJO DE EUROPA

- Recomendación número R(87)20 del Comité de Ministros a los Estados Miembros sobre las reacciones sociales ante la delincuencia juvenil.
  Adoptada por el Comité de Ministros el 17 de septiembre de 1987, durante la 410.ª reunión de los Delegados de los Ministros.

NACIONES UNIDAS

Convención sobre los Derechos del Niño (*)

PREÁMBULO

Los Estados Partes en la presente Convención,

Considerando que, de conformidad con los principios proclamados en la Carta de las Naciones Unidas, la libertad, la justicia y la paz en el mundo se basan en el reconocimiento de la dignidad intrínseca y de los derechos iguales e inalienables de todos los miembros de la familia humana,

Teniendo presente que los pueblos de las Naciones Unidas han reafirmado en la Carta su fe en los derechos fundamentales del hombre y en la dignidad y el valor de la persona humana, y que han decidido promover el progreso social y elevar el nivel de vida dentro de un concepto más amplio de la libertad,

Reconociendo que las Naciones Unidas han proclamado y acordado en la Declaración Universal de Derechos Humanos y en los pactos internacionales de derechos humanos, que toda persona tiene todos los derechos y libertades enunciados en ellos, sin distinción alguna, por motivos de raza, color, sexo, idioma, religión, opinión política o de otra índole, origen nacional o social, posición económica, nacimiento o cualquier otra condición,

Recordando que en la Declaración Universal de Derechos Humanos las Naciones Unidas proclamaron que la infancia tiene derecho a cuidados y asistencia especiales,

Convencidos de que la familia, como grupo fundamental de la sociedad y medio natural para el crecimiento y el bienestar de todos sus miembros, y en particular de los niños, debe recibir la protección y asistencia necesarias para poder asumir plenamente sus responsabilidades dentro de la comunidad,

Reconociendo que el niño, para el pleno y armonioso desarrollo de su personalidad, debe crecer en el seno de la familia, en un ambiente de felicidad, amor y comprensión,

Considerando que el niño debe estar plenamente preparado para una vida independiente en sociedad y ser educado en el espíritu de los ideales proclamados en la Carta de las Naciones Unidas y, en particular, en un espíritu de paz, dignidad, tolerancia, libertad, igualdad y solidaridad,

Teniendo presente que la necesidad de proporcionar al niño una protección especial ha sido enunciada en la Declaración de Ginebra de 1924 sobre los Derechos del Niño y en la Declara-

(*) Adoptada por la Asamblea General de las Naciones Unidas el 20 de noviembre de 1989 y ratificada por España el 30 de noviembre de 1990 («Boletín Oficial del Estado» número 313, de 31 de diciembre).

ción de los Derechos del Niño adoptada por la Asamblea General el 20 de noviembre de 1959, y reconocida en la Declaración Universal de Derechos Humanos, en el Pacto Internacional de Derechos Civiles y Políticos (en particular, en los arts. 23 y 24), en el Pacto Internacional de Derechos Económicos, Sociales y Culturales (en particular, en el artículo 10) y en los estatutos e instrumentos pertinentes de los organismos especializados y de las organizaciones internacionales que se interesan en el bienestar del niño,

Teniendo presente que, como se indica en la Declaración de los Derechos del Niño, «el niño, por su falta de madurez física y mental, necesita protección y cuidado especiales, incluso la debida protección legal, tanto antes como después del nacimiento»,

Recordando lo dispuesto en la Declaración sobre los principios sociales y jurídicos relativos a la protección y el bienestar de los niños, con particular referencia a la adopción y la colocación en hogares de guarda, en los planos nacional e internacional; las Reglas mínimas de las Naciones Unidas para la administración de la justicia de menores (Reglas de Beijing); y la Declaración sobre la protección de la mujer y el niño en estados de emergencia o de conflicto armado,

Reconociendo que en todos los países del mundo hay niños que viven en condiciones excepcionalmente difíciles y que esos niños necesitan especial consideración,

Teniendo debidamente en cuenta la importancia de las tradiciones y los valores culturales de cada pueblo para la protección y el desarrollo armonioso del niño,

Reconociendo la importancia de la cooperación internacional para el mejoramiento de las condiciones de vida de los niños en todos los países, en particular en los países en desarrollo,

Han convenido en lo siguiente:

PARTE I

Artículo 1

Para los efectos de la presente Convención, se entiende por niño todo ser humano menor de dieciocho años de edad, salvo que, en virtud de la ley que le sea aplicable, haya alcanzado antes la mayoría de edad.

Artículo 2

1. Los Estados Partes respetarán los derechos enunciados en la presente Convención y asegurarán su aplicación a cada niño sujeto a su jurisdicción, sin distinción alguna, independientemente de la raza, el color, el sexo, el idioma, la religión, la opinión política o de otra índole, el origen nacional, étnico o social, la posición económica, los impedimentos físicos, el nacimiento o cualquier otra condición del niño, de sus padres o de sus representantes legales.

2. Los Estados Partes tomarán todas las medidas apropiadas para garantizar que el niño se vea protegido contra toda forma de discriminación o castigo por causa de la condición, las actividades, las opiniones expresadas o las creencias de sus padres, o sus tutores o de sus familiares.

Artículo 3

1. En todas las medidas concernientes a los niños que tomen las instituciones públicas o privadas de bienestar social, los tribunales, las autoridades administrativas o los ór-

ganos legislativos, una consideración primordial a que se atenderá será el interés superior del niño.

2. Los Estados Partes se comprometen a asegurar al niño la protección y el cuidado que sean necesarios para su bienestar, teniendo en cuenta los derechos y deberes de sus padres, tutores u otras personas responsables de él ante la ley y, con ese fin, tomarán todas las medidas legislativas y administrativas adecuadas.

3. Los Estados Partes se asegurarán de que las instituciones, servicios y establecimientos encargados del cuidado o la protección de los niños cumplan las normas establecidas por las autoridades competentes, especialmente en materia de seguridad, sanidad, número y competencia de su personal, así como en relación con la existencia de una supervisión adecuada.

Artículo 4

Los Estados Partes adoptarán todas las medidas administrativas, legislativas y de otra índole para dar efectividad a los derechos reconocidos en la presente Convención. En lo que respecta a los derechos económicos, sociales y culturales, los Estados Partes adoptarán esas medidas hasta el máximo de los recursos de que dispongan y, cuando sea necesario, dentro del marco de la cooperación internacional.

Artículo 5

Los Estados Partes respetarán las responsabilidades, los derechos y los deberes de los padres o, en su caso, de los miembros de la familia ampliada o de la comunidad, según establezca la costumbre local, de los tutores u otras personas encargadas legalmente del niño de impartirle, en consonancia con la evolución de sus facultades, dirección y orientación apropiadas para que el niño ejerza los derechos reconocidos en la presente Convención.

Artículo 6

1. Los Estados Partes reconocen que todo niño tiene el derecho intrínseco a la vida.

2. Los Estados Partes garantizarán en la máxima medida posible la supervivencia y el desarrollo del niño.

Artículo 7

1. El niño será inscrito inmediatamente después de su nacimiento y tendrá derecho desde que nace a un nombre, a adquirir una nacionalidad y, en la medida de lo posible, a conocer a sus padres y a ser cuidado por ellos.

2. Los Estados Partes velarán por la aplicación de estos derechos de conformidad con su legislación nacional y las obligaciones que hayan contraído en virtud de los instrumentos internacionales pertinentes en esta esfera, sobre todo cuando el niño resultara de otro modo apátrida.

Artículo 8

1. Los Estados Partes se comprometen a respetar el derecho del niño a preservar su identidad, incluidos la nacionalidad, el nombre y las relaciones familiares de conformidad con la ley sin injerencias ilícitas.

2. Cuando un niño sea privado ilegalmente de algunos de los elementos de su identidad o de todos ellos, los Estados Partes deberán prestar la asistencia y protección apropiadas con miras a restablecer rápidamente su identidad.

Artículo 9

1. Los Estados Partes velarán por que el niño no sea separado de sus padres contra la voluntad de éstos, excepto cuando, a reserva de revisión judicial, las autoridades competentes determinen, de conformidad con la ley y los procedimientos aplicables, que tal separación es necesaria en el interés superior del niño. Tal determinación puede ser necesaria en casos particulares, por ejemplo, en los casos en que el niño sea objeto de maltrato o descuido por parte de sus padres o cuando éstos viven separados y debe adoptarse una decisión acerca del lugar de residencia del niño.

2. En cualquier procedimiento entablado de conformidad con el párrafo 1 del presente artículo, se ofrecerá a todas las partes interesadas la oportunidad de participar en él y de dar a conocer sus opiniones.

3. Los Estados Partes respetarán el derecho del niño que esté separado de uno o de ambos padres a mantener relaciones personales y contacto directo con ambos padres de modo regular, salvo si ello es contrario al interés superior del niño.

4. Cuando esa separación sea resultado de una medida adoptada por un Estado Parte, como la detención, el encarcelamiento, el exilio, la deportación o la muerte (incluido el fallecimiento debido a cualquier causa mientras la persona esté bajo la custodia del Estado) de uno de los padres del niño, o de ambos, o del niño, el Estado Parte proporcionará, cuando se le pida, a los padres, al niño o, si procede, a otro familiar, información básica acerca del paradero del familiar o familiares ausentes, a no ser que ello resultase perjudicial para el bienestar del niño. Los Estados Partes se cerciorarán, además, de que la presentación de tal petición no entrañe por sí misma consecuencias desfavorables para la persona o personas interesadas.

Artículo 10

1. De conformidad con la obligación que incumbe a los Estados Partes a tenor de lo dispuesto en el párrafo 1 del artículo 9, toda solicitud hecha por un niño o por sus padres para entrar en un Estado Parte o para salir de él a los efectos de la reunión de la familia será atendida por los Estados Partes de manera positiva, humanitaria y expeditiva. Los Estados Partes garantizarán, además, que la presentación de tal petición no traerá consecuencias desfavorables para los peticionarios ni para sus familiares.

2. El niño cuyos padres residan en Estados diferentes tendrá derecho a mantener periódicamente, salvo en circunstancias excepcionales, relaciones personales y contactos directos con ambos padres. Con tal fin, y de conformidad con la obligación asumida por los Estados Partes en virtud del párrafo 1 del artículo 9, los Estados Partes respetarán el derecho del niño y de sus padres a salir de cualquier país, incluido el propio, y de entrar en su propio país. El derecho de salir de cualquier país estará sujeto solamente a las restricciones estipuladas por ley y que sean necesarias para proteger la seguridad nacional, el orden público, la salud o la moral públicas o los derechos y libertades de otras personas y que estén en consonancia con los demás derechos reconocidos por la presente Convención.

Artículo 11

1. Los Estados Partes adoptarán medidas para luchar contra los traslados ilícitos de niños al extranjero y la retención ilícita de niños en el extranjero.

2. Para este fin, los Estados Partes promoverán la concertación de acuerdos bilaterales o multilaterales o la adhesión a acuerdos existentes.

Artículo 12

1. Los Estados Partes garantizarán al niño que esté en condiciones de formarse un juicio propio, el derecho de expresar su opinión libremente en todos los asuntos que afectan al niño, teniéndose debidamente en cuenta las opiniones del niño, en función de la edad y madurez del niño.

2. Con tal fin, se dará en particular al niño oportunidad de ser escuchado, en todo procedimiento judicial o administrativo que afecte al niño, ya sea directamente o por medio de un representante o de un órgano apropiado, en consonancia con las normas de procedimiento de la ley nacional.

Artículo 13

1. El niño tendrá derecho a la libertad de expresión; ese derecho incluirá la libertad de buscar, recibir y difundir informaciones e ideas de todo tipo, sin consideración de fronteras, ya sea oralmente, por escrito o impresas, en forma artística o por cualquier otro medio elegido por el niño.

2. El ejercicio de tal derecho podrá estar sujeto a ciertas restricciones, que serán únicamente las que la ley prevea y sean necesarias:

a) Para el respeto de los derechos o la reputación de los demás; o

b) Para la protección de la seguridad nacional o el orden público o para proteger la salud o la moral públicas.

Artículo 14

1. Los Estados Partes respetarán el derecho del niño a la libertad de pensamiento, de conciencia y de religión.

2. Los Estados Partes respetarán los derechos y deberes de los padres y, en su caso, de los representantes legales, de guiar al niño en el ejercicio de su derecho de modo conforme a la evolución de sus facultades.

3. La libertad de profesar la propia religión o las propias creencias estará sujeta únicamente a las limitaciones prescritas por la ley que sean necesarias para proteger la seguridad, el orden, la moral o la salud públicos o los derechos y libertades fundamentales de los demás.

Artículo 15

1. Los Estados Partes reconocen los derechos del niño a la libertad de asociación y a la libertad de celebrar reuniones pacíficas.

2. No se impondrán restricciones al ejercicio de estos derechos distintas de las establecidas de conformidad con la ley y que sean necesarias en una sociedad democrática, en interés

de la seguridad nacional o pública, el orden público, la protección de la salud y la moral públicas o la protección de los derechos y libertades de los demás.

Artículo 16

1. Ningún niño será objeto de injerencias arbitrarias o ilegales en su vida privada, su familia, su domicilio o su correspondencia ni de ataques ilegales a su honra y a su reputación.

2. El niño tiene derecho a la protección de la ley contra esas injerencias o ataques.

Artículo 17

Los Estados Partes reconocen la importante función que desempeñan los medios de comunicación y velarán por que el niño tenga acceso a información y material procedentes de diversas fuentes nacionales e internacionales, en especial la información y el material que tengan por finalidad promover su bienestar social, espiritual y moral y su salud física y mental. Con tal objeto, los Estados Partes:

a) Alentarán a los medios de comunicación a difundir información y materiales de interés social y cultural para el niño, de conformidad con el espíritu del artículo 29;

b) Promoverán la cooperación internacional en la producción, el intercambio y la difusión de esa información y esos materiales procedentes de diversas fuentes culturales, nacionales e internacionales;

c) Alentarán la producción y difusión de libros para niños;

d) Alentarán a los medios de comunicación a que tengan particularmente en cuenta las necesidades lingüísticas del niño perteneciente a un grupo minoritario o que sea indígena;

e) Promoverán la elaboración de directrices apropiadas para proteger al niño contra toda información y material perjudicial para su bienestar, teniendo en cuenta las disposiciones de los artículos 13 y 18.

Artículo 18

1. Los Estados Partes pondrán el máximo empeño en garantizar el reconocimiento del principio de que ambos padres tienen obligaciones comunes en lo que respecta a la crianza y el desarrollo del niño. Incumbirá a los padres o, en su caso, a los representantes legales la responsabilidad primordial de la crianza y el desarrollo del niño. Su preocupación fundamental será el interés superior del niño.

2. A los efectos de garantizar y promover los derechos enunciados en la presente Convención, los Estados Partes prestarán la asistencia apropiada a los padres y a los representantes legales para el desempeño de sus funciones en lo que respecta a la crianza del niño y velarán por la creación de instituciones, instalaciones y servicios para el cuidado de los niños.

3. Los Estados Partes adoptarán todas las medidas apropiadas para que los niños cuyos padres trabajan tengan derecho a beneficiarse de los servicios e instalaciones de guarda de niños para los que reúnan las condiciones requeridas.

Artículo 19

1. Los Estados Partes adoptarán todas las medidas legislativas, administrativas, sociales y educativas apropiadas para proteger al niño contra toda forma de perjuicio o abuso físico o

mental, descuido o trato negligente, malos tratos o explotación, incluido el abuso sexual, mientras el niño se encuentre bajo la custodia de los padres, de un representante legal o de cualquier otra persona que lo tenga a su cargo.

2. Esas medidas de protección deberían comprender, según corresponda, procedimientos eficaces para el establecimiento de programas sociales con objeto de proporcionar la asistencia necesaria al niño y a quienes cuidan de él, así como para otras formas de prevención y para la identificación, notificación, remisión a una institución, investigación, tratamiento y observación ulterior de los casos antes descritos de malos tratos al niño y, según corresponda, la intervención judicial.

Artículo 20

1. Los niños temporal o permanentemente privados de su medio familiar, o cuyo superior interés exija que no permanezcan en ese medio, tendrán derecho a la protección y asistencia especiales del Estado.

2. Los Estados Partes garantizarán, de conformidad con sus leyes nacionales, otros tipos de cuidado para esos niños.

3. Entre esos cuidados figurarán, entre otras cosas, la colocación en hogares de guarda, la kafala del derecho islámico, la adopción o de ser necesario, la colocación en instituciones adecuadas de protección de menores. Al considerar las soluciones, se prestará particular atención a la conveniencia de que haya continuidad en la educación del niño y a su origen étnico, religioso, cultural y lingüístico.

Artículo 21

Los Estados Partes que reconocen o permiten el sistema de adopción cuidarán de que el interés superior del niño sea la consideración primordial y:

a) Velarán por que la adopción del niño sólo sea autorizada por las autoridades competentes, las que determinarán, con arreglo a las leyes y a los procedimientos aplicables y sobre la base de toda la información pertinente y fidedigna, que la adopción es admisible en vista de la situación jurídica del niño en relación con sus padres, parientes y representantes legales y que, cuando así se requiera, las personas interesadas hayan dado con conocimiento de causa su consentimiento a la adopción sobre la base del asesoramiento que pueda ser necesario;

b) Reconocerán que la adopción en otro país puede ser considerada como otro medio de cuidar del niño, en el caso de que éste no pueda ser colocado en un hogar de guarda o entregado a una familia adoptiva o no pueda ser atendido de manera adecuada en el país de origen;

c) Velarán por que el niño que haya de ser adoptado en otro país goce de salvaguardias y normas equivalentes a las existentes respecto de la adopción en el país de origen;

d) Adoptarán todas las medidas apropiadas para garantizar que, en el caso de adopción en otro país, la colocación no dé lugar a beneficios financieros indebidos para quienes participan en ella;

e) Promoverán, cuando corresponda, los objetivos del presente artículo mediante la concertación de arreglos o acuerdos bilaterales o multilaterales y se esforzarán, dentro de este marco, por garantizar que la colocación del niño en otro país se efectúe por medio de las autoridades u organismos competentes.

Artículo 22

1. Los Estados Partes adoptarán medidas adecuadas para lograr que el niño que trate de obtener el estatuto de refugiado o que sea considerado refugiado de conformidad con el derecho y los procedimientos internacionales o internos aplicables reciba, tanto si está solo como si está acompañado de sus padres o de cualquier otra persona, la protección y la asistencia humanitaria adecuadas para el disfrute de los derechos pertinentes enunciados en la presente Convención y en otros instrumentos internacionales de derechos humanos o de carácter humanitario en que dichos Estados sean partes.

2. A tal efecto los Estados Partes cooperarán, en la forma que estimen apropiada, en todos los esfuerzos de las Naciones Unidas y demás organizaciones intergubernamentales competentes u organizaciones no gubernamentales que cooperen con las Naciones Unidas por proteger y ayudar a todo niño refugiado y localizar a sus padres o a otros miembros de su familia, a fin de obtener la información necesaria para que se reúna con su familia. En los casos en que no se pueda localizar a ninguno de los padres o miembros de la familia, se concederá al niño la misma protección que a cualquier otro niño privado permanente o temporalmente de su medio familiar, por cualquier motivo, como se dispone en la presente Convención.

Artículo 23

1. Los Estados Partes reconocen que el niño mental o físicamente impedido deberá disfrutar de una vida plena y decente en condiciones que aseguren su dignidad, le permitan llegar a bastarse a sí mismo y faciliten la participación activa del niño en la comunidad.

2. Los Estados Partes reconocen el derecho del niño impedido a recibir cuidados especiales y alentarán y asegurarán, con sujeción a los recursos disponibles, la prestación al niño que reúna las condiciones requeridas y a los responsables de su cuidado de la asistencia que se solicite y que sea adecuada al estado del niño y a las circunstancias de sus padres o de otras personas que cuiden de él.

3. En atención a las necesidades especiales del niño impedido, la asistencia que se preste conforme al párrafo 2 del presente artículo será gratuita siempre que sea posible, habida cuenta de la situación económica de los padres o de las otras personas que cuiden del niño, y estará destinada a asegurar que el niño impedido tenga un acceso efectivo a la educación, la capacitación, los servicios sanitarios, los servicios de rehabilitación, la preparación para el empleo y las oportunidades de esparcimiento y reciba tales servicios con el objeto de que el niño logre la integración social y el desarrollo individual, incluido su desarrollo cultural y espiritual, en la máxima medida posible.

4. Los Estados Partes promoverán, con espíritu de cooperación internacional, el intercambio de información adecuada en la esfera de la atención sanitaria preventiva y del tratamiento médico, psicológico y funcional de los niños impedidos, incluida la difusión de información sobre los métodos de rehabilitación y los servicios de enseñanza y formación profesional, así como el acceso a esa información a fin de que los Estados Partes puedan mejorar su capacidad y conocimientos y ampliar su experiencia en estas esferas. A este respecto, se tendrán especialmente en cuenta las necesidades de los países en desarrollo.

Artículo 24

1. Los Estados Partes reconocen el derecho del niño al disfrute del más alto nivel posible de salud y a servicios para el tratamiento de las enfermedades y la rehabilitación de la salud. Los Estados Partes se esforzarán por asegurar que ningún niño sea privado de su derecho al disfrute de esos servicios sanitarios.

2. Los Estados Partes asegurarán la plena aplicación de este derecho y, en particular, adoptarán las medidas apropiadas para:

a) Reducir la mortalidad infantil y en la niñez;

b) Asegurar la prestación de la asistencia médica y la atención sanitaria que sean necesarias a todos los niños, haciendo hincapié en el desarrollo de la atención primaria de salud;

c) Combatir las enfermedades y la malnutrición en el marco de la atención primaria de la salud mediante, entre otras cosas, la aplicación de la tecnología disponible y el suministro de alimentos nutritivos adecuados y agua potable salubre, teniendo en cuenta los peligros y riesgos de contaminación del medio ambiente;

d) Asegurar atención sanitaria prenatal y postnatal apropiada a las madres;

e) Asegurar que todos los sectores de la sociedad, y en particular los padres y los niños, conozcan los principios básicos de la salud y la nutrición de los niños, las ventajas de la lactancia materna, la higiene y el saneamiento ambiental y las medidas de prevención de accidentes, tengan acceso a la educación pertinente y reciban apoyo en la aplicación de esos conocimientos;

f) Desarrollar la atención sanitaria preventiva, la orientación a los padres y la educación y servicios en materia de planificación de la familia.

3. Los Estados Partes adoptarán todas las medidas eficaces y apropiadas posibles para abolir las prácticas tradicionales que sean perjudiciales para la salud de los niños.

4. Los Estados Partes se comprometen a promover y alentar la cooperación internacional con miras a lograr progresivamente la plena realización del derecho reconocido en el presente artículo. A este respecto, se tendrán plenamente en cuenta las necesidades de los países en desarrollo.

Artículo 25

Los Estados Partes reconocen el derecho del niño que ha sido internado en un establecimiento por las autoridades competentes para los fines de atención, protección o tratamiento de su salud física o mental a un examen periódico del tratamiento a que esté sometido y de todas las demás circunstancias propias de su internación.

Artículo 26

1. Los Estados Partes reconocerán a todos los niños el derecho a beneficiarse de la seguridad social, incluso del seguro social, y adoptarán las medidas necesarias para lograr la plena realización de este derecho de conformidad con su legislación nacional.

2. Las prestaciones deberían concederse, cuando corresponda, teniendo en cuenta los recursos y la situación del niño y de las personas que sean responsables del mantenimiento del

niño, así como cualquier otra consideración pertinente a una solicitud de prestaciones hecha por el niño o en su nombre.

Artículo 27

1. Los Estados Partes reconocen el derecho de todo niño a un nivel de vida adecuado para su desarrollo físico, mental, espiritual, moral y social.

2. A los padres u otras personas encargadas del niño les incumbe la responsabilidad primordial de proporcionar, dentro de sus posibilidades y medios económicos, las condiciones de vida que sean necesarias para el desarrollo del niño.

3. Los Estados Partes, de acuerdo con las condiciones nacionales y con arreglo a sus medios, adoptarán medidas apropiadas para ayudar a los padres y a otras personas responsables por el niño a dar efectividad a este derecho y, en caso necesario, proporcionarán asistencia material y programas de apoyo, particularmente con respecto a la nutrición, el vestuario y la vivienda.

4. Los Estados Partes tomarán todas las medidas apropiadas para asegurar el pago de la pensión alimenticia por parte de los padres u otras personas que tengan la responsabilidad financiera por el niño, tanto si viven en el Estado Parte como si viven en el extranjero. En particular, cuando la persona que tenga la responsabilidad financiera por el niño resida en un Estado diferente de aquel en que resida el niño, los Estados Partes promoverán la adhesión a los convenios internacionales o la concertación de dichos convenios, así como la concertación de cualesquiera otros arreglos apropiados.

Artículo 28

1. Los Estados Partes reconocen el derecho del niño a la educación y, a fin de que se pueda ejercer progresivamente y en condiciones de igualdad de oportunidades ese derecho, deberán en particular:

a) Implantar la enseñanza primaria obligatoria y gratuita para todos;

b) Fomentar el desarrollo, en sus distintas formas, de la enseñanza secundaria, incluida la enseñanza general y profesional, hacer que todos los niños dispongan de ella y tengan acceso a ella y adoptar medidas apropiadas tales como la implantación de la enseñanza gratuita y la concesión de asistencia financiera en caso de necesidad;

c) Hacer la enseñanza superior accesible a todos, sobre la base de la capacidad, por cuantos medios sean apropiados;

d) Hacer que todos los niños dispongan de información y orientación en cuestiones educacionales y profesionales y tengan acceso a ellas;

e) Adoptar medidas para fomentar la asistencia regular a las escuelas y reducir las tasas de deserción escolar.

2. Los Estados Partes adoptarán cuantas medidas sean adecuadas para velar por que la disciplina escolar se administre de modo compatible con la dignidad humana del niño y de conformidad con la presente Convención.

3. Los Estados Partes fomentarán y alentarán la cooperación internacional en cuestiones de educación, en particular a fin de contribuir a eliminar la ignorancia y el analfabetismo en todo el mundo y de facilitar el acceso a los conocimientos técnicos y a los métodos modernos

de enseñanza. A este respecto, se tendrán especialmente en cuenta las necesidades de los países en desarrollo.

Artículo 29

1. Los Estados Partes convienen en que la educación del niño deberá estar encaminada a:

a) Desarrollar la personalidad, las aptitudes y la capacidad mental y física del niño hasta el máximo de sus posibilidades;

b) Inculcar al niño el respeto de los derechos humanos y las libertades fundamentales y de los principios consagrados en la Carta de las Naciones Unidas;

c) Inculcar al niño el respeto de sus padres, de su propia identidad cultural, de su idioma y sus valores, de los valores nacionales del país en que vive, del país de que sea originario y de las civilizaciones distintas de la suya;

d) Preparar al niño para asumir una vida responsable en una sociedad libre, con espíritu de comprensión, paz, tolerancia, igualdad de los sexos y amistad entre todos los pueblos, grupos étnicos, nacionales y religiosos y personas de origen indígena;

e) Inculcar al niño el respeto del medio ambiente natural.

2. Nada de lo dispuesto en el presente artículo o en el artículo 28 se interpretará como una restricción de la libertad de los particulares y de las entidades para establecer y dirigir instituciones de enseñanza, a condición de que se respeten los principios enunciados en el párrafo 1 del presente artículo y de que la educación impartida en tales instituciones se ajuste a las normas mínimas que prescriba el Estado.

Artículo 30

En los Estados en que existan minorías étnicas, religiosas o lingüísticas o personas de origen indígena, no se negará a un niño que pertenezca a tales minorías o que sea indígena el derecho que le corresponde, en común con los demás miembros de su grupo, a tener su propia vida cultural, a profesar y practicar su propia religión, o a emplear su propio idioma.

Artículo 31

1. Los Estados Partes reconocen el derecho del niño al descanso y el esparcimiento, al juego y a las actividades recreativas propias de su edad y a participar libremente en la vida cultural y en las artes.

2. Los Estados Partes respetarán y promoverán el derecho del niño a participar plenamente en la vida cultural y artística y propiciarán oportunidades apropiadas, en condiciones de igualdad, de participar en la vida cultural, artística, recreativa y de esparcimiento.

Artículo 32

1. Los Estados Partes reconocen el derecho del niño a estar protegido contra la explotación económica y contra el desempeño de cualquier trabajo que pueda ser peligroso o entorpecer su educación, o que sea nocivo para su salud o para su desarrollo físico, mental, espiritual, moral o social.

2. Los Estados Partes adoptarán medidas legislativas, administrativas, sociales y educacionales para garantizar la aplicación del presente artículo. Con ese propósito y teniendo en

cuenta las disposiciones pertinentes de otros instrumentos internacionales, los Estados Partes, en particular:

a) Fijarán una edad o edades mínimas para trabajar;

b) Dispondrán la reglamentación apropiada de los horarios y condiciones de trabajo;

c) Estipularán las penalidades u otras sanciones apropiadas para asegurar la aplicación efectiva del presente artículo.

Artículo 33

Los Estados Partes adoptarán todas las medidas apropiadas, incluidas medidas legislativas, administrativas, sociales y educacionales, para proteger a los niños contra el uso ilícito de los estupefacientes y sustancias sicotrópicas enumeradas en los tratados internacionales pertinentes, y para impedir que se utilice a niños en la producción y el tráfico ilícitos de esas sustancias.

Artículo 34

Los Estados Partes se comprometen a proteger al niño contra todas las formas de explotación y abuso sexuales. Con este fin, los Estados Partes tomarán, en particular, todas las medidas de carácter nacional, bilateral y multilateral que sean necesarias para impedir:

a) La incitación o la coacción para que un niño se dedique a cualquier actividad sexual ilegal;

b) La explotación del niño en la prostitución u otras prácticas sexuales ilegales;

c) La explotación del niño en espectáculos o materiales pornográficos.

Artículo 35

Los Estados Partes tomarán todas las medidas de carácter nacional, bilateral y multilateral que sean necesarias para impedir el secuestro, la venta o la trata de niños para cualquier fin o en cualquier forma.

Artículo 36

Los Estados Partes protegerán al niño contra todas las demás formas de explotación que sean perjudiciales para cualquier aspecto de su bienestar.

Artículo 37

Los Estados Partes velarán por que:

a) Ningún niño sea sometido a torturas ni a otros tratos o penas crueles, inhumanos o degradantes. No se impondrá la pena capital ni la de prisión perpetua sin posibilidad de excarcelación por delitos cometidos por menores de 18 años de edad;

b) Ningún niño sea privado de su libertad ilegal o arbitrariamente. La detención, el encarcelamiento o la prisión de un niño se llevará a cabo de conformidad con la ley y se utilizará tan sólo como medida de último recurso y durante el período más breve que proceda;

c) Todo niño privado de libertad sea tratado con la humanidad y el respeto que merece la dignidad inherente a la persona humana, y de manera que se tengan en cuenta las necesidades de las personas de su edad. En particular, todo niño privado de libertad estará separado de los adultos, a menos que ello se considere contrario al interés superior del niño, y tendrá derecho a mantener contacto con su familia por medio de correspondencia y de visitas, salvo en circunstancias excepcionales;

d) Todo niño privado de su libertad tendrá derecho a un pronto acceso a la asistencia jurídica y otra asistencia adecuada, así como derecho a impugnar la legalidad de la privación de su libertad ante un tribunal u otra autoridad competente, independiente e imparcial y a una pronta decisión sobre dicha acción.

Artículo 38

1. Los Estados Partes se comprometen a respetar y velar por que se respeten las normas del derecho internacional humanitario que les sean aplicables en los conflictos armados y que sean pertinentes para el niño.

2. Los Estados Partes adoptarán todas las medidas posibles para asegurar que las personas que aún no hayan cumplido los 15 años de edad no participen directamente en las hostilidades.

3. Los Estados Partes se abstendrán de reclutar en las fuerzas armadas a las personas que no hayan cumplido los 15 años de edad. Si reclutan personas que hayan cumplido 15 años, pero que sean menores de 18, los Estados Partes procurarán dar prioridad a los de más edad.

4. De conformidad con las obligaciones dimanadas del derecho internacional humanitario de proteger a la población civil durante los conflictos armados, los Estados Partes adoptarán todas las medidas posibles para asegurar la protección y el cuidado de los niños afectados por un conflicto armado.

Artículo 39

Los Estados Partes adoptarán todas las medidas apropiadas para promover la recuperación física y psicológica y la reintegración social de todo niño víctima de cualquier forma de abandono, explotación o abuso; tortura u otra forma de tratos o penas crueles, inhumanos o degradantes; o conflictos armados. Esa recuperación y reintegración se llevarán a cabo en un ambiente que fomente la salud, el respeto de sí mismo y la dignidad del niño.

Artículo 40

1. Los Estados Partes reconocen el derecho de todo niño de quien se alegue que ha infringido las leyes penales o a quien se acuse o declare culpable de haber infringido esas leyes a ser tratado de manera acorde con el fomento de su sentido de la dignidad y el valor, que fortalezca el respeto del niño por los derechos humanos y las libertades fundamentales de terceros y en la que se tengan en cuenta la edad del niño y la importancia de promover la reintegración del niño y de que éste asuma una función constructiva en la sociedad.

2. Con este fin, y habida cuenta de las disposiciones pertinentes de los instrumentos internacionales, los Estados Partes garantizarán, en particular:

a) Que no se alegue que ningún niño ha infringido las leyes penales, ni se acuse o declare culpable a ningún niño de haber infringido esas leyes, por actos u omisiones que no estaban prohibidos por las leyes nacionales o internacionales en el momento en que se cometieron;

b) Que a todo niño del que se alegue que ha infringido las leyes penales o a quien se acuse de haber infringido esas leyes se le garantice, por lo menos, lo siguiente:

i) Que se lo presumirá inocente mientras no se pruebe su culpabilidad conforme a la ley;

ii) Que será informado sin demora y directamente o, cuando sea procedente, por intermedio de sus padres o sus representantes legales, de los cargos que pesan contra él y que dispondrá de asistencia jurídica u otra asistencia apropiada en la preparación y presentación de su defensa;

iii) Que la causa será dirimida sin demora por una autoridad u órgano judicial competente, independiente e imparcial en una audiencia equitativa conforme a la ley, en presencia de un asesor jurídico u otro tipo de asesor adecuado y, a menos que se considerare que ello fuere contrario al interés superior del niño, teniendo en cuenta en particular su edad o situación y a sus padres o representantes legales;

iv) Que no será obligado a prestar testimonio o a declararse culpable, que podrá interrogar o hacer que se interrogue a testigos de cargo y obtener la participación y el interrogatorio de testigos de descargo en condiciones de igualdad;

v) Si se considerare que ha infringido, en efecto, las leyes penales, que esta decisión y toda medida impuesta a consecuencia de ella, serán sometidas a una autoridad u órgano judicial superior competente, independiente e imparcial, conforme a la ley;

vi) Que el niño contará con la asistencia gratuita de un intérprete si no comprende o no habla el idioma utilizado;

vii) Que se respetará plenamente su vida privada en todas las fases del procedimiento.

3. Los Estados Partes tomarán todas las medidas apropiadas para promover el establecimiento de leyes, procedimientos, autoridades e instituciones específicos para los niños de quienes se alegue que han infringido las leyes penales o a quienes se acuse o declare culpables de haber infringido esas leyes, y en particular:

a) El establecimiento de una edad mínima antes de la cual se presumirá que los niños no tienen capacidad para infringir las leyes penales;

b) Siempre que sea apropiado y deseable, la adopción de medidas para tratar a esos niños sin recurrir a procedimientos judiciales, en el entendimiento de que se respetarán plenamente los derechos humanos y las garantías legales.

4. Se dispondrá de diversas medidas, tales como el cuidado, las órdenes de orientación y supervisión, el asesoramiento, la libertad vigilada, la colocación en hogares de guarda, los programas de enseñanza y formación profesional, así como otras posibilidades alternativas a la internación en instituciones, para asegurar que los niños sean tratados de manera apropiada para su bienestar y que guarde proporción tanto con sus circunstancias como con la infracción.

Artículo 41

Nada de lo dispuesto en la presente Convención afectará a las disposiciones que sean más conducentes a la realización de los derechos del niño y que puedan estar recogidas en:

a) El derecho de un Estado Parte; o

b) El derecho internacional vigente con respecto a dicho Estado.

PARTE II

Artículo 42

Los Estados Partes se comprometen a dar a conocer ampliamente los principios y disposiciones de la Convención por medios eficaces y apropiados, tanto a los adultos como a los niños.

Artículo 43

1. Con la finalidad de examinar lor progresos realizados en el cumplimiento de las obligaciones contraídas por los Estados Partes en la presente Convención, se establecerá un Comité de los Derechos del Niño que desempeñará las funciones que a continuación se estipulan.

2. El Comité estará integrado por diez expertos de gran integridad moral y reconocida competencia en las esferas reguladas por la presente Convención. Los miembros del Comité serán elegidos por los Estados Partes entre sus nacionales y ejercerán sus funciones a título personal, teniéndose debidamente en cuenta la distribución geográfica, así como los principales sistemas jurídicos.

3. Los miembros del Comité serán elegidos, en votación secreta, de una lista de personas designadas por los Estados Partes. Cada Estado Parte podrá designar a una persona escogida entre sus propios nacionales.

4. La elección inicial se celebrará a más tardar seis meses después de la entrada en vigor de la presente Convención y ulteriormente cada dos años. Con cuatro meses, como mínimo, de antelación respecto de la fecha de cada elección, el Secretario General de las Naciones Unidas dirigirá una carta a los Estados Partes invitándolos a que presenten sus candidaturas en un plazo de dos meses. El Secretario General preparará después una lista en la que figurarán por orden alfabético todos los candidatos propuestos, con indicación de los Estados Partes que los hayan designado, y la comunicará a los Estados Partes en la presente Convención.

5. Las elecciones se celebrarán en una reunión de los Estados Partes convocada por el Secretario General en la Sede de las Naciones Unidas. En esa reunión, en la que la presencia de dos tercios de los Estados Partes constituirá *quórum,* las personas seleccionadas para formar parte del Comité serán aquellos candidatos que obtengan el mayor número de votos y una mayoría absoluta de los votos de los representantes de los Estados Partes presentes y votantes.

6. Los miembros del Comité serán elegidos por un período de cuatro años. Podrán ser reelegidos si se presenta de nuevo su candidatura. El mandato de cinco de los miembros elegidos en la primera elección expirará al cabo de dos años; inmediatamente después de efectuada la primera elección, el presidente de la reunión en que ésta se celebre elegirá por sorteo los nombres de esos cinco miembros.

7. Si un miembro del Comité fallece o dimite o declara que por cualquier otra causa no puede seguir desempeñando sus funciones en el Comité, el Estado Parte que propuso a ese miembro designará entre sus propios nacionales a otro experto para ejercer el mandato hasta su término, a reserva de la aprobación del Comité.

8. El Comité adoptará su propio reglamento.

9. El Comité elegirá su Mesa por un período de dos años.

10. Las reuniones del Comité se celebrarán normalmente en la Sede de las Naciones Unidas o en cualquier otro lugar conveniente que determine el Comité. El Comité se reunirá normalmente todos los años. La duración de las reuniones del Comité será determinada y revisada, si procediera, por una reunión de los Estados Partes en la presente Convención, a reserva de la aprobación de la Asamblea General.

11. El Secretario General de las Naciones Unidas proporcionará el personal y los servicios necesarios para el desempeño eficaz de las funciones del Comité establecido en virtud de la presente Convención.

12. Previa aprobación de la Asamblea General, los miembros del Comité establecido en virtud de la presente Convención recibirán emolumentos con cargo a los fondos de las Naciones Unidas, según las condiciones que la Asamblea pueda establecer.

Artículo 44

1. Los Estados Partes se comprometen a presentar al Comité, por conducto del Secretario General de las Naciones Unidas, informes sobre las medidas que hayan adoptado para dar efecto a los derechos reconocidos en la Convención y sobre el progreso que hayan realizado en cuanto al goce de esos derechos:

a) En el plazo de dos años a partir de la fecha en la que para cada Estado Parte haya entrado en vigor la presente Convención;

b) En lo sucesivo, cada cinco años.

2. Los informes preparados en virtud del presente artículo deberán indicar las circunstancias y dificultades, si las hubiere, que afecten al grado de cumplimiento de las obligaciones derivadas de la presente Convención. Deberán asimismo, contener información suficiente para que el Comité tenga cabal comprensión de la aplicación de la Convención en el país de que se trate.

3. Los Estados Partes que hayan presentado un informe inicial completo al Comité no necesitan repetir, en sucesivos informes presentados de conformidad con lo dispuesto en el inciso *b)* del párrafo 1 del presente artículo, la información básica presentada anteriormente.

4. El Comité podrá pedir a los Estados Partes más información relativa a la aplicación de la Convención.

5. El Comité presentará cada dos años a la Asamblea General de las Naciones Unidas, por conducto del Consejo Económico y Social, informes sobre sus actividades.

6. Los Estados Partes darán a sus informes una amplia difusión entre el público de sus países respectivos.

Artículo 45

Con objeto de fomentar la aplicación efectiva de la Convención y de estimular la cooperación internacional en la esfera regulada por la Convención:

a) Los organismos especializados, el Fondo de las Naciones Unidas para la Infancia y demás órganos de las Naciones Unidas tendrán derecho a estar representados en el examen de la aplicación de aquellas disposiciones de la presente Convención comprendidas en el ámbito de su mandato. El Comité podrá invitar a los organismos especializados, al Fondo de las Naciones Unidas para la Infancia y a otros órganos competentes que considere apropiados a que proporcionen asesoramiento especializado sobre la aplicación de la Convención en los sectores que son de incumbencia de sus respectivos mandatos. El Comité podrá invitar a los organismos especializados, al Fondo de las Naciones Unidas para la Infancia y demás órganos de las Naciones Unidas a que presenten informes sobre la aplicación de aquellas disposiciones de la presente Convención comprendidas en el ámbito de sus actividades;

b) El Comité transmitirá, según estime conveniente, a los organismos especializados, al Fondo de las Naciones Unidas para la Infancia y a otros órganos competentes, los informes de los Estados Partes que contengan una solicitud de asesoramiento o de asistencia técnica, o en los que se indique esa necesidad, junto con las observaciones y sugerencias del Comité, si las hubiere, acerca de esas solicitudes o indicaciones;

c) El Comité podrá recomendar a la Asamblea General que pida al Secretario General que efectúe, en su nombre, estudios sobre cuestiones concretas relativas a los derechos del niño;

d) El Comité podrá formular sugerencias y recomendaciones generales basadas en la información recibida en virtud de los artículos 44 y 45 de la presente Convención. Dichas sugerencias y recomendaciones generales deberán transmitirse a los Estados Partes interesados y notificarse a la Asamblea General, junto con los comentarios, si los hubiere, de los Estados Partes.

PARTE III

Artículo 46

La presente Convención estará abierta a la firma de todos los Estados.

Artículo 47

La presente Convención está sujeta a ratificación. Los instrumentos de ratificación se depositarán en poder del Secretario General de las Naciones Unidas.

Artículo 48

La presente Convención permanecerá abierta a la adhesión de cualquier Estado. Los instrumentos de adhesión se depositarán en poder del Secretario General de las Naciones Unidas.

Artículo 49

1. La presente Convención entrará en vigor el trigésimo día siguiente a la fecha en que haya sido depositado el vigésimo instrumento de ratificación o de adhesión en poder del Secretario General de las Naciones Unidas.

2. Para cada Estado que ratifique la Convención o se adhiera a ella después de haber sido depositado el vigésimo instrumento de ratificación o de adhesión, la Convención entrará en vigor el trigésimo día después del depósito por tal Estado de su instrumento de ratificación o adhesión.

Artículo 50

1. Todo Estado Parte podrá proponer una enmienda y depositarla en poder del Secretario General de las Naciones Unidas. El Secretario General comunicará la enmienda propuesta a

los Estados Partes, pidiéndoles que les notifiquen si desean que se convoque una conferencia de Estados Partes con el fin de examinar la propuesta y someterla a votación. Si dentro de los cuatro meses siguientes a la fecha de esa notificación un tercio, al menos, de los Estados Partes se declara en favor de tal conferencia, el Secretario General convocará una conferencia con el auspicio de las Naciones Unidas. Toda enmienda adoptada por la mayoría de Estados Partes, presentes y votantes en la conferencia, será sometida por el Secretario General a la Asamblea General de las Naciones Unidas para su aprobación.

2. Toda enmienda adoptada de conformidad con el párrafo 1 del presente artículo entrará en vigor cuando haya sido aprobada por la Asamblea General de las Naciones Unidas y aceptada por una mayoría de dos tercios de los Estados Partes.

3. Cuando las enmiendas entren en vigor serán obligatorias para los Estados Partes que las hayan aceptado, en tanto que los demás Estados Partes seguirán obligados por las disposiciones de la presente Convención y por las enmiendas anteriores que hayan aceptado.

Artículo 51

1. El Secretario General de las Naciones Unidas recibirá y comunicará a todos los Estados el texto de las reservas formuladas por los Estados en el momento de la ratificación o de la adhesión.

2. No se aceptará ninguna reserva incompatible con el objeto y el propósito de la presente Convención.

3. Toda reserva podrá ser retirada en cualquier momento por medio de una notificación hecha a ese efecto y dirigida al Secretario General de las Naciones Unidas, quien informará a todos los Estados. Esa notificación surtirá efecto en la fecha de su recepción por el Secretario General.

Artículo 52

Todo Estado Parte podrá denunciar la presente Convención mediante notificación hecha por escrito al Secretario General de las Naciones Unidas. La denuncia surtirá efecto un año después de la fecha en que la notificación haya sido recibida por el Secretario General.

Artículo 53

Se desgina depositario de la presente Convención al Secretario General de las Naciones Unidas.

Artículo 54

El original de la presente Convención, cuyos textos en árabe, chino, español, francés, inglés y ruso son igualmente auténticos, se depositará en poder del Secretario General de las Naciones Unidas.

Reglas mínimas de las Naciones Unidas para la administración de la justicia de menores («Reglas de Beijing») (*)

I. PARTE

Principios generales

1. Orientaciones fundamentales

1.1 Los Estados Miembros procurarán, en consonancia con sus respectivos intereses generales, promover el bienestar del menor y de su familia.

1.2 Los Estados Miembros se esforzarán por crear condiciones que garanticen al menor una vida significativa en la comunidad fomentando, durante el período de edad en que el menor es más propenso a un comportamiento desviado, un proceso de desarrollo personal y educación lo más exento de delito y delincuencia posible.

1.3 Con objeto de promover el bienestar del menor, a fin de reducir la necesidad de intervenir con arreglo a la ley, y de someter a tratamiento efectivo, humano y equitativo al menor que tenga problemas con la ley, se concederá la debida importancia a la adopción de medidas concretas que permitan movilizar plenamente todos los recursos disponibles, con inclusión de la familia, los voluntarios y otros grupos de carácter comunitario, así como las escuelas y otras instituciones de la comunidad.

1.4 La justicia de menores se ha de concebir como una parte integrante del proceso de desarrollo nacional de cada país y deberá administrarse en el marco general de justicia social para todos los menores, de manera que contribuya a la protección de los jóvenes y al mantenimiento del orden pacífico de la sociedad.

1.5 Las presentes Reglas se aplicarán según el contexto de las condiciones económicas, sociales y culturales que predominen en cada uno de los Estados Miembros.

1.6 Los servicios de justicia de menores se perfeccionarán y coordinarán sistemáticamente con miras a elevar y mantener la competencia de sus funcionarios, e incluso los métodos, enfoques y actitudes adoptados.

Comentario

Estas orientaciones básicas de carácter general se refieren a la política social en su conjunto y tienen por objeto promover el bienestar del menor en la mayor medida posible, lo que permitiría reducir al mínimo el número de casos en que haya de intervenir el sistema de justicia de menores y, a su vez, reduciría al mínimo los perjuicios que normalmente ocasiona cualquier

(*) Adoptadas por la Asamblea General en su Resolución 40/33, de 28 de noviembre de 1985.

tipo de intervención. Esas medidas de atención de los menores con fines de prevención del delito antes del comienzo de la vida delictiva constituyen requisitos básicos de política destinados a obviar la necesidad de aplicar las presentes Reglas.

Las reglas 1.1 a 1.3 señalan el importante papel que una política social constructiva respecto al menor puede desempeñar, entre otras cosas, en la prevención del delito y la delincuencia juveniles. La regla 1.4 define la justicia de menores como parte integrante de la justicia social por los menores, mientras que la regla 1.6 se refiere a la necesidad de perfeccionar la justicia de menores de manera continua, para que no quede a la zaga de la evolución de una política social progresiva en relación con el menor en general, teniendo presente la necesidad de mejorar de manera coherente los servicios de personal.

La regla 1.5 procura tener en cuenta las condiciones imperantes en los Estados Miembros, que podrían ocasionar que la manera de aplicar determinadas reglas en uno de ellos fuera necesariamente diferente de la manera adoptada en otros Estados.

2. Alcance de las Reglas y definiciones utilizadas

2.1 Las Reglas mínimas que se enuncian a continuación se aplicarán a los menores delincuentes con imparcialidad, sin distinción alguna, por ejemplo, de raza, color, sexo, idioma, religión, opinión política o de cualquier otra índole, origen nacional o social, posición económica, nacimiento o cualquier otra condición.

2.2 Para los fines de las presentes Reglas, los Estados Miembros aplicarán las definiciones siguientes en forma compatible con sus respectivos sistemas y conceptos jurídicos:

a) Menor es todo niño o joven que, con arreglo al sistema jurídico respectivo, puede ser castigado por un delito en forma diferente a un adulto;

b) Delito es todo comportamiento (acción u omisión) penado por la ley con arreglo al sistema jurídico de que se trate; y

c) Menor delincuente es todo niño o joven al que se ha imputado la comisión de un delito o se le ha considerado culpable de la comisión de un delito.

2.3 En cada jurisdicción nacional se procurará promulgar un conjunto de leyes, normas y disposiciones aplicables específicamente a los menores delincuentes, así como a los órganos e instituciones encargados de las funciones de administración de la justicia de menores, conjunto que tendrá por objeto:

a) Responder a las diversas necesidades de los menores delincuentes, y al mismo tiempo proteger sus derechos básicos;

b) Satisfacer las necesidades de la sociedad;

c) Aplicar cabalmente y con justicia las reglas que se enuncian a continuación.

Comentario

Las Reglas mínimas se han formulado deliberadamente de manera que sean aplicables en diferentes sistemas jurídicos y, al mismo tiempo, establezcan algunas normas mínimas para el tratamiento de los menores delincuentes con arreglo a cualquier definición de la noción de joven y a cualquier sistema de tratamiento de los menores delincuentes. Las Reglas se aplicarán siempre con imparcialidad y sin distinción alguna.

Por lo tanto, la regla 2.1 destaca la importancia de que las Reglas se apliquen siempre con imparcialidad y sin distinción alguna. Su formación responde al principio 2 de la Declaración de los Derechos del Niño.

La regla 2.2 define «menor» y «delito» como componentes del concepto de «menor delincuente», que es el objeto principal de las presentes Reglas mínimas (no obstante, véanse también las reglas 3 y 4). Cabe señalar que las reglas disponen expresamente que corresponderá a cada sistema jurídico nacional fijar las edades mínima y máxima a estos efectos, respetando así cabalmente los sistemas económico, social, político, cultural y jurídico de los Estados Miembros. Ello significa que la noción de «menor» se aplicará a jóvenes de edades muy diferentes, edades que van de los 7 años hasta los 18 años o más. Dicha flexibilidad parece inevitable en vista de la diversidad de sistemas jurídicos nacionales, tanto más cuanto que no restringe los efectos de las Reglas mínimas.

La regla 2.3 responde a la necesidad de leyes nacionales que tengan expresamente por objeto la aplicación óptima de las Reglas mínimas, tanto desde un punto de vista jurídico como práctico.

3. **Ampliación del ámbito de aplicación de las Reglas**

3.1 Las disposiciones pertinentes de las Reglas no sólo se aplicarán a los menores delincuentes, sino también a los menores que puedan ser procesados por realizar cualquier acto concreto que no sea punible tratándose del comportamiento de los adultos.

3.2 Se procurará extender el alcance de los principios contenidos en las Reglas a todos los menores comprendidos en los procedimientos relativos a la atención al menor y a su bienestar.

3.3 Se procurará asimismo extender el alcance de los principios contenidos en las Reglas a los delincuentes adultos jóvenes.

Comentario

La regla 3 amplía el ámbito de aplicación de la protección otorgada por las Reglas mínimas para la administración de la justicia de menores de modo que abarque:

a) Los llamados «delitos en razón de su condición» previstos en diversos sistemas jurídicos nacionales con arreglo a los cuales se considera delito en los menores una gama de comportamiento distinta y, por lo general, más amplia que en el caso de los adultos (por ejemplo, ausencias injustificadas, desobediencia en la escuela y en la familia, ebriedad en público, etc.) (regla 3.1);

b) Los procedimientos relativos a la atención al menor y a su bienestar (regla 3.2);

c) El procesamiento de los delincuentes adultos jóvenes, aunque en este caso la aplicación de las Reglas dependerá de las disposiciones pertinentes sobre la mayoría de edad (regla 3.3).

La ampliación del ámbito de aplicación de las Reglas de modo que abarquen las tres esferas antes mencionadas parece justificada. La regla 3.1 prevé garantías mínimas en esas esferas, y se estima que la regla 3.2 constituye un paso positivo en el establecimiento de un sistema más imparcial, equitativo y humano de justicia para todos los menores que transgredan la ley.

4. **Mayoría de edad penal**

4.1 En los sistemas jurídicos que reconozcan el concepto de mayoría de edad penal con respecto a los menores, su comienzo no deberá fijarse a una edad demasiado temprana habida cuenta de las circunstancias que acompañan la madurez emocional, mental e intelectual.

Comentario

La edad mínima a efectos de responsabilidad penal varía considerablemente en función de factores históricos y culturales. El enfoque moderno consiste en examinar si los niños pueden hacer honor a los elementos morales y sicológicos de responsabilidad penal; es decir, si puede considerarse al niño, en virtud de su discernimiento y comprensión individuales, responsable de un comportamiento esencialmente antisocial. Si el comienzo de la mayoría de edad penal se fija a una edad demasiado temprana o si no se establece edad mínima alguna, el concepto de responsabilidad perdería todo sentido. En general, existe una estrecha relación entre el concepto de responsabilidad que dimana del comportamiento delictivo o criminal y otros derechos y responsabilidades sociales (como el estado civil, la mayoría de edad a efectos civiles, etc.).

Por consiguiente, es necesario que se hagan esfuerzos para convenir en una edad mínima razonable que pueda aplicarse a nivel internacional.

5. **Objetivos de la justicia de menores**

5.1 El sistema de justicia de menores hará hincapié en el bienestar de éstos y garantizará que cualquier respuesta a los menores delincuentes será en todo momento proporcionada a las circunstancias del delincuente y del delito.

Comentario

La regla 5 se refiere a dos de los más importantes objetivos de la justicia de menores. El primer objetivo es el fomento del bienestar del menor. Este es el enfoque principal de los sistemas jurídicos en que los menores delincuentes son procesados por tribunales de familia o autoridades administrativas, pero también debe hacerse hincapié en el bienestar de los menores en los sistemas judiciales que siguen el modelo del tribunal penal, contribuyendo así a evitar las sanciones meramente penales. (Véase también la regla 14.)

El segundo objetivo es el «principio de la proporcionalidad». Este principio es conocido como un instrumento para restringir las sanciones punitivas, y se expresa principalmente mediante la fórmula de que el autor ha de llevarse su merecido según la gravedad del delito. La respuesta a los jóvenes delincuentes no sólo deberá basarse en el examen de la gravedad del delito, sino también en circunstancias personales. Las circunstancias individuales del delincuente (por ejemplo, su condición social, su situación familiar, el daño causado por el delito u otros factores en que intervengan circunstancias personales) han de influir en la proporcionalidad de la reacción (por ejemplo, teniendo en consideración los esfuerzos del delincuente para indemnizar a la víctima o su buena disposición para comenzar una vida sana y útil).

Por el mismo motivo, las respuestas destinadas a asegurar el bienestar del joven delincuente pueden sobrepasar lo necesario y, por consiguiente, infringir los derechos fundamentales del joven, como ha ocurrido en algunos sistemas de justicia de menores. En este aspecto también corresponde salvaguardar la proporcionalidad de la respuesta en relación con las circunstancias del delincuente y del delito, incluida la víctima.

En definitiva, la regla 5 sólo exige que la respuesta en los casos concretos de delincuencia o criminalidad de menores sea adecuada, ni más ni menos. Los temas que las reglas vinculan entre sí pueden contribuir a estimular adelantos en ambos sentidos: los tipos de respuesta nuevos e innovadores son tan necesarios como las precauciones para evitar cualquier ampliación indebida de la red de control social oficial sobre los menores.

6. **Alcance de las facultades discrecionales**

6.1 Habida cuenta de las diversas necesidades especiales de los menores, así como de la diversidad de medidas disponibles, se facultará un margen suficiente para el ejercicio de facultades discrecionales en las diferentes etapas de los juicios y en los distintos niveles de la administración de justicia de menores, incluidos los de investigación, procesamiento, sentencia y de las medidas complementarias de las decisiones.

6.2 Se procurará, no obstante, garantizar la debida competencia en todas las fases y niveles en el ejercicio de cualquiera de esas facultades discrecionales.

6.3 Los que ejerzan dichas facultades deberán estar especialmente preparados o capacitados para hacerlo juiciosamente y en consonancia con sus respectivas funciones y mandatos.

Comentario

Las reglas 6.1, 6.2 y 6.3 tratan varios aspectos importantes de una administración de justicia de menores eficaz, justa y humanitaria: la necesidad de permitir el ejercicio de las facultades discrecionales en todos los niveles importantes del procedimiento, de modo que los que adoptan determinaciones puedan tomar las medidas que estimen más adecuadas en cada caso particular, y la necesidad de prever controles y equilibrios a fin de restringir cualquier abuso de las facultades discrecionales y salvaguardar los derechos del joven delincuente. La competencia y el profesionalismo son los instrumentos más adecuados para restringir el ejercicio excesivo de dichas facultades. Por ello, se hace especial hincapié en la idoneidad profesional y en la capacitación de los expertos como un medio valioso para asegurar el ejercicio prudente de las facultades discrecionales en materia de delincuencia de menores. (Véanse también las reglas 1.6 y 2.2.) En este contexto, se pone de relieve la formulación de directrices concretas acerca del ejercicio de dichas facultades y el establecimiento de un sistema de revisión y de apelación u otro sistema análogo a fin de permitir el examen minucioso de las decisiones y la competencia. Esos mecanismos no se concretan en el presente documento, pues no se prestan fácilmente para incorporarlos en reglas mínimas internacionales, que probablemente no podrán abarcar todas las diferencias que existen en los sistemas judiciales.

7. **Derechos de los menores**

7.1 En todas las etapas del proceso se respetarán garantías procesales básicas tales como la presunción de inocencia, el derecho a ser notificado de las acusaciones, el derecho a no responder, el derecho al asesoramiento, el derecho a la presencia de los padres o tutores, el derecho a la confrontación con los testigos y a interrogar a éstos y el derecho de apelación ante una autoridad superior.

Comentario

La regla 7.1 hace hincapié en algunos aspectos importantes que representan elementos fundamentales de todo juicio imparcial y justo y que son internacionalmente reconocidos en los instrumentos de derechos humanos vigentes. (Véase también la regla 14.) La presunción de inocencia, por ejemplo, también figura en el artículo 11 de la Declaración Universal de Derechos Humanos y en el párrafo 2 del artículo 14 del Pacto Internacional de Derechos Civiles y Políticos.

Las reglas 14 y siguientes de las presentes Reglas mínimas precisan cuestiones que son importantes con respecto al procedimiento en los asuntos de menores en particular, mientras que la regla 7.1 ratifica en forma general las garantías procesales más fundamentales.

8. **Protección de la intimidad**

8.1 Para evitar que la publicidad indebida o el proceso de difamación perjudiquen a los menores, se respetará en todas las etapas el derecho de los menores a la intimidad.

8.2 En principio, no se publicará ninguna información que pueda dar lugar a la individualización de un menor delincuente.

Comentario

La regla 8 destaca la importancia de la protección del derecho de los menores a la intimidad. Los jóvenes son particularmente vulnerables a la difamación. Los estudios criminológicos sobre los procesos de difamación han suministrado pruebas sobre los efectos perjudiciales (de diversos tipos) que dimanan de la individualización permanente de los jóvenes como «delincuentes» o «criminales».

La regla 8 también hace hincapié en la importancia de proteger a los menores de los efectos adversos que pueden resultar de la publicación en los medios de comunicación de informaciones acerca del caso (por ejemplo, el nombre de los menores que se presume delincuentes o que son condenados). Corresponde proteger y defender, al menos en principio, el interés de la persona. (El contenido general de la regla 8 se sigue concretando en la regla 21.)

9. **Cláusulas de salvedad**

9.1 Ninguna disposición de las presentes Reglas podrá ser interpretada en el sentido de excluir a los menores del ámbito de la aplicación de las Reglas mínimas para el tratamiento de los reclusos aprobadas por las Naciones Unidas y de otros instrumentos y normas reconocidos por la comunidad internacional relativos al cuidado y protección de los jóvenes.

Comentario

La regla 9 tiene por objeto evitar todo equívoco en lo tocante a la interpretación y aplicación de las presentes Reglas en consonancia con los principios contenidos en los instrumentos y normas internacionales pertinentes –vigentes o en desarrollo– relativos a los derechos humanos, como la Declaración Universal de Derechos Humanos, el Pacto Internacional de Derechos Económicos, Sociales y Culturales y el Pacto Internacional de Derechos Civiles y Políticos, la Declaración de los Derechos del Niño y el proyecto de convención sobre los derechos del niño. Conviene precisar que la aplicación de las presentes Reglas es sin perjuicio del cumplimiento de cualesquiera instrumentos internacionales que contengan disposiciones de aplicación más amplia. (Véase también la regla 27.)

II. PARTE

Investigación y procesamiento

10. Primer contacto

10.1 Cada vez que un menor sea detenido, la detención se notificará inmediatamente a sus padres o su tutor, y cuando no sea posible dicha notificación inmediata, se notificará a los padres o al tutor en el más breve plazo posible.

10.2 El juez, funcionario u organismo competente examinará sin demora la posibilidad de poner en libertad al menor.

10.3 Sin perjuicio de que se consideren debidamente las circunstancias de cada caso, se establecerán contactos entre los organismos encargados de hacer cumplir la ley y el menor delincuente para proteger la condición jurídica del menor, promover su bienestar y evitar que sufra daño.

Comentario

En principio, la regla 10.1 figura en la regla 92 de las Reglas mínimas para el tratamiento de los reclusos.

La posibilidad de poner en libertad al menor (regla 10.2) deberá ser examinada sin demora por el juez u otros funcionarios competentes. Por éstos se entiende toda persona o institución en el más amplio sentido de la palabra, incluidas las juntas de la comunidad y las autoridades de policía, que tengan facultades para poner en libertad a la persona detenida. (Véase también el párr. 3 del artículo 9 del Pacto Internacional de Derechos Civiles y Políticos.)

La regla 10.3 trata de algunos aspectos fundamentales del procedimiento y del comportamiento que deben observar los agentes de policía y otros funcionarios encargados de hacer cumplir la ley en los casos de delincuencia de menores. La expresión «evitar ... daño» constituye una fórmula flexible que abarca múltiples aspectos de posible interacción (por ejemplo, el empleo de un lenguaje duro, la violencia física, el contacto con el ambiente). Como la participación en actuaciones de la justicia de menores puede por sí sola causar «daño» a los menores, la expresión «evitar ... daño» debe, por consiguiente, interpretarse en el sentido amplio de reducir al mínimo el daño al menor en la primera instancia, así como cualquier daño adicional o innecesario. Ello es de particular importancia en el primer contacto con las organizaciones encargadas de hacer cumplir la ley, que puede influir profundamente en la actitud del menor hacia el Estado y la sociedad. Además, el éxito de cualquier otra intervención depende en gran medida de esos primeros contactos. En tales casos, la comprensión y la firmeza bondadosa son importantes.

11. Remisión de casos

11.1 Se examinará la posibilidad, cuando proceda, de ocuparse de los menores delincuentes sin recurrir a las autoridades competentes, mencionadas en la regla 14.1 infra, para que los juzguen oficialmente.

11.2 La policía, el Ministerio fiscal y otros organismos que se ocupen de los casos de delincuencia de menores estarán facultados para fallar dichos casos discrecionalmente, sin necesidad de vista oficial, con arreglo a los criterios establecidos al efecto en los respectivos sistemas jurídicos y también en armonía con los principios contenidos en las presentes Reglas.

11.3 Toda remisión que signifique poner al menor a disposición de las instituciones pertinentes de la comunidad o de otro tipo estará supeditada al consentimiento del menor o al de sus padres o su tutor; sin embargo, la decisión relativa a la remisión del caso se someterá al examen de una autoridad competente, cuando así se solicite.

11.4 Para facilitar la tramitación discrecional de los casos de menores, se procurará facilitar a la comunidad programas de supervisión y orientación temporales, restitución y compensación a las víctimas.

Comentario

La remisión, que entraña la supresión del procedimiento ante la justicia penal y, con frecuencia, la reorientación hacia servicios apoyados por la comunidad, se practica habitualmente en muchos sistemas jurídicos con carácter oficial y oficioso. Esta práctica sirve para mitigar los efectos negativos de la continuación del procedimiento en la administración de la justicia de menores (por ejemplo, el estigma de la condena o la sentencia). En muchos casos la no intervención sería la mejor respuesta. Por ello la remisión desde el comienzo y sin envío a servicios sustitutorios (sociales) puede constituir la respuesta óptima. Así sucede especialmente cuando el delito no tiene un carácter grave y cuando la familia, la escuela y otras instituciones de control social oficioso han reaccionado ya de forma adecuada y constructiva o es probable que reaccionen de ese modo.

Como se prevé en la regla 11.2, la remisión puede utilizarse en cualquier momento del proceso de adopción de decisiones por la policía, el Ministerio fiscal u otros órganos como los tribunales, juntas o consejos. La remisión pueden realizarla una, varias o todas las autoridades, según las reglas y normas de los respectivos sistemas y en consonancia con las presentes Reglas. No debe limitarse necesariamente a los casos menores, de modo que la remisión se convierta en un instrumento importante.

La regla 11.3 pone de relieve el requisito primordial de asegurar el consentimiento del menor delincuente (o de sus padres o tutores) con respecto a las medidas de remisión recomendadas (la remisión que consiste en la prestación de servicios a la comunidad sin dicho consentimiento, constituiría una infracción al Convenio sobre la abolición del trabajo forzoso). No obstante, es necesario que la validez del consentimiento se pueda impugnar, ya que el menor algunas veces podría prestarlo por pura desesperación. La regla subraya que se deben tomar precauciones para disminuir al mínimo la posibilidad de coerción e intimidación en todos los niveles del proceso de remisión. Los menores no han de sentirse presionados (por ejemplo, a fin de evitar la comparecencia ante el tribunal) ni deben ser presionados para lograr su consentimiento en los programas de remisión. Por ello, se aconseja que se tomen disposiciones para una evaluación objetiva de la conveniencia de que intervenga una «autoridad competente cuando así se solicite» en las actuaciones relativas a menores delincuentes. (La «autoridad competente» puede ser distinta de la que se menciona en la regla 14.)

La regla 11.4 recomienda que se prevean opciones sustitutorias viables del procesamiento ante la justicia de menores en la forma de una remisión basada en la comunidad. Se recomiendan especialmente los programas que entrañan la avenencia mediante la indemnización de la víctima y los que procuran evitar futuras transgresiones de la ley gracias a la supervisión y orientación temporales. Los antecedentes de fondo de los casos particulares determinarán el carácter adecuado de la remisión, aun cuando se hayan cometido delitos más graves (por ejemplo, el primer delito, el hecho que se haya cometido bajo la presión de los compañeros del menor, etc.)

12. **Especialización policial**

12.1 Para el mejor desempeño de sus funciones, los agentes de policía que traten a menudo o de manera exclusiva con menores o que se dediquen fundamentalmente a la prevención de la delincuencia de menores, recibirán instrucción y capacitación especial. En las grandes ciudades habrá contingentes especiales de policía con esa finalidad.

Comentario

La regla 12 señala la necesidad de impartir una formación especializada a todos los funcionarios encargados de hacer cumplir la ley que intervengan en la administración de la justicia de menores. Como la policía es el primer punto de contacto con el sistema de la justicia de menores, es muy importante que actúe de manera informada y adecuada.

Aunque la relación entre la urbanización y el delito es sin duda compleja, el incremento de la delincuencia juvenil va unido al crecimiento de las grandes ciudades, sobre todo a un crecimiento rápido y no planificado. Por consiguiente, son indispensables contingentes especializados de policía, no sólo como garantía de la aplicación de los principios concretos previstos en el presente instrumento (como la regla 1.6), sino también, de forma más general, para mejorar la prevención y represión de la delincuencia de menores y el tratamiento de los menores delincuentes.

13. **Prisión preventiva**

13.1 Sólo se aplicará la prisión preventiva como último recurso y durante el plazo más breve posible.

13.2 Siempre que sea posible, se adoptarán medidas sustitutorias de la prisión preventiva, como la supervisión estricta, la custodia permanente, la asignación a una familia o el traslado a un hogar o a una institución educativa.

13.3 Los menores que se encuentren en prisión preventiva gozarán de todos los derechos y garantías previstos en las Reglas mínimas para el tratamiento de los reclusos aprobadas por las Naciones Unidas.

13.4 Los menores que se encuentren en prisión preventiva estarán separados de los adultos y recluidos en establecimientos distintos o en recintos separados en los establecimientos en que haya detenidos adultos.

13.5 Mientras se encuentren bajo custodia, los menores recibirán cuidados, protección y toda la asistencia –social, educacional, profesional, sicológica, médica y física– que requieran, habida cuenta de su edad, sexo y características individuales.

Comentario

No se debe subestimar el peligro de que los menores sufran «influencias corruptoras» mientras se encuentren en prisión preventiva. De ahí la importancia de insistir en la necesidad de medidas sustitutorias. De esta forma la regla 13.1 anima a idear medidas nuevas e innovadoras que permitan evitar dicha prisión preventiva en interés del bienestar del menor.

Los menores que se encuentren en prisión preventiva deben gozar de todos los derechos y garantías previstas en las Reglas mínimas para el tratamiento de los reclusos, así como en el Pacto Internacional de Derechos Civiles y Políticos, especialmente en el artículo 9, en el inciso bdel párrafo 2 del artículo 10 y en el párrafo 3 de dicho artículo.

La regla 13.4 no impedirá a los Estados tomar otras medidas contra la influencia negativa de los delincuentes adultos que sean al menos tan eficaces como las mencionadas en la regla.

Las diferentes formas de asistencia que pueden llegar a ser necesarias se han enumerado para señalar la amplia gama de necesidades concretas de los jóvenes reclusos que hay que atender (por ejemplo, mujeres u hombres, toxicómanos, alcohólicos, menores con perturbaciones mentales, jóvenes que sufren el trauma, por ejemplo, del propio arresto, etc.).

Las diversas características físicas y sicológicas de los jóvenes reclusos pueden justificar medidas de clasificación por las que algunos de ellos estén recluidos aparte mientras se encuentren en prisión preventiva, lo que contribuye a evitar que se conviertan en víctimas de otros reclusos y permite prestarles una asistencia más adecuada.

El Sexto Congreso de las Naciones Unidas sobre Prevención del Delito y Tratamiento del Delincuente, en su resolución 4, sobre la elaboración de normas de justicia de menores, especificaba que dichas reglas debían, entre otras cosas, reflejar el principio básico de que la prisión preventiva debe usarse únicamente como último recurso, que no debe mantenerse a ningún menor en una institución donde sea vulnerable a las influencias negativas de reclusos adultos y que deben tenerse siempre en cuenta las necesidades propias de su estado de desarrollo.

III. PARTE

De la sentencia y la resolución

14. Autoridad competente para dictar sentencia

14.1 Todo menor delincuente cuyo caso no sea objeto de remisión (con arreglo a la regla 11) será puesto a disposición de la autoridad competente (corte, tribunal, junta, consejo, etc.), que decidirá con arreglo a los principios de un juicio imparcial y equitativo.

14.2 El procedimiento favorecerá los intereses del menor y se sustanciará en un ambiente de comprensión, que permita que el menor participe en él y se exprese libremente.

Comentario

No es fácil elaborar una definición de órgano o persona competente para dictar sentencia que goce de aceptación universal. Con «autoridad competente» se trata de designar a aquellas personas que presiden cortes o tribunales (unipersonales o colegiados), incluidos los jueces letrados y no letrados, así como las administrativas (por ejemplo, los sistemas escocés y escandinavo), u otros organismos comunitarios y más oficiosos de arbitraje, cuya naturaleza les faculte para dictar sentencia.

Sea como fuere, el procedimiento aplicable a los menores delincuentes deberá ceñirse a las reglas mínimas que se aplican en casi todo el mundo a todo delincuente que disponga de defensa con arreglo al procedimiento penal conocido como «debido proceso legal». De conformidad con el debido proceso, en un «juicio imparcial y equitativo» deben darse garantías tales como la presunción de inocencia, la presentación y examen de testigos, la igualdad en materia de medios de defensa judicial, el derecho a no responder, el derecho a decir la última palabra en la vista, el derecho de apelación, etc. (Véase también la regla 7.1)

15. **Asesoramiento jurídico y derechos de los padres y tutores**

15.1 El menor tendrá derecho a hacerse representar por un asesor jurídico durante todo el proceso o a solicitar asistencia jurídica gratuita cuando esté prevista la prestación de dicha ayuda en el país.

15.2 Los padres o tutores tendrán derecho a participar en las actuaciones y la autoridad competente podrá requerir su presencia en defensa del menor. No obstante, la autoridad competente podrá denegar la participación si existen motivos para presumir que la exclusión es necesaria en defensa del menor.

Comentario

La terminología que se usa en la regla 15.1 es similar a la de la regla 93 de las Reglas mínimas para el tratamiento de los reclusos. Si bien el asesoramiento jurídico y la asistencia judicial gratuita son necesarias para garantizar la asistencia judicial al menor, el derecho de los padres o tutores a participar según se indica en la regla 15.2 debe considerarse como una asistencia general al menor, de naturaleza sicológica y emotiva, que se extiende a lo largo de todo el proceso.

La autoridad competente, para dictar una sentencia justa en el caso, puede utilizar con provecho, sobre todo, la colaboración de los representantes legales del menor (o, a los mismos efectos, de algún otro asistente personal en el que el menor pueda depositar y deposite realmente su confianza). Este interés puede verse frustrado si la presencia de los padres o tutores en las vistas ejerce una influencia negativa, por ejemplo si manifiestan una actitud hostil hacia el menor, de ahí que deba preverse la posibilidad de su exclusión de la vista.

16. **Informes sobre investigaciones sociales**

16.1 Para facilitar la adopción de una decisión justa por parte de la autoridad competente, y a menos que se trate de delitos leves, antes de que esa autoridad dicte una resolución definitiva se efectuará una investigación completa sobre el medio social y las condiciones en que se desarrolla la vida del menor y sobre las circunstancias en las que se hubiere cometido el delito.

Comentario

Los informes preparados sobre la base de investigaciones de carácter social (informes sociales o informes previos a la sentencia) constituyen una ayuda indispensable en la mayoría de los procesos incoados a menores delincuentes. La autoridad competente debe estar informada de los antecedentes sociales y familiares del menor, su trayectoria escolar, sus experiencias educativas, etc. Con ese fin, en algunos ámbitos judiciales se recurre a servicios sociales especiales o a personal especializado que dependen de los tribunales o de las juntas. Otras clases de personal, como los agentes de libertad vigilada, pueden desempeñar las mismas funciones. Así la regla exige que haya servicios sociales adecuados que preparen informes especializados basados en investigaciones de carácter social.

17. **Principios rectores de la sentencia y la resolución**

17.1 La decisión de la autoridad competente se ajustará a los siguientes principios:

a) La respuesta que se dé al delito será siempre proporcionada, no sólo a las circunstancias y la gravedad del delito, sino también a las circunstancias y necesidades del menor, así como a las necesidades de la sociedad;

b) Las restricciones a la libertad personal del menor se impondrán sólo tras cuidadoso estudio y se reducirán al mínimo posible;

c) Sólo se impondrá la privación de libertad personal en el caso de que el menor sea condenado por un acto grave en el que concurra violencia contra otra persona o por la reincidencia en cometer otros delitos graves, y siempre que no haya otra respuesta adecuada;

d) En el examen de los casos se considerará primordial el bienestar del menor.

17.2 Los delitos cometidos por menores no se sancionarán en ningún caso con la pena capital.

17.3 Los menores no serán sancionados con penas corporales.

17.4 La autoridad competente podrá suspender el proceso en cualquier momento.

Comentario

El principal problema con que se tropieza al elaborar directrices para la resolución judicial en casos de menores estriba en el hecho de que están sin resolver algunos conflictos entre opciones fundamentales, tales como los siguientes:

a) Rehabilitación frente a justo merecido;

b) Asistencia frente a represión y castigo;

c) Respuesta en función de las circunstancias concretas de cada caso frente a respuesta en función de la protección de la sociedad en general;

d) Disuasión de carácter general frente a incapacitación individual.

Los conflictos entre estas opciones son más acusados en los casos de menores que en los casos de adultos. Con la diversidad de causas y respuestas que caracterizan a la delincuencia juvenil se da un intrincado entrelazamiento de estas alternativas.

No incumbe a las presentes Reglas mínimas para la administración de la justicia de menores prescribir el enfoque que haya que seguir, sino más bien determinar uno que esté en la mayor consonancia posible con los principios aceptados a escala internacional. Por consiguiente, los elementos fundamentales contenidos en la regla 17.1, especialmente en los incisos *a)* y *c),* deben considerarse principalmente como directrices prácticas para establecer un punto de partida común; si las autoridades pertinentes actúan en consonancia con ellas (véase también la regla 5), podrán hacer una importante contribución a la protección de los derechos fundamentales de los menores delincuentes, especialmente los derechos fundamentales a la educación y al desarrollo de la personalidad.

El inciso b de la regla 17.1 significa que los enfoques estrictamente punitivos no son adecuados. Si bien en los casos de adultos, y posiblemente también en los casos de delitos graves cometidos por menores, tenga todavía cierta justificación la idea de justo merecido y de sanciones retributivas, en los casos de menores siempre tendrá más peso el interés por garantizar el bienestar y el futuro del joven.

De conformidad con la resolución 8 del Sexto Congreso de las Naciones Unidas, dicho inciso alienta el uso, en la mayor medida posible, de medidas sustitutorias de la reclusión en establecimientos penitenciarios teniendo presente el imperativo de responder a las necesidades concretas de los jóvenes. Debe, pues, hacerse pleno uso de toda la gama de sanciones sustitutorias existentes, y deben establecerse otras nuevas sanciones, sin perder de vista la seguridad pública. Habría de hacerse uso de la libertad vigilada en la mayor medida posible, mediante la suspensión de condenas, condenas condicionales, órdenes de las juntas y otras resoluciones.

El inciso c de la regla 17.1 corresponde a uno de los principios rectores contenidos en la resolución 4 del Sexto congreso, que propugna evitar el encarcelamiento en casos de menores salvo que no haya otra respuesta adecuada para proteger la seguridad pública.

La disposición que prohíbe la pena capital, contenida en la regla 17.2, está en consonancia con el párrafo 5 del artículo 6 del Pacto Internacional de Derechos Civiles y Políticos.

La disposición por la que se prohíbe el castigo corporal (regla 17.3) está en consonancia con el artículo 7 del Pacto Internacional de Derechos Civiles y Políticos y con la Declaración sobre la Protección de Todas las Personas contra la Tortura y Otros Tratos o Penas Crueles, Inhumanos o Degradantes, así como la Convención contra la Tortura y Otros Tratos o Penas Crueles, Inhumanos o Degradantes y el proyecto de convención sobre los derechos del niño.

La facultad de suspender el proceso en cualquier momento (regla 17.4) es una característica inherente al tratamiento dado a los menores frente al dado a los adultos. En cualquier momento pueden llegar a conocimiento de la autoridad competente circunstancias que parezcan aconsejar la suspensión definitiva del proceso.

18. **Pluralidad de medidas resolutorias**

18.1 Para mayor flexibilidad y para evitar en la medida de lo posible el confinamiento en establecimientos penitenciarios, la autoridad competente podrá adoptar una amplia diversidad de decisiones. Entre tales decisiones, algunas de las cuales pueden aplicarse simultáneamente, figuran las siguientes:

a) Órdenes en materia de atención, orientación y supervisión;

b) Libertad vigilada;

c) Órdenes de prestación de servicios a la comunidad;

d) Sanciones económicas, indemnizaciones y devoluciones;

e) Órdenes de tratamiento intermedio y otras formas de tratamiento;

f) Ordenes de participar en sesiones de asesoramiento colectivo y en actividades análogas;

g) Órdenes relativas a hogares de guarda, comunidades de vida u otros establecimientos educativos;

h) Otras órdenes pertinentes.

18.2 Ningún menor podrá ser sustraído, total o parcialmente, a la supervisión de sus padres, a no ser que las circunstancias de su caso lo hagan necesario.

Comentario

La regla 18.1 constituye un intento de enumerar algunas de las respuestas y sanciones importantes a que se ha recurrido hasta la fecha y cuyos buenos resultados han podido comprobarse en diferentes sistemas jurídicos. En general, constituyen opciones prometedoras que convendría difundir y perfeccionar. La regla no alude a las necesidades de personal, dado que en algunas regiones es previsible escasez de personal idóneo; en esas regiones pueden experimentarse o elaborarse medidas cuya aplicación exija menos personal.

Los ejemplos citados en la regla 18.1 tienen en común, ante todo, el hecho de que se basan en la comunidad y apelan a su participación para la aplicación efectiva de resoluciones alternativas. Las correcciones aplicadas en la comunidad son una medida tradicional que asume en la actualidad múltiples facetas. Por ello debería alentarse a las autoridades pertinentes a que prestaran servicios de base comunitaria.

La regla 18.2 hace referencia a la importancia de la familia que, de conformidad con el párrafo 1 del artículo 10 del Pacto Internacional de Derechos Económicos, Sociales y Culturales, es «el elemento natural y fundamental de la sociedad». Dentro de la familia, los padres tienen, no sólo el derecho, sino también la responsabilidad de atender y supervisar a sus hijos. Por consiguiente, la regla 18.2 establece que la separación de los hijos respecto de sus padres sea una medida aplicada como último recurso. Sólo puede recurrirse a ella cuando los hechos que constituyen el caso exigen claramente la adopción de esta grave medida (por ejemplo, el abuso de menores).

19. Carácter excepcional del confinamiento en establecimientos penitenciarios

19.1 El confinamiento de menores en establecimientos penitenciarios se utilizará en todo momento como último recurso y por el más breve plazo posible.

Comentario

Los criminólogos más avanzados abogan por el tratamiento fuera de establecimientos penitenciarios. Las diferencias encontradas en el grado de eficacia del confinamiento en establecimientos penitenciarios comparado con las medidas que excluyen dicho confinamiento son pequeñas o inexistentes. Es evidente que las múltiples influencias negativas que todo ambiente penitenciario parece ejercer inevitablemente sobre el individuo no pueden neutralizarse con un mayor cuidado en el tratamiento. Sucede así sobre todo en el caso de los menores, que son especialmente vulnerables a las influencias negativas; es más, debido a la temprana etapa de desarrollo en que éstos se encuentran, no cabe duda de que tanto la pérdida de la libertad como el estar aislados de su contexto social habitual agudizan los efectos negativos.

La regla 19 pretende restringir el confinamiento en establecimientos penitenciarios en dos aspectos: en cantidad («último recurso») y en tiempo («el más breve plazo posible»). La regla 19 recoge uno de los principios rectores básicos de la resolución 4 del Sexto Congreso de las Naciones Unidas: un menor delincuente no puede ser encarcelado salvo que no exista otra respuesta adecuada. La regla, por consiguiente, proclama el principio de que, si un menor debe ser confinado en un establecimiento penitenciario, la pérdida de la libertad debe limitarse al menor grado posible, a la vez que se hacen arreglos institucionales especiales para su confinamiento sin perder de vista las diferencias entre los distintos tipos de delincuentes, delitos y establecimientos penitenciarios. En definitiva, deben considerarse preferibles los establecimientos «abiertos» a los «cerrados». Por otra parte, cualquier instalación debe ser de tipo correccional o educativo antes que carcelario.

20. Prevención de demoras innecesarias

20.1 Todos los casos se tramitarán desde el comienzo de manera expedita y sin demoras innecesarias.

Comentario

La rapidez en la tramitación de los casos de menores es de fundamental importancia. De no ser así, peligrarían cualesquiera efectos positivos que el procedimiento y la resolución pudieran acarrear. Con el transcurso del tiempo, el menor tendrá dificultades intelectuales y sicológicas cada vez mayores, por no decir insuperables, para establecer una relación entre el procedimiento y la resolución, por una parte, y el delito, por otra.

21. Registros

21.1 Los registros de menores delincuentes serán de carácter estrictamente confidencial y no podrán ser consultados por terceros. Sólo tendrán acceso a dichos archivos las personas que participen directamente en la tramitación de un caso en curso, así como otras personas debidamente autorizadas.

21.2 Los registros de menores delincuentes no se utilizarán en procesos de adultos relativos a casos subsiguientes en los que esté implicado el mismo delincuente.

Comentario

La regla trata de ser una transacción entre intereses contrapuestos en materia de registros y expedientes: los de los servicios de policía, el Ministerio fiscal y otras autoridades por aumentar la vigilancia, y los intereses del delincuente. (Véase también la regla 8.) La expresión «otras personas debidamente autorizadas» suele aplicarse, entre otros, a los investigadores.

22. Necesidad de personal especializado y capacitado

22.1 Para garantizar la adquisición y el mantenimiento de la competencia profesional necesaria a todo el personal que se ocupa de casos de menores, se impartirá enseñanza profesional, cursos de capacitación durante el servicio y cursos de repaso, y se emplearán otros sistemas adecuados de instrucción.

22.2 El personal encargado de administrar la justicia de menores responderá a las diversas características de los menores que entran en contacto con dicho sistema. Se procurará garantizar una representación equitativa de mujeres y de minorías en los organismos de justicia de menores.

Comentario

Las personas competentes para conocer en estos casos pueden tener orígenes muy diversos (jueces municipales en el Reino Unido de Gran Bretaña e Irlanda del Norte y en las regiones en que ha tenido influencia el sistema jurídico de ese país; jueces con formación jurídica en los países que siguen el derecho romano y en las regiones de su influencia; personas con formación jurídica o sin ella designadas por elección o por nombramiento administrativo, miembros de juntas de la comunidad, etc., en otras regiones). Es indispensable que todas estas personas tengan siquiera una formación mínima en materia de derecho, sociología, sicología, criminología y ciencias del comportamiento. Esta es una cuestión a la que se atribuye tanta importancia como a la especialización orgánica y a la independencia de la autoridad competente.

Tratándose de trabajadores sociales y de agentes de libertad vigilada, tal vez no sea viable la exigencia de especialización profesional como requisito previo para el desempeño de funciones en el ámbito de la delincuencia juvenil. De modo que la titulación mínima podrá obtenerse mediante la instrucción profesional en el empleo.

Las titulaciones profesionales constituyen un elemento fundamental para garantizar la administración imparcial y eficaz de la justicia de menores. Por consiguiente, es necesario mejorar los sistemas de contratación, ascenso y capacitación profesional del personal y dotarlo de los medios necesarios para el desempeño correcto de sus funciones.

Para lograr la imparcialidad de la administración de la justicia de menores debe evitarse todo género de discriminación por razones políticas, sociales, sexuales, raciales, religiosas, culturales o de otra índole en la selección, contratación y ascenso del personal encargado de la justicia de menores. Así lo recomendó el Sexto Congreso. Por otra parte, el Sexto Congreso hizo un llamamiento a los Estados Miembros para que garantizaran el tratamiento justo y equitativo de las mujeres como miembros del personal encargado de administrar la justicia penal y recomendó que se adoptaran medidas especiales para contratar, dar capacitación y facilitar el ascenso de personal femenino en la administración de la justicia de menores.

IV. PARTE

Tratamiento fuera de los establecimientos penitenciarios

23. Ejecución efectiva de la resolución

23.1 Se adoptarán disposiciones adecuadas para la ejecución de las órdenes que dicte la autoridad competente, y que se mencionan en la regla 14.1, por esa misma autoridad o por otra distinta si las circunstancias así lo exigen.

23.2 Dichas disposiciones incluirán la facultad otorgada a la autoridad competente para modificar dichas órdenes periódicamente según estime pertinente, a condición de que la modificación se efectúe en consonancia con los principios enunciados en las presentes Reglas.

Comentario

En los casos de menores, más que en los de adultos, las resoluciones tienden a influir en la vida del menor durante largos períodos de tiempo. De ahí la importancia de que la autoridad competente o un órgano independiente (junta de libertad bajo palabra, autoridad encargada de supervisar la libertad vigilada, institución de bienestar juvenil u otras autoridades) con calificaciones iguales a las de la autoridad competente que conoció del caso originalmente, supervisen la ejecución de la sentencia. La creación del cargo de juez de la ejecución de penas en algunos países obedece a este propósito.

La composición, los poderes y las funciones de la autoridad deben ser flexibles; en la regla 23 se describen en general con objeto de facilitar su amplia aceptación.

24. **Prestación de asistencia**

24.1 Se procurará proporcionar a los menores, en todas las etapas del procedimiento, asistencia en materia de alojamiento, enseñanza o capacitación profesional, empleo o cualquiera otra forma de asistencia, útil y práctica, para facilitar el proceso de rehabilitación.

Comentario

La consideración fundamental es la promoción del bienestar del menor. Por tanto, la regla 24 subraya la importancia de facilitar instalaciones, servicios y otra asistencia necesaria que redunde en los mejores intereses del menor durante todo el proceso de rehabilitación.

25. **Movilización de voluntarios y otros servicios de carácter comunitario**

25.1 Se recurrirá a los voluntarios, a las organizaciones de voluntarios, a las instituciones locales y a otros recursos de la comunidad para que contribuyan eficazmente a la rehabilitación del menor en un ambiente comunitario y, en la forma en que ésta sea posible, en el seno de la unidad familiar.

Comentario

Esta regla refleja la necesidad de que todas las actividades relacionadas con los delincuentes menores estén orientadas a la rehabilitación. La cooperación de la comunidad es indispensable para seguir eficazmente las directrices de la autoridad competente. Los voluntarios y los servicios de carácter voluntario, en particular, resultan una fuente de actividades útiles, en gran medida no utilizada actualmente. En algunos casos, la cooperación de antiguos delincuentes (incluidos antiguos toxicómanos) puede ser extremadamente valiosa.

La regla 25 deriva de los principios estipulados en las reglas 1.1 a 1.6 y sigue las disposiciones pertinentes del Pacto Internacional de Derechos Civiles y Políticos.

V. PARTE

Tratamiento en establecimientos penitenciarios

26. **Objetivos del tratamiento en establecimientos penitenciarios**

26.1 La capacitación y el tratamiento de menores confinados en establecimientos penitenciarios tienen por objeto garantizar su cuidado y protección, así como su educación y formación profesional para permitirles que desempeñen un papel constructivo y productivo en la sociedad.

26.2 Los menores confinados en establecimientos penitenciarios recibirán los cuidados, la protección y toda la asistencia necesaria –social, educacional, profesional, sicológica, médica y física– que puedan requerir debido a su edad, sexo y personalidad y en interés de su desarrollo sano.

26.3 Los menores confinados en establecimientos penitenciarios se mantendrán separados de los adultos y estarán detenidos en un establecimiento separado o en una parte separada de un establecimiento en el que también estén encarcelados adultos.

26.4 La delincuente joven confinada en un establecimiento merece especial atención en lo que atañe a sus necesidades y problemas personales. En ningún caso recibirá menos cuidados, protección, asistencia, tratamiento y capacitación que el delincuente joven. Se garantizará su tratamiento equitativo.

26.5 En el interés y bienestar del menor confinado en un establecimiento penitenciario, tendrán derecho de acceso los padres o tutores.

26.6 Se fomentará la cooperación entre los ministerios y los departamentos para dar formación académica o, según proceda, profesional adecuada al menor que se encuentre confinado en un establecimiento penitenciario a fin de garantizar que al salir no se encuentre en desventaja en el plano de la educación.

Comentario

Los objetivos del tratamiento en establecimientos, tal como se enuncian en las reglas 26.1 y 26.2, serían aceptables para cualquier sistema o cultura. No obstante, dichos objetivos no se han alcanzado en todos los lugares y aún queda mucho por hacer en este sentido.

La asistencia médica y sicológica, en particular, es extremadamente importante para los toxicómanos confinados en establecimientos, y para los jóvenes violentos y enfermos mentales.

Evitar las influencias negativas ejercidas por delincuentes adultos y proteger el bienestar del menor en un ambiente penitenciario, como se estipula en la regla 26.3, está en armonía con los principios rectores básicos de las Reglas establecidos por el Sexto Congreso en su resolución 4. Esta regla no impedirá a los Estados tomar otras medidas contra la influencia negativa de los delincuentes adultos que sean al menos tan eficaces como las mencionadas en la regla. (Véase también la regla 13.4)

La regla 26.4 obedece a que las delincuentes suelen recibir menos atención que los delincuentes, como indicó el Sexto Congreso. En particular, la resolución 9 del Sexto Congreso pide que se dé un tratamiento equitativo a la delincuente en todas las etapas del proceso de justicia penal y que se preste especial atención a sus problemas y necesidades particulares mientras esté confinada. Además, esta regla debería también considerarse teniendo en cuenta la Declaración de Caracas del Sexto Congreso que, entre otras cosas, pide un tratamiento igual en la administración de justicia penal, y la Declaración sobre la eliminación de la discriminación contra la mujer y la Convención sobre la eliminación de todas las formas de discriminación contra la mujer.

El derecho de acceso (regla 26.5) dimana de las disposiciones de las reglas 7.1, 10.1, 15.2 y 18.2. La cooperación entre ministerios y entre departamentos (regla 26.6) es de particular importancia para mejorar en términos generales la calidad del tratamiento y la capacitación en los establecimientos penitenciarios.

27. Aplicación de las Reglas mínimas para el tratamiento de los reclusos aprobadas por las Naciones Unidas

27.1 En principio, las Reglas mínimas para el tratamiento de los reclusos y las recomendaciones conexas serán aplicables en la medida pertinente al tratamiento de los menores delincuentes en establecimientos penitenciarios, inclusive los que estén en prisión preventiva.

27.2 Con objeto de satisfacer las diversas necesidades del menor específicas a su edad, sexo y personalidad, se procurará aplicar los principios pertinentes de las mencionadas Reglas mínimas para el tratamiento de los reclusos en toda la medida de lo posible.

Comentario

Las Reglas mínimas para el tratamiento de los reclusos figuran entre los primeros instrumentos de ese tipo promulgados por las Naciones Unidas. En general se reconoce que dichas Reglas han tenido consecuencias a escala mundial. Pese a que hay países en los que su aplicación es más una aspiración que una realidad, esas Reglas siguen ejerciendo una importante influencia en la administración humanitaria y equitativa de los establecimientos correccionales.

Algunos principios fundamentales relativos a los menores delincuentes en establecimientos penitenciarios están recogidos ya en las Reglas mínimas para el tratamiento de los reclusos (cuartos destinados al alojamiento, características arquitectónicas de los locales, camas, ropas, quejas y peticiones, contactos con el mundo exterior, alimentación, atención médica, servicios religiosos, separación por edades, personal, trabajo, etc.), así como los relativos a las medidas punitivas, disciplinarias y de coerción aplicables a los delincuentes peligrosos. Sería inoportuno modificar dichas Reglas mínimas en función de las características especiales que han de tener los establecimientos penitenciarios de menores dentro del ámbito de las presentes Reglas mínimas para la administración de la justicia de menores.

La regla 27 se centra en los requisitos necesarios aplicables a un menor confinado en un establecimiento penitenciario (regla 27.1), así como en las diversas necesidades específicas a su edad, sexo y personalidad (regla 27.2). Por consiguiente, los objetivos y el contenido de la regla están relacionados con las disposiciones pertinentes de las Reglas mínimas para el tratamiento de los reclusos.

28. **Frecuente y pronta concesión de la libertad condicional**

28.1 La autoridad pertinente recurrirá en la mayor medida posible a la libertad condicional y la concederá tan pronto como sea posible.

28.2 Los menores en libertad condicional recibirán asistencia del correspondiente funcionario a cuya supervisión estarán sujetos, y el pleno apoyo de la comunidad.

Comentario

La facultad para conceder la libertad condicional puede conferirse a la autoridad que se menciona en la regla 14.1 o a una autoridad distinta. De ahí que en el presente caso proceda hablar de «correspondiente» y no de autoridad «competente».

Cuando las circunstancias lo permitan, se deberá optar por conceder la libertad condicional en lugar de dejar que el menor cumpla toda la pena. Cuando se tengan pruebas de un progreso satisfactorio hacia la rehabilitación, siempre que sea posible podrá concederse la libertad condicional, incluso a delincuentes que se consideraron peligrosos en el momento de su confinamiento en un establecimiento penitenciario. Al igual que la libertad vigilada, la libertad condicional podrá supeditarse al cumplimiento satisfactorio de los requisitos especificados por las autoridades pertinentes durante un período de tiempo estipulado en la orden, por ejemplo, el relativo al «buen comportamiento» del delincuente, la participación en programas comunitarios, su residencia en establecimientos de transición, etc.

Cuando se conceda la libertad condicional a un delincuente se deberá designar a un agente de libertad vigilada o a otro funcionario para que supervise su comportamiento y le preste asistencia (en particular si aún no se ha implantado el régimen de libertad vigilada), y estimular el apoyo de la comunidad.

29. **Sistemas intermedios**

29.1 Se procurará establecer sistemas intermedios como establecimientos de transición, hogares educativos, centros de capacitación diurnos y otros sistemas pertinentes que puedan facilitar la adecuada reintegración de los menores a la sociedad.

Comentario

No hace falta subrayar la importancia de la asistencia postcarcelaria. La presente regla hace hincapié en la necesidad de establecer una red de mecanismos intermedios.

Esta regla recalca también la necesidad de una gama de instalaciones y servicios destinados a satisfacer las necesidades del joven delincuente que vuelve a la comunidad y a facilitar asesoramiento y apoyo estructural como un paso importante hacia la buena reintegración en la sociedad.

VI. PARTE

Investigación, planificación y formulación y evaluación de políticas

30. **La investigación como base de la planificación y de la formulación y la evaluación de políticas**

30.1 Se procurará organizar y fomentar las investigaciones necesarias como base para una planificación y una formulación de políticas que sean efectivas.

30.2 Se procurará revisar y evaluar periódicamente las tendencias, los problemas y las causas de la delincuencia y criminalidad de menores, así como las diversas necesidades particulares del menor en custodia.

30.3 Se procurará establecer con carácter regular un mecanismo de evaluación e investigación en el sistema de administración de justicia de menores y recopilar y analizar los datos y la información pertinentes con miras a la debida evaluación y perfeccionamiento ulterior de dicho sistema.

30.4 La prestación de servicios en la administración de justicia de menores se preparará y ejecutará de modo sistemático como parte integrante de los esfuerzos de desarrollo nacional.

Comentario

La utilización de la investigación como base de una política racional de justicia de menores se ha reconocido ampliamente que constituye un importante mecanismo para lograr que las medidas prácticas tengan en cuenta la evolución y el mejoramiento continuos del sistema de justicia de menores. En la esfera de la delincuencia de menores es especialmente importante la influencia recíproca entre la investigación y las políticas. Debido a los cambios rápidos y a menudo espectaculares del estilo de vida de la juventud y de las formas y dimensiones de la criminalidad de menores, la respuesta de la sociedad y la justicia a la criminalidad y a la delincuencia de menores pronto quedan anticuadas e inadecuadas.

Por consiguiente, la regla 30 establece criterios para integrar la investigación en el proceso de formulación y aplicación de políticas en la administración de justicia de menores. La regla subraya en particular la necesidad de una revisión y evaluación regulares de los actuales programas y medidas y de una planificación en el contexto más amplio de los objetivos globales de desarrollo.

La evaluación constante de las necesidades del menor, así como de las tendencias y problemas de la delincuencia, es un requisito previo para perfeccionar los métodos de formulación de políticas adecuadas y establecer intervenciones apropiadas estructuradas y no estructuradas. En este contexto, la investigación por personas y órganos independientes debería recibir el respaldo de agencias competentes, y para ello podrá ser útil recabar y tener en cuenta las opiniones del propio menor, no sólo de aquellos que están en contacto con el sistema.

El proceso de planificación debe subrayar en particular un sistema más eficaz y equitativo de suministro de los servicios necesarios. Para ello debería efectuarse una evaluación detallada y regular de la amplia gama de necesidades y problemas particulares del menor y una determinación precisa de las prioridades. A este respecto, debería también coordinarse el empleo de los recursos existentes, en particular las medidas sustitutorias y el apoyo de la comunidad que servirían para elaborar determinados procedimientos encaminados a aplicar y supervisar los programas establecidos.

Reglas mínimas de las Naciones Unidas para la protección de los menores privados de libertad (*)

I. Perspectivas fundamentales

1. El sistema de justicia de menores deberá respetar los derechos y la seguridad de los menores y fomentar su bienestar físico y mental. El encarcelamiento deberá usarse como último recurso.

2. Sólo se podrá privar de libertad a los menores de conformidad con los principios y procedimientos establecidos en las presentes Reglas, así como en las Reglas mínimas de las Naciones Unidas para la administración de la justicia de menores (Reglas de Beijing)82. La privación de libertad de un menor deberá decidirse como último recurso y por el período mínimo necesario y limitarse a casos excepcionales. La duración de la sanción debe ser determinada por la autoridad judicial sin excluir la posibilidad de que el menor sea puesto en libertad antes de ese tiempo.

3. El objeto de las presentes Reglas es establecer normas mínimas aceptadas por las Naciones Unidas para la protección de los menores privados de libertad en todas sus formas, compatibles con los derechos humanos y las libertades fundamentales, con miras a contrarrestar los efectos perjudiciales de todo tipo de detención y fomentar la integración en la sociedad.

4. Las Reglas deberán aplicarse imparcialmente a todos los menores, sin discriminación alguna por motivos de raza, color, sexo, edad, idioma, religión, nacionalidad, opinión política o de otra índole, prácticas o creencias culturales, patrimonio, nacimiento, situación de familia, origen étnico o social o incapacidad. Se deberán respetar las creencias religiosas y culturales, así como las prácticas y preceptos morales de los menores.

5. Las Reglas están concebidas para servir de patrones prácticos de referencia y para brindar alicientes y orientación a los profesionales que participen en la administración del sistema de justicia de menores.

6. Las Reglas deberán ponerse a disposición del personal de justicia de menores en sus idiomas nacionales. Los menores que no conozcan suficientemente el idioma hablado por el personal del establecimiento de detención tendrán derecho a los servicios gratuitos de un intérprete siempre que sea necesario, en particular durante los reconocimientos médicos y las actuaciones disciplinarias.

7. Cuando corresponda, los Estados deberán incorporar las presentes Reglas a su legislación o modificarla en consecuencia y establecer recursos eficaces en caso de inobservancia, incluida la indemnización en los casos en que se causen perjuicios a los menores. Los Estados deberán además vigilar la aplicación de las Reglas.

(*) Adoptadas por la Asamblea General en su Resolución 45/113, de 14 de diciembre de 1990.

8. Las autoridades competentes procurarán sensibilizar constantemente al público sobre el hecho de que el cuidado de los menores detenidos y su preparación para su reintegración en la sociedad constituyen un servicio social de gran importancia y, a tal efecto, se deberá adoptar medidas eficaces para fomentar los contactos abiertos entre los menores y la comunidad local.

9. Ninguna de las disposiciones contenidas en las presentes Reglas deberá interpretarse de manera que excluya la aplicación de los instrumentos y normas pertinentes de las Naciones Unidas ni de los referentes a los derechos humanos, reconocidos por la comunidad internacional, que velen mejor por los derechos; la atención y la protección de los menores, de los niños y de todos los jóvenes.

10. En el caso de que la aplicación práctica de las reglas específicas contenidas en las secciones II a V, inclusive, sea incompatible con las reglas que figuran en la presente sección estas últimas prevalecerán sobre las primeras.

II. Alcance y aplicación de las Reglas

11. A los efectos de las presentes Reglas, deben aplicarse las definiciones siguientes:

a) Se entiende por menor toda persona de menos de 18 años de edad. La edad límite por debajo de la cual no se permitirá privar a un niño de su libertad debe fijarse por ley;

b) Por privación de libertad se entiende toda forma de detención o encarcelamiento, así como el internamiento en un establecimiento público o privado del que no se permita salir al menor por su propia voluntad, por orden de cualquier autoridad judicial, administrativa u otra autoridad pública.

12. La privación de la libertad deberá efectuarse en condiciones y circunstancias que garanticen el respeto de los derechos humanos de los menores. Deberá garantizarse a los menores recluidos en centros el derecho a disfrutar de actividades y programas útiles que sirvan para fomentar y asegurar su sano desarrollo y su dignidad, promover su sentido de responsabilidad e infundirles actitudes y conocimientos que les ayuden a desarrollar sus posibilidades como miembros de la sociedad.

13. No se deberá negar a los menores privados de libertad, por razón de su condición, los derechos civiles, económicos, políticos, sociales o culturales que les correspondan de conformidad con la legislación nacional o el derecho internacional y que sean compatibles con la privación de la libertad.

14. La protección de los derechos individuales de los menores por lo que respecta especialmente a la legalidad de la ejecución de las medidas de detención será garantizada por la autoridad competente, mientras que los objetivos de integración social deberán garantizarse mediante inspecciones regulares y otras formas de control llevadas a cabo, de conformidad con las normas internacionales, la legislación y los reglamentos nacionales, por un órgano debidamente constituido que esté autorizado para visitar a los menores y que no pertenezca a la administración del centro de detención.

15. Las presentes Reglas se aplican a todos los centros y establecimientos de detención de cualquier clase o tipo en donde haya menores privados de libertad. Las partes I, II, IV y V de las Reglas se aplican a todos los centros y establecimientos de internamiento en donde haya menores detenidos, en tanto que la parte III se aplica a menores bajo arresto o en espera de juicio.

16. Las Reglas serán aplicadas en el contexto de las condiciones económicas, sociales y culturales imperantes en cada Estado Miembro.

III. Menores detenidos o en prisión preventiva

17. Se presume que los menores detenidos bajo arresto o en espera de juicio son inocentes y deberán ser tratados como tales. En la medida de lo posible, deberá evitarse y limitarse a circunstancias excepcionales la detención antes del juicio. En consecuencia, deberá hacerse todo lo posible por aplicar medidas sustitutorias. Cuando, a pesar de ello, se recurra a la detención preventiva, los tribunales de menores y los órganos de investigación deberán atribuir máxima prioridad a la más rápida tramitación posible de esos casos a fin de que la detención sea lo más breve posible. Los menores detenidos en espera de juicio deberán estar separados de los declarados culpables.

18. Las condiciones de detención de un menor que no haya sido juzgado deberán ajustarse a las reglas siguientes, y a otras disposiciones concretas que resulten necesarias y apropiadas, dadas las exigencias de la presunción de inocencia, la duración de la detención y la condición jurídica y circunstancias de los menores. Entre esas disposiciones figurarán las siguientes, sin que esta enumeración tenga carácter taxativo:

a) Los menores tendrán derecho al asesoramiento jurídico y podrán solicitar asistencia jurídica gratuita, cuando ésta exista, y comunicarse regularmente con sus asesores jurídicos. Deberá respetarse el carácter privado y confidencial de esas comunicaciones;

b) Cuando sea posible, deberá darse a los menores la oportunidad de efectuar un trabajo remunerado y de proseguir sus estudios o capacitación, pero no serán obligados a hacerlo. En ningún caso se mantendrá la detención por razones de trabajo, de estudios o de capacitación;

c) Los menores estarán autorizados a recibir y conservar material de entretenimiento y recreo que sea compatible con los intereses de la administración de justicia.

IV. La administración de los centros de menores

A. *Antecedentes*

19. Todos los informes, incluidos los registros jurídicos y médicos, las actas de las actuaciones disciplinarias, así como todos los demás documentos relacionados con la forma, el contenido y los datos del tratamiento deberán formar un expediente personal y confidencial, que deberá ser actualizado, accesible sólo a personas autorizadas y clasificado de forma que resulte fácilmente comprensible. Siempre que sea posible, todo menor tendrá derecho a impugnar cualquier hecho u opinión que figure en su expediente, de manera que se puedan rectificar las afirmaciones inexactas, infundadas o injustas. Para el ejercicio de este derecho será necesario establecer procedimientos que permitan a un tercero apropiado tener acceso al expediente y consultarlo, si así lo solicita. Al quedar en libertad un menor su expediente será cerrado y, en su debido momento, destruido.

20. Ningún menor deberá ser admitido en un centro de detención sin una orden válida de una autoridad judicial o administrativa u otra autoridad pública. Los detalles de esta orden deberán consignarse inmediatamente en el registro. Ningún menor será detenido en ningún centro en el que no exista ese registro.

B. *Ingreso, registro, desplazamiento y traslado*

21. En todos los lugares donde haya menores detenidos, deberá llevarse un registro completo y fiable de la siguiente información relativa a cada uno de los menores admitidos:

a) Datos relativos a la identidad del menor;

b) Las circunstancias del internamiento, así como sus motivos y la autoridad con que se ordenó;

c) El día y hora del ingreso, el traslado y la liberación;

d) Detalles de la notificación de cada ingreso, traslado o liberación del menor a los padres o tutores a cuyo cargo estuviese en el momento de ser internado;

e) Detalles acerca de los problemas de salud física y mental conocidos, incluido el uso indebido de drogas y de alcohol.

22. La información relativa al ingreso, lugar de internamiento, traslado y liberación deberá notificarse sin demora a los padres o tutores o al pariente más próximo del menor.

23. Lo antes posible después del ingreso, se prepararán y presentarán a la dirección informes completos y demás información pertinente acerca de la situación personal y circunstancias de cada menor.

24. En el momento del ingreso, todos los menores deberán recibir copia del reglamento que rija el centro de detención y una descripción escrita de sus derechos y obligaciones en un idioma que puedan comprender, junto con la dirección de las autoridades competentes ante las que puedan formular quejas, así como de los organismos y organizaciones públicos o privados que presten asistencia jurídica. Para los menores que sean analfabetos o que no puedan comprender el idioma en forma escrita, se deberá comunicar la información de manera que se pueda comprender perfectamente.

25. Deberá ayudarse a todos los menores a comprender los reglamentos que rigen la organización interna del centro, los objetivos y metodología del tratamiento dispensado, las exigencias y procedimientos disciplinarios, otros métodos autorizados para obtener información y formular quejas y cualquier otra cuestión que les permita comprender cabalmente sus derechos y obligaciones durante el internamiento.

26. El transporte de menores deberá efectuarse a costa de la administración, en vehículos debidamente ventilados e iluminados y en condiciones que no les impongan de modo alguno sufrimientos físicos o morales. Los menores no serán trasladados arbitrariamente de un centro a otro.

C. *Clasificación y asignación*

27. Una vez admitido un menor, será entrevistado lo antes posible y se preparará un informe sicológico y social en el que consten los datos pertinentes al tipo y nivel concretos de tratamiento y programa que requiera el menor. Este informe, junto con el preparado por el funcionario médico que haya reconocido al menor en el momento del ingreso, deberá presentarse al director a fin de decidir el lugar más adecuado para la instalación del menor en el centro y determinar el tipo y nivel necesarios de tratamiento y de programa que deberán aplicarse. Cuando se requiera tratamiento rehabilitador especial, y si el tiempo de permanencia en la institución lo permite, funcionarios calificados de la institución deberán preparar un plan

de tratamiento individual por escrito en que se especifiquen los objetivos del tratamiento, el plazo y los medios, etapas y fases en que haya que procurar los objetivos.

28. La detención de los menores sólo se producirá en condiciones que tengan en cuenta plenamente sus necesidades y situaciones concretas y los requisitos especiales que exijan su edad, personalidad, sexo y tipo de delito, así como su salud física y mental, y que garanticen su protección contra influencias nocivas y situaciones de riesgo. El criterio principal para separar a los diversos grupos de menores privados de libertad deberá ser la prestación del tipo de asistencia que mejor se adapte a las necesidades concretas de los interesados y la protección de su bienestar e integridad físicos, mentales y morales.

29. En todos los centros de detención, los menores deberán estar separados de los adultos a menos que pertenezcan a la misma familia. En situaciones controladas, podrá reunirse a los menores con adultos cuidadosamente seleccionados en el marco de un programa especial cuya utilidad para los menores interesados haya sido demostrada.

30. Deben organizarse centros de detención abiertos para menores. Se entiende por centros de detención abiertos aquéllos donde las medidas de seguridad son escasas o nulas. La población de esos centros de detención deberá ser lo menos numerosa posible. El número de menores internado en centros cerrados deberá ser también suficientemente pequeño a fin de que el tratamiento pueda tener carácter individual. Los centros de detención para menores deberán estar descentralizados y tener un tamaño que facilite el acceso de las familias de los menores y su contactos con ellas. Convendrá establecer pequeños centros de detención e integrarlos en el entorno social, económico y cultural de la comunidad.

D. *Medio físico y alojamiento*

31. Los menores privados de libertad tendrán derecho a contar con locales y servicios que satisfagan todas las exigencias de la higiene y de la dignidad humana.

32. El diseño de los centros de detención para menores y el medio físico deberán responder a su finalidad, es decir, la rehabilitación de los menores en tratamiento de internado, teniéndose debidamente en cuenta la necesidad del menor de intimidad, de estímulos sensoriales, de posibilidades de asociación con sus compañeros y de participación en actividades de esparcimiento. El diseño y la estructura de los centros de detención para menores deberán ser tales que reduzcan al mínimo el riesgo de incendio y garanticen una evacuación segura de los locales. Deberá haber un sistema eficaz de alarma en los casos de incendio, así como procedimientos establecidos y ejercicios de alerta que garanticen la seguridad de los menores. Los centros de detención no estarán situados en zonas de riesgos conocidos para la salud o donde existan otros peligros.

33. Los locales para dormir deberán consistir normalmente en dormitorios para pequeños grupos o en dormitorios individuales, teniendo presentes las normas del lugar. Por la noche, todas las zonas destinadas a dormitorios colectivos, deberán ser objeto de una vigilancia regular y discreta para asegurar la protección de todos los menores. Cada menor dispondrá, según los usos locales o nacionales, de ropa de cama individual suficiente, que deberá entregarse limpia, mantenerse en buen estado y mudarse con regularidad por razones de aseo.

34. Las instalaciones sanitarias deberán ser de un nivel adecuado y estar situadas de modo que el menor pueda satisfacer sus necesidades físicas en la intimidad y en forma aseada y decente.

35. La posesión de efectos personales es un elemento fundamental del derecho a la intimidad y es indispensable para el bienestar sicológico del menor. Deberá reconocerse y respetarse plenamente el derecho de todo menor a poseer efectos personales y a disponer de lugares seguros para guardarlos. Los efectos personales del menor que éste decida no conservar o que le sean confiscados deberán depositarse en lugar seguro. Se hará un inventario de dichos efectos que el menor firmará y se tomarán las medidas necesarias para que se conserven en buen estado. Todos estos artículos, así como el dinero, deberán restituirse al menor al ponerlo en libertad, salvo el dinero que se le haya autorizado a gastar o los objetos que haya remitido al exterior. Si el menor recibe medicamentos o se descubre que los posee, el médico deberá decidir el uso que deberá hacerse de ellos.

36. En la medida de lo posible, los menores tendrán derecho a usar sus propias prendas de vestir. Los centros de detención velarán porque todos los menores dispongan de prendas personales apropiadas al clima y suficientes para mantenerlos en buena salud. Dichas prendas no deberán ser en modo alguno degradantes ni humillantes. Los menores que salgan del centro o a quienes se autorice a abandonarlo con cualquier fin podrán vestir sus propias prendas.

37. Todos los centros de detención deben garantizar que todo menor disponga de una alimentación adecuadamente preparada y servida a las horas acostumbradas, en calidad y cantidad que satisfagan las normas de la dietética, la higiene y la salud y, en la medida de lo posible, las exigencias religiosas y culturales. Todo menor deberá disponer en todo momento de agua limpia y potable.

E. *Educación, formación profesional y trabajo*

38. Todo menor en edad de escolaridad obligatoria tendrá derecho a recibir una enseñanza adaptada a sus necesidades y capacidades y destinada a prepararlo para su reinserción en la sociedad. Siempre que sea posible, esta enseñanza deberá impartirse fuera del establecimiento, en escuelas de la comunidad, y en todo caso, a cargo de maestros competentes, mediante programas integrados en el sistema de instrucción pública, a fin de que, cuando sean puestos en libertad, los menores puedan continuar sus estudios sin dificultad. La administración de los establecimientos deberá prestar especial atención a la enseñanza de los menores de origen extranjero o con necesidades culturales o étnicas particulares. Los menores analfabetos o que presenten problemas cognitivos o de aprendizaje tendrán derecho a enseñanza especial.

39. Deberá autorizarse y alentarse a los menores que hayan superado la edad de escolaridad obligatoria y que deseen continuar sus estudios a que lo hagan, y deberá hacerse todo lo posible por que tengan acceso a programas de enseñanza adecuados.

40. Los diplomas o certificados de estudios otorgados a los menores durante su detención no deberán indicar en ningún caso que los menores han estado recluidos.

41. Todo centro de detención deberá facilitar el acceso de los menores a una biblioteca bien provista de libros y periódicos instructivos y recreativos que sean adecuados; se deberá estimular y permitir que utilicen al máximo los servicios de la biblioteca.

42. Todo menor tendrá derecho a recibir formación para ejercer una profesión que lo prepare para un futuro empleo.

43. Teniendo debidamente en cuenta una selección profesional racional y las exigencias de la administración del establecimiento, los menores deberán poder optar por la clase de trabajo que deseen realizar.

44. Deberán aplicarse a los menores privados de libertad todas las normas nacionales e internacionales de protección que se aplican al trabajo de los niños y a los trabajadores jóvenes.

45. Siempre que sea posible, deberá darse a los menores la oportunidad de realizar un trabajo remunerado, de ser posible en el ámbito de la comunidad local, que complemente la formación profesional impartida a fin de aumentar la posibilidad de que encuentren un empleo conveniente cuando se reintegren a sus comunidades. El tipo de trabajo deberá ser tal que proporcione una formación adecuada y útil para los menores después de su liberación. La organización y los métodos de trabajo que haya en los centros de detención deberán asemejarse lo más posible a los de trabajos similares en la comunidad, a fin de preparar a los menores para las condiciones laborales normales.

46. Todo menor que efectúe un trabajo tendrá derecho a una remuneración justa. El interés de los menores y de su formación profesional no deberá subordinarse al propósito de obtener beneficios para el centro de detención o para un tercero. Una parte de la remuneración del menor debería reservarse de ordinario para constituir un fondo de ahorro que le será entregado cuando quede en libertad. El menor debería tener derecho a utilizar el remanente de esa remuneración para adquirir objetos destinados a su uso personal, indemnizar a la víctima perjudicada por su delito, o enviarlo a su propia familia o a otras personas fuera del centro.

F. *Actividades recreativas*

47. Todo menor deberá disponer diariamente del tiempo suficiente para practicar ejercicios físicos al aire libre si el clima lo permite, durante el cual se proporcionará normalmente una educación recreativa y física adecuada. Para estas actividades, se pondrán a su disposición terreno suficiente y las instalaciones y el equipo necesarios. Todo menor deberá disponer diariamente de tiempo adicional para actividades de esparcimiento, parte de las cuales deberán dedicarse, si el menor así lo desea, a desarrollar aptitudes en artes y oficios. El centro de detención deberá velar porque cada menor esté físicamente en condiciones de participar en los programas de educación física disponibles. Deberá ofrecerse educación física correctiva y terapéutica, bajo supervisión médica, a los menores que la necesiten.

G. *Religión*

48. Deberá autorizarse a todo menor a cumplir sus obligaciones religiosas y satisfacer sus necesidades espirituales, permitiéndose participar en los servicios o reuniones organizados en el establecimiento o celebrar sus propios servicios y tener en su poder libros u objetos de culto y de instrucción religiosa de su confesión. Si en un centro de detención hay un número suficiente de menores que profesan una determinada religión, deberá nombrase o admitirse a uno o más representantes autorizados de ese culto que estarán autorizados para organizar periódicamente servicios religiosos y efectuar visitas pastorales particulares a los menores de su religión, previa solicitud de ellos. Todo menor tendrá derecho a recibir visitas de un representante calificado de cualquier religión de su elección, a no participar en servicios religiosos y rehusar libremente la enseñanza, el asesoramiento o el adoctrinamiento religioso.

H. *Atención médica*

49. Todo menor deberá recibir atención médica adecuada, tanto preventiva como correctiva, incluida atención odontológica, oftalmológica y de salud mental, así como los productos farmacéuticos y dietas especiales que hayan sido recetados por un médico. Normal-

mente, toda esta atención médica debe prestarse cuando sea posible a los jóvenes reclusos por conducto de los servicios e instalaciones sanitarios apropiados de la comunidad en que esté situado el centro de detención, a fin de evitar que se estigmatice al menor y de promover su dignidad personal y su integración en la comunidad.

50. Todo menor tendrá derecho a ser examinado por un médico inmediatamente después de su ingreso en un centro de menores, con objeto de hacer constar cualquier prueba de malos tratos anteriores y verificar cualquier estado físico o mental que requiera atención médica.

51. Los servicios médicos a disposición de los menores deberán tratar de detectar y tratar toda enfermedad física o mental, todo uso indebido de sustancias químicas y cualquier otro estado que pudiera constituir un obstáculo para la integración del joven en la sociedad. Todo centro de detención de menores deberá tener acceso inmediato a instalaciones y equipo médicos adecuados que guarden relación con el número y las necesidades de sus residentes, así como personal capacitado en atención sanitaria preventiva y en tratamiento de urgencias médicas. Todo menor que esté enfermo, se queje de enfermedad o presente síntomas de dificultades físicas o mentales deberá ser examinado rápidamente por un funcionario médico.

52. Todo funcionario médico que tenga razones para estimar que la salud física o mental de un menor ha sido afectada, o pueda serlo, por el internamiento prolongado, una huelga de hambre o cualquier circunstancia del internamiento, deberá comunicar inmediatamente este hecho al director del establecimiento y a la autoridad independiente responsable del bienestar del menor.

53. Todo menor que sufra una enfermedad mental deberá recibir tratamiento en una institución especializada bajo supervisión médica independiente. Se adoptarán medidas, de acuerdo con los organismos competentes, para que pueda continuar cualquier tratamiento de salud mental que requiera después de la liberación.

54. Los centros de detención de menores deberán organizar programas de prevención del uso indebido de drogas y de rehabilitación administrados por personal calificado. Estos programas deberán adaptarse a la edad, al sexo y otras circunstancias de los menores interesados, y deberán ofrecerse servicios de desintoxicación dotados de personal calificado a los menores toxicómanos o alcohólicos.

55. Sólo se administrará medicamentos para un tratamiento necesario o por razones médicas y, cuando se pueda, después de obtener el consentimiento del menor debidamente informado. En particular, no se deben administrar para obtener información o confesión, ni como sanción o medio de reprimir al menor. Los menores nunca servirán como objeto para experimentar el empleo de fármacos o tratamientos. La administración de cualquier fármaco deberá ser siempre autorizada y efectuada por personal médico calificado.

I. *Notificación de enfermedad, accidente y defunción*

56. La familia o el tutor de un menor, o cualquier otra persona designada por dicho menor, tienen el derecho de ser informados, si así lo solicitan, del estado de salud del menor y en el caso de que se produzca un cambio importante en él. El director del centro de detención deberá notificar inmediatamente a la familia o al tutor del menor, o a cualquier otra persona designada por él, en caso de fallecimiento, enfermedad que requiera el traslado del menor a un centro médico fuera del centro, o un estado que exija un tratamiento de más de 48 horas en el servicio clínico del centro de detención. También se deberá notificar a las autoridades consulares del Estado de que sea ciudadano el menor extranjero.

57. En caso de fallecimiento de un menor durante el período de privación de libertad, el pariente más próximo tendrá derecho a examinar el certificado de defunción, a pedir que le muestren el cadáver y disponer su último destino en la forma que decida. En caso de fallecimiento de un menor durante su internamiento, deberá practicarse una investigación independiente sobre las causas de la defunción, cuyas conclusiones deberán quedar a disposición del pariente más próximo. Dicha investigación deberá practicarse cuando el fallecimiento del menor se produzca dentro de los seis meses siguientes a la fecha de su liberación del centro de detención y cuando haya motivos para creer que el fallecimiento guarda relación con el período de reclusión.

58. Deberá informarse al menor inmediatamente del fallecimiento, o de la enfermedad o el accidente graves de un familiar inmediato y darle la oportunidad de asistir al funeral del fallecido o, en caso de enfermedad grave de un pariente, a visitarle en su lecho de enfermo.

J. *Contactos con la comunidad en general*

59. Se deberán utilizar todos los medios posibles para que los menores tengan una comunicación adecuada con el mundo exterior, pues ella es parte integrante del derecho a un tratamiento justo y humanitario y es indispensable para preparar la reinserción de los menores en la sociedad. Deberá autorizarse a los menores a comunicarse con sus familiares, sus amigos y otras personas o representantes de organizaciones prestigiosas del exterior, a salir de los centros de detención para visitar su hogar y su familia, y se darán permisos especiales para salir del establecimiento por motivos educativos, profesionales u otras razones de importancia. En caso de que el menor esté cumpliendo una condena, el tiempo transcurrido fuera de un establecimiento deberá computarse como parte del período de cumplimiento de la sentencia.

60. Todo menor tendrá derecho a recibir visitas regulares y frecuentes, en principio una vez por semana y por lo menos una vez al mes, en condiciones que respeten la necesidad de intimidad del menor, el contacto y la comunicación sin restricciones con la familia y con el abogado defensor.

61. Todo menor tendrá derecho a comunicarse por escrito o por teléfono, al menos dos veces por semana, con la persona de su elección, salvo que se le haya prohibido legalmente hacer uso de este derecho, y deberá recibir la asistencia necesaria para que pueda ejercer eficazmente ese derecho. Todo menor tendrá derecho a recibir correspondencia.

62. Los menores deberán tener la oportunidad de informarse periódicamente de los acontecimientos por la lectura de diarios, revistas u otras publicaciones, mediante el acceso a programas de radio y televisión y al cine, así como a través de visitas de los representantes de cualquier club u organización de carácter lícito en que el menor esté interesado.

K. *Limitaciones de la coerción física y del uso de la fuerza*

63. Deberá prohibirse el recurso a instrumentos de coerción y a la fuerza con cualquier fin, salvo en los casos establecidos en el artículo 64 infra.

64. Sólo podrá hacerse uso de la fuerza o de instrumentos de coerción en casos excepcionales, cuando se hayan agotado y hayan fracasado todos los demás medios de control y

sólo de la forma expresamente autorizada y descrita por una ley o un reglamento. Esos instrumentos no deberán causar humillación ni degradación y deberán emplearse de forma restrictiva y sólo por el lapso estrictamente necesario. Por orden del director de la administración, podrán utilizarse esos instrumentos para impedir que el menor lesione a otros o a sí mismo o cause importantes daños materiales. En esos casos, el director deberá consultar inmediatamente al personal médico y otro personal competente e informar a la autoridad administrativa superior.

65. En todo centro donde haya menores detenidos deberá prohibirse al personal portar y utilizar armas.

L. *Procedimientos disciplinarios*

66. Todas las medidas y procedimientos disciplinarios deberán contribuir a la seguridad y a una vida comunitaria ordenada y ser compatibles con el respeto de la dignidad inherente del menor y con el objetivo fundamental del tratamiento institucional, a saber, infundir un sentimiento de justicia y de respeto por uno mismo y por los derechos fundamentales de toda persona.

67. Estarán estrictamente prohibidas todas las medidas disciplinarias que constituyan un trato cruel, inhumano o degradante, incluidos los castigos corporales, la reclusión en celda oscura y las penas de aislamiento o de celda solitaria, así como cualquier otra sanción que pueda poner en peligro la salud física o mental del menor. Estarán prohibidas, cualquiera que sea su finalidad, la reducción de alimentos y la restricción o denegación de contacto con familiares. El trabajo será considerado siempre un instrumento de educación y un medio de promover el respeto del menor por sí mismo, como preparación para su reinserción en la comunidad, y nunca deberá imponerse a título de sanción disciplinaria. No deberá sancionarse a ningún menor más de una vez por la misma infracción disciplinaria. Deberán prohibirse las sanciones colectivas.

68. Las leyes o reglamentos aprobados por la autoridad administrativa competente deberán establecer normas relativas a los siguientes elementos, teniendo plenamente en cuenta las características, necesidades y derechos fundamentales del menor:

a) La conducta que constituye una infracción a la disciplina;

b) El carácter y la duración de las sanciones disciplinarias que se pueden aplicar;

c) La autoridad competente para imponer esas sanciones;

d) La autoridad competente en grado de apelación.

69. Los informes de mala conducta serán presentados de inmediato a la autoridad competente, la cual deberá decidir al respecto sin demoras injustificadas. La autoridad competente deberá examinar el caso con detenimiento.

70. Ningún menor estará sujeto a sanciones disciplinarias que no se ajusten estrictamente a lo dispuesto en las leyes o los reglamentos en vigor. No deberá sancionarse a ningún menor a menos que haya sido informado debidamente de la infracción que le es imputada, en forma que el menor comprenda cabalmente, y que se le haya dado la oportunidad de presentar su defensa, incluido el derecho de apelar a una autoridad imparcial competente. Deberá levantarse un acta completa de todas las actuaciones disciplinarias.

71. Ningún menor deberá tener a su cargo funciones disciplinarias, salvo en lo referente a la supervisión de ciertas actividades sociales, educativas o deportivas o programas de autogestión.

M. *Inspección y reclamaciones*

72. Los inspectores calificados o una autoridad debidamente constituida de nivel equivalente que no pertenezca a la administración del centro deberán estar facultados para efectuar visitas periódicas, y a hacerlas sin previo aviso, por iniciativa propia, y para gozar de plenas garantías de independencia en el ejercicio de esta función. Los inspectores deberán tener acceso sin restricciones a todas las personas empleadas o que trabajen en los establecimientos o instalaciones donde haya o pueda haber menores privados de libertad, a todos los menores y a toda la documentación de los establecimientos.

73. En las inspecciones deberán participar funcionarios médicos especializados adscritos a la entidad inspectora o al servicio de salud pública, quienes evaluarán el cumplimiento de las reglas relativas al ambiente físico, la higiene, el alojamiento, la comida, el ejercicio y los servicios médicos, así como cualesquiera otros aspectos o condiciones de la vida del centro que afecten a la salud física y mental de los menores. Todos los menores tendrán derecho a hablar confidencialmente con los inspectores.

74. Terminada la inspección, el inspector deberá presentar un informe sobre sus conclusiones. Este informe incluirá una evaluación de la forma en que el centro de detención observa las presentes Reglas y las disposiciones pertinentes de la legislación nacional, así como recomendaciones acerca de las medidas que se consideren necesarias para garantizar su observancia. Todo hecho descubierto por un inspector que parezca indicar que se ha producido una violación de las disposiciones legales relativas a los derechos de los menores o al funcionamiento del centro de detención para menores deberá comunicarse a las autoridades competentes para que lo investigue y exija las responsabilidades correspondientes.

75. Todo menor deberá tener la oportunidad de presentar en todo momento peticiones o quejas al director del establecimiento o a su representante autorizado.

76. Todo menor tendrá derecho a dirigir, por la vía prescrita y sin censura en cuanto al fondo, una petición o queja a la administración central de los establecimientos para menores, a la autoridad judicial o cualquier otra autoridad competente, y a ser informado sin demora de la respuesta.

77. Debería procurarse la creación de un cargo independiente de mediador, facultado para recibir e investigar las quejas formuladas por los menores privados de libertad y ayudar a la consecución de soluciones equitativas.

78. A los efectos de formular una queja, todo menor tendrá derecho a solicitar asistencia a miembros de su familia, asesores jurídicos, grupos humanitarios u otros cuando sea posible. Se prestará asistencia a los menores analfabetos cuando necesiten recurrir a los servicios de organismos u organizaciones públicos o privados que brindan asesoramiento jurídico o que son competentes para recibir reclamaciones.

N. *Reintegración en la comunidad*

79. Todos los menores deberán beneficiarse de medidas concebidas para ayudarles a reintegrarse en la sociedad, la vida familiar y la educación o el trabajo después de ser puestos en

libertad. A tal fin se deberán establecer procedimientos, inclusive la libertad anticipada, y cursos especiales.

80. Las autoridades competentes deberán crear o recurrir a servicios que ayuden a los menores a reintegrarse en la sociedad y contribuyan a atenuar los prejuicios que existen contra esos menores. Estos servicios, en la medida de lo posible, deberán proporcionar al menor alojamiento, trabajo y vestidos convenientes, así como los medios necesarios para que pueda mantenerse después de su liberación para facilitar su feliz reintegración. Los representantes de organismos que prestan estos servicios deberán ser consultados y tener acceso a los menores durante su internamiento con miras a la asistencia que les presten para su reinserción en la comunidad.

V. **Personal**

81. El personal deberá ser competente y contar con un número suficiente de especialistas, como educadores, instructores profesionales, asesores, asistentes sociales, siquiatras y sicólogos. Normalmente, esos funcionarios y otros especialistas deberán formar parte del personal permanente, pero ello no excluirá los auxiliares a tiempo parcial o voluntarios cuando resulte apropiado y beneficioso por el nivel de apoyo y formación que puedan prestar. Los centros de detención deberán aprovechar todas las posibilidades y modalidades de asistencia correctivas, educativas, morales, espirituales y de otra índole disponibles en la comunidad y que sean idóneas, en función de las necesidades y los problemas particulares de los menores recluidos.

82. La administración deberá seleccionar y contratar cuidadosamente al personal de todas las clases y categorías, por cuanto la buena marcha de los centros de detención depende de su integridad, actitud humanitaria, capacidad y competencia profesional para tratar con menores, así como de sus dotes personales para el trabajo.

83. Para alcanzar estos objetivos, deberán designarse funcionarios profesionales con una remuneración suficiente para atraer y retener a hombres y mujeres capaces. Deberá darse en todo momento estímulos a los funcionarios de los centros de detención de menores para que desempeñen sus funciones y obligaciones profesionales en forma humanitaria, dedicada, profesional, justa y eficaz, se comporten en todo momento de manera tal que merezca y obtenga el respeto de los menores y brinden a éstos un modelo y una perspectiva positivos.

84. La administración deberá adoptar formas de organización y gestión que faciliten la comunicación entre las diferentes categorías del personal de cada centro de detención para intensificar la cooperación entre los diversos servicios dedicados a la atención de los menores, así como entre el personal y la administración, con miras a conseguir que el personal que está en contacto directo con los menores pueda actuar en condiciones que favorezcan el desempeño eficaz de sus tareas.

85. El personal deberá recibir una formación que le permita desempeñar eficazmente sus funciones, en particular la capacitación en sicología infantil, protección de la infancia y criterios y normas internacionales de derechos humanos y derechos del niño, incluidas las presentes Reglas. El personal deberá mantener y perfeccionar sus conocimientos y capacidad profesional asistiendo a cursos de formación en el servicio que se organizarán a intervalos apropiados durante toda su carrera.

86. El director del centro deberá estar debidamente calificado para su función por su capacidad administrativa, una formación adecuada y su experiencia en la materia y deberá dedicar todo su tiempo a su función oficial.

87. En el desempeño de sus funciones, el personal de los centros de detención deberá respetar y proteger la dignidad y los derechos humanos fundamentales de todos los menores y, en especial:

a) Ningún funcionario del centro de detención o de la institución podrá infligir, instigar o tolerar acto alguno de tortura ni forma alguna de trato, castigo o medida correctiva o disciplinaria severo, cruel, inhumano o degradante bajo ningún pretexto o circunstancia de cualquier tipo;

b) Todo el personal deberá impedir y combatir severamente todo acto de corrupción, comunicándolo sin demora a las autoridades competentes;

c) Todo el personal deberá respetar las presentes Reglas. Cuando tenga motivos para estimar que estas Reglas han sido gravemente violadas o puedan serlo, deberá comunicarlo a sus autoridades superiores u órganos competentes facultados para supervisar o remediar la situación;

d) Todo el personal deberá velar por la cabal protección de la salud física y mental de los menores, incluida la protección contra la explotación y el maltrato físico, sexual y emocional, y deberá adoptar con urgencia medidas para que reciban atención médica siempre que sea necesario;

e) Todo el personal deberá respetar el derecho de los menores a la intimidad y, en particular, deberá respetar todas las cuestiones confidenciales relativas a los menores o sus familias que lleguen a conocer en el ejercicio de su actividad profesional;

f) Todo el personal deberá tratar de reducir al mínimo las diferencias entre la vida dentro y fuera del centro de detención que tiendan a disminuir el respeto debido a la dignidad de los menores como seres humanos.

CONSEJO DE EUROPA

Recomendación número R(87)20 del Comité de Ministros a los Estados Miembros sobre las reacciones sociales ante la delincuencia juvenil (*)

El Comité de Ministros, en virtud del artículo 15.*b* del Estatuto del Consejo de Europa,

Considerando que los jóvenes son seres en evolución y que, por consiguiente, todas las medidas adoptadas respecto a ellos deberían tener un carácter educativo;

Considerando que las reacciones sociales ante la delincuencia juvenil deben tener presente la personalidad y las necesidades específicas de los menores y que éstos necesitan intervenciones y, si procede, tratamientos especializados que se inspiren principalmente en los principios contenidos en la Declaración de los derechos del niño promulgada por las Naciones Unidas;

Convencido que el sistema penal de los menores debe seguir caracterizándose por su objetivo de educación y de inserción social y que, en consecuencia debe, hasta donde sea posible, suprimir el encarcelamiento de los menores de edad;

Considerando que la intervención relativa a los menores debe realizarse, con preferencia, en su medio natural de vida y comprometer a la colectividad, principalmente a nivel local;

Convencido que hay que reconocer a los menores las mismas garantías procedimentales que las reconocidas a los adultos;

Teniendo presente anteriores trabajos del Consejo de Europa en el ámbito de la delincuencia juvenil y principalmente la Resolución (78) 62 acerca de la delincuencia juvenil y la transformación social, así como las conclusiones de la 14.ª Conferencia de investigaciones criminológicas sobre la «prevención de la delincuencia juvenil; el papel de las instituciones de socialización en una sociedad en evolución»;

Visto el Conjunto de las reglas mínimas de las Naciones Unidas relativas a la administración de la justicia para menores (reglas de Beijing),

Recomienda a los Gobiernos de los Estados miembros revisar, si es preciso, su legislación y su práctica con miras a

I. *Prevención:*

1. Desplegar o proseguir esfuerzos particulares para la prevención de la inadaptación y la delincuencia juvenil, principalmente;

a) mediante la aplicación de una política global que favorezca la inserción social de los jóvenes;

(*) Adoptada por el Comité de Ministros el 17 de septiembre de 1987, durante la 410.ª reunión de los Delegados de los Ministros.

b) mediante una ayuda particular y la introducción de programas especializados, de forma experimental, en los colegios o en las organizaciones juveniles o deportivas, destinados a integrar mejor a los jóvenes que tienen graves dificultades en ese ámbito;

c) mediante medidas de prevención circunstancial y técnica destinadas a reducir las ocasiones ofrecidas a los jóvenes para delinquir.

II. *Desjudicialización:*

2. Alentar el desarrollo de procedimientos de desjudicialización y de mediación del órgano que ejerce la acción penal (archivo de la causa) o de la policía, en los países donde ésta puede ejercer la acción penal, con el fin de evitar que los tribunales penales se encarguen de los menores, y las consecuencias derivadas de ello; así como la participación de los servicios o comisiones de protección de la infancia en la aplicación de estos procedimientos.

3. Adoptar las medidas necesarias para que en el curso de estos procedimientos:

– se aseguren la aceptación por el menor de las eventuales medidas que condicionan la desjudicialización y, si es preciso, la colaboración de su familia;

– se conceda una atención adecuada tanto a los derechos e intereses de la víctima como a los del menor.

III. *Justicia de menores:*

4. Asegurar una justicia de menores más rápida, evitando retrasos excesivos, para que pueda tener una acción educativa eficaz.

5. Evitar la remisión de los menores a la jurisdicción de adultos, cuando existen jurisdicciones de menores.

6. Evitar, en la medida de lo posible, la detención preventiva de los menores y, en todo caso, alentar a las autoridades competentes a controlar las condiciones en las que aquélla se desarrolla.

7. Excluir el recurso a la detención provisional para los menores, salvo de modo excepcional por infracciones muy graves cometidas por los menores de más edad; en este caso, limitar la duración de la detención provisional y separar a los menores de los adultos; prever que, en principio, las decisiones de este tipo se adopten después de una consulta previa a un servicio social sobre propuestas alternativas.

8. Reforzar la posición legal de los menores durante todo el procedimiento, incluida la fase policial reconociendo, entre otros:

– la presunción de inocencia;

– el derecho a la asistencia de un defensor, eventualmente designado de oficio y remunerado por el Estado;

– el derecho a la presencia de los padres o de otro representante legal que deben ser informados desde el inicio del procedimiento;

– el derecho de los menores a citar a testigos, interrogarles y confrontarles;

– la posibilidad para los menores de solicitar un contraperitaje o cualquier otra medida equivalente de investigación;

– el derecho de los menores de tomar la palabra así como, llegado el caso, de pronunciarse sobre las medidas previstas con respecto a ellos;

– el derecho de recurso;

– el derecho a pedir la revisión de las medidas ordenadas;

– el derecho de los jóvenes al respeto de su vida privada.

9. Alentar la adopción de disposiciones para que todas las personas que intervienen en las diversas fases del procedimiento (policía, abogados, procuradores, jueces, trabajadores sociales) tengan una formación especializada en el ámbito del derecho de menores y de la delincuencia juvenil.

10. Asegurar que las anotaciones de las resoluciones referentes a los menores en el registro de antecedentes penales sean confidenciales y se comuniquen únicamente a las autoridades judiciales o a las autoridades equivalentes; que esas anotaciones no se mencionen después de la mayoría de edad de los interesados sin un motivo imperioso previsto por la ley nacional.

IV. *Intervenciones:*

11. Asegurar que las intervenciones con respecto a los jóvenes delincuentes se realicen con preferencia en el ambiente natural de la vida de éstos y que aquéllas respeten su derecho a la educación y su personalidad y favorezcan su completo desarrollo.

12. Prever que la duración de la intervención se determine y que sólo la autoridad judicial o la autoridad administrativa equivalente pueda fijarla y que esta autoridad pueda poner fin a esta intervención antes del plazo.

13. Cuando resulte indispensable un internamiento educativo:

– diversificar las formar de internamiento para ofrecer la forma más adaptada a la edad, dificultades y medio de origen del menor (familias de acogida, hogares);

– prever establecimientos educativos de pequeñas dimensiones bien integrados en el medio social, económico y cultural.

– prever que la restricción de la libertad personal del menor se limite al mínimo posible y sus modalidades se decidan bajo control judicial;

– en todas las formas de internamiento, favorecer si es posible las relaciones con la familia:

  – evitando el internamiento demasiado alejado y poco accesible;

  – manteniendo el contacto entre el medio de internamiento y la familia.

14. Con el fin de eliminar progresivamente el recurso a la reclusión y multiplicar las medidas de sustitución de la reclusión: dar preferencia a las que favorezcan las posibilidades de inserción social tanto en el plano de la formación escolar y profesional como en la utilización de las distracciones recreativas y de actividades diversas.

15. Entre estas medidas, otorgar una atención particular a las que:

– implican una vigilancia y una asistencia probatorias;

– tienden a enfrentarse a la persistencia del comportamiento delincuente del menor mediante la mejora de sus aptitudes sociales por medio de una acción educativa intensiva (entre otras, «tratamiento intermediario intensivo»);

– implican la reparación del daño causado por la actividad delictiva del menor;

– preven un trabajo para la comunidad adaptado a la edad y a las finalidades educativas.

16. Para los casos en que no puede evitarse una pena privativa de libertad, según la legislación nacional:

– aplicar una escala de penas adaptada a la condición de los menores, y prever modalidades de ejecución y aplicación de penas más favorables que las previstas para los adultos, principalmente para las medidas de régimen abierto y de puesta en libertad anticipada, así como de concesión y revocación de aplazamiento o suspensión de penas;

– exigir la motivación de penas privativas de libertad por el juez;

– evitar la reclusión de los menores con adultos o, cuando, en casos excepcionales, se considera preferible la integración por razones de tratamiento, proteger a los menores de la influencia perniciosa de los adultos;

– asegurar la formación tanto escolar como profesional de los menores detenidos, con preferencia en conexión con la colectividad, o cualquier otra medida que favorezca la reinserción social;

– asegurar un apoyo educativo cuando concluya la reclusión y eventualmente un apoyo a la reinserción social de los menores.

17. Revisar, si es preciso, su legislación referente a los jóvenes adultos delincuentes, de modo que las jurisdicciones competentes tengan asimismo la posibilidad de tomar decisiones de naturaleza educativa y que favorezcan la inserción social teniendo presente la personalidad de los interesados.

V. *Investigaciones:*

18. Promover y alentar investigaciones comparativas en el ámbito de la delincuencia juvenil que puedan servir de base para la política en esta materia resaltando el estudio de:

– las medidas de prevención;

– las relaciones entre la policía y los jóvenes;

– la influencia de las nuevas políticas penales sobre el funcionamiento de los sistemas de justicia que afectan a los menores;

– la formación especializada de todas las personas que trabajan en este ámbito;

– las características comparadas de la delincuencia de los menores y la de los jóvenes adultos, así como de las medidas de reeducación y de reinserción social adecuadas para estos segmentos de edad;

– las medidas de sustitución de las penas privativas de libertad;

– la participación de la comunidad en la responsabilidad sobre los jóvenes delincuentes.

– las relaciones de los factores demográficos así como del mercado de trabajo con la delincuencia juvenil;

– el papel de los medios de comunicación masiva en el ámbito de la delincuencia y de las reacciones ante la misma;

– las instituciones tales como el Defensor de los jóvenes o las comisiones de reclamación para la protección de los derechos de los mismos;

– las medidas y los procedimientos de reconciliación entre jóvenes delincuentes y sus víctimas.

NOTAS